徐
复
观
全
集

徐复观全集

两汉思想史

（一）

九州出版社

图书在版编目（CIP）数据

两汉思想史：全3册 / 徐复观著. -- 北京：九州出版社，2013.12（2020.3重印）

（徐复观全集）

ISBN 978-7-5108-2545-3

Ⅰ．①两… Ⅱ．①徐… Ⅲ．①思想史－研究－中国－汉代 Ⅳ．①B234.05

中国版本图书馆CIP数据核字（2013）第304268号

两汉思想史（全三册）

作　　者	徐复观　著
出版发行	九州出版社
地　　址	北京市西城区阜外大街甲35号（100037）
发行电话	（010）68992190/3/5/6
网　　址	www.jiuzhoupress.com
电子信箱	jiuzhou@jiuzhoupress.com
印　　刷	三河市九洲财鑫印刷有限公司
开　　本	650毫米×950毫米　16开
插页印张	1
印　　张	98
字　　数	1109千字
版　　次	2014年6月第1版
印　　次	2020年3月第4次印刷
书　　号	ISBN 978-7-5108-2545-3
定　　价	228.00元（全三册）

★版权所有　侵权必究★

徐复观先生

舊歲（1982年）受副東海大學學位"以誠為筆者"證書。離開14年書屋，簽名者社

舊癸亥11月20日~乙年莢，簽情要第二部甲誤易指史

○生引初版

☆求西方文化的改，莫過（今尚未成效
——有及吸未收，西洋化，當先要振沒絕中國文化
○吸收印度文化，發揚印度文化—禪—醋—(得到營養)

東洋武合理主義與西洋武合理主義之間，性質是極度不同
（極度或量底分佈之主）
，邊理論理体系外，較之任何体系都是更現笑底。同時存款少非功到底一切大度，並排斥非功到主義底一切人生態度的殘澤。在此一意味上，除了佛教之"座"，不同于老莊"武"。
韋伯說「儒教沒有任何形而上學，也缺少一切宗教異端的殘澤。在此一意味上，是非常合理主義底。
有許多人主張西洋文明是「物質底」「靈性底」，而東洋文明則是「精神底」「靈性底」。
西洋人— 紀推理底 分析底
東洋人— 立覺底 綜合底
 （事物有法） （思惟才法）
  （利富會達）

徐复观先生手迹

出版前言

徐复观先生的著作散见于海内外多家出版社，选录文章、编辑体例不尽相同。现将他的著作重新编辑校订整理，名为《徐复观全集》出版。

《全集》共二十六册，书目如下：

一至十二册为徐复观先生译著、专著，过去已出版单行本，《全集》基本按原定稿成书时间顺序排列如下：

一、《中国人之思维方法》与《诗的原理》

二、《学术与政治之间》

三、《中国思想史论集》

四、《中国人性论史·先秦篇》

五、《中国艺术精神》与《石涛之一研究》

六、《中国文学论集》

七、《两汉思想史》（一）

八、《两汉思想史》（二）

九、《两汉思想史》（三）

十、《中国文学论集续篇》

十一、《中国经学史的基础》与《周官成立之时代及其思想性格》

十二、《中国思想史论集续篇》。编辑《全集》时，编者补入若干文章，并将原单行本《公孙龙子讲疏》一书收入其中。

十三至二十五册，将徐复观先生散篇文章分类拟题编辑成书：

十三、《儒家思想与现代社会》

十四、《论智识分子》

十五、《论文化》（一）

十六、《论文化》（二）

十七、《青年与教育》

十八、《论文学》

十九、《论艺术》。并将原单行本《黄大痴两山水长卷的真伪问题》一书收入其中。

二十、《偶思与随笔》

二十一、《学术与政治之间续篇》（一）

二十二、《学术与政治之间续篇》（二）

二十三、《学术与政治之间续篇》（三）

（二十一至二十三册是按《学术与政治之间》的题意，将作者关于中外时政的文论汇编成册，拟名为《学术与政治之间续篇》。）

二十四、《无惭尺布裹头归·生平》。并将原单行本《无惭尺布裹头归——徐复观最后日记》收入其中。

二十五、《无惭尺布裹头归·交往集》

二十六、《追怀》。编入亲友学生及各界对徐复观先生的追思怀念以及后学私淑对他治学理念、人格精神的阐明与发挥。

徐复观先生的著作，以前有各种编辑版本，其中原编者加入的注释，在《全集》中依然保留的，以"原编者注"标明；编辑《全集》时，编者另外加入注释的，以"编者注"标明。

为更完整体现徐复观先生的思想脉络，编者将个别文章，在不同分类的卷中，酌情少量选取重复收入。

《全集》的编辑由徐复观先生哲嗣、台湾东海大学徐武军教授，台湾大学王晓波教授，武汉大学郭齐勇教授，台湾东海大学薛顺雄教授协力完成。

九州出版社
二〇一三年十二月

编者前言

徐复观教授，始名秉常，字佛观，于一九〇三年元月卅一日出生于湖北省浠水县徐家坳凤形塆。八岁从父执中公启蒙，续在武昌高等师范及国学馆接受中国传统经典训练。一九二八年赴日，大量接触社会主义思潮，后入日本士官学校，因九一八事件返国。授身军职，参与娘子关战役及武汉保卫战。一九四三年任军令部派驻延安联络参谋，与共产党高层多次直接接触。返重庆后，参与决策内层，同时拜入熊十力先生门下。在熊先生的开导下，重启对中国传统文化的信心，并从自身的实际经验中，体会出结合中国儒家思想及民主政治以救中国的理念。年近五十而志不遂，一九五一年转而致力于教育，择菁去芜地阐扬中国文化，并秉持理念评论时事。一九七〇年后迁居香港，诲人笔耕不辍。徐教授于一九八二年四月一日辞世。他是新儒学的大家之一，亦是台、港最具社会影响力的政论家，是二十世纪中国智识分子的典范。

我们参与《徐复观全集》的选编工作，是以诚敬的态度，完整地呈现徐复观教授对中华民族的热爱和执著，对理念的坚持，以及独特的人生轨迹。

九州出版社出版《徐复观全集》，使得徐复观教授累积的智慧，能完整地呈现给世人，我们相信徐复观教授是会感到非常欣慰的。

王晓波　郭齐勇
　　　　　　谨志
薛顺雄　徐武军

《两汉思想史》卷一，由香港新亚研究所一九七二年三月初版，原名"周秦汉政治社会结构之研究"。台北学生书局一九七四年五月初版，后于三版时，正式易名为"《两汉思想史》卷一"。

《两汉思想史》卷二，由台北学生书局一九七六年六月初版。

《两汉思想史》卷三，由台北学生书局一九七九年九月初版。

目 录

自　序 1
台湾版代序：有关中国殷周社会性格问题的补充意见 3
三版改名自序 11

西周政治社会的结构性格问题 1
 一、对西周奴隶社会论者的检讨 1
 二、周室宗法制度 13
 三、周室之封建制度及其基本精神 19
 四、"国人"的性格、地位问题 33
 五、土田制度与农民 40
 六、农民的地位与生活状况 48

封建政治社会的崩溃及典型专制政治的成立 57
 一、封建政治秩序的崩溃 57
 二、封建社会在赋税重压下的解体 67
 三、在封建社会解体中，国人阶层的发展与转变 72
 四、封建道德的传承问题及宗法由政治向社会的移转 86
 五、开放的过渡时代 94
 六、商鞅变法与秦之统一及典型专制政治出现的关系 108

七、典型专制政体的成立 120
八、一人专制的五种特性 126
九、专制政治的社会基础问题 138

汉代专制政治下的封建问题 145
一、问题的限定 145
二、封建与楚汉兴亡之关系 146
三、汉代封建的三大演变 150
四、专制对封建的克制过程 156
五、在克制过程中对学术发展的重大影响 162
六、学术史中董仲舒的冤狱 172
七、东汉专制政治的继续压迫 175

汉代一人专制政治下的官制演变 181
一、官制系以宰相制度为骨干 181
二、三公九卿在历史官制中的澄清 184
三、汉代官制的一般特性 194
四、武帝在官制演变中的关键性的地位 197
五、武帝对宰相制度的破坏 202
六、尚书、中书的问题 209
七、中（内）朝问题的澄清 218
八、尚书在西汉非内朝臣 228
九、武帝以后的宰相地位与三公在官制中之出现 230
十、光武对宰相制度进一步的破坏及尔后在专制下
官制演变的格局 238
十一、光武对地方军制的破坏及其严重后果 247

西汉知识分子对专制政治的压力感 251

中国姓氏的演变与社会形式的形成……264
　一、引言……264
　二、氏义探原……266
　三、姓义探源……270
　四、周初姓氏内容的演变……274
　五、氏在春秋时代的演变……281
　六、古代平民的姓氏问题……284
　七、姓氏向平民的普及……287
　八、姓氏普及后社会结构的变化……291
　九、以孝为中心的伦理观念的普及与宗族的功能……296
　十、专制政治对宗族势力的摧残……300
　十一、姓氏在对异族同化中的力量……306
　十二、结语……310

自　序

江藩著《汉学师承记》，以"各信师承，嗣守章句"，为两汉学术的特色。以乾嘉时代声音训诂考订的学风，为"汉学昌明，千载沉霾，一朝复旦"。自是以后，谬说相承，积非成是；而两汉学术的精神面貌，遂隐没于浓烟瘴雾之中，一任今日不学之徒，任意涂傅。所以我在六年以前，发愤要写一部《两汉思想史》。

两汉思想，对先秦思想而言，实系一种大的演变。演变的根源，应当求之于政治、社会。尤以大一统的一人专制政治的确立，及平民氏姓的完成，为我国尔后历史演变的重大关键；亦为把握我国两千年历史问题的重大关键。所以我在动笔写思想史以前，想借助于当代史学名家的著作，以解答两汉思想的背景问题。但经过一番搜寻后，发现能进入到自己所研究的"历史世界"，以通古今之变，握枢密之机的，可以说是渺不可得。没有办法，只好自己动手，写了这里所收集的几篇文章，得新亚研究所之助，先把它印出来，作为《两汉思想史》的背景篇。三年前，受到东海大学一位"以说谎为业者"的迫害，离开在里面研求写作了十四年的书屋，客食香江，使写书工作，受到莫大的困扰，以致对汉代社会，在本书里只能算开其端，许多重要问题还压着未及动笔，深以为恨。但在我的余年中，会继续完成预定计划的。书中有关汉代的两篇文章，承友人祁乐同教授细心校阅，改正了不少错误；付印时又由杜君天心代负校对之劳，俱可感念。

  旧历辛亥十一月二十日徐复观自序于台北市寓庐

台湾版代序：有关中国殷周社会性格问题的补充意见

当我这部小著发行台湾版之际，对殷、周的社会性格问题，应当补充说几句话。

一年以来，大陆上对过去曾经长期争论的历史分期问题，已经达到了定于一尊的结论，即是殷代是奴隶社会，周代一直到春秋之末，也是奴隶社会。这个定于一尊的结论，大概是由郭沫若在一九七二年《考古》五期上所刊出的《中国古代史的分期问题》一文所奠定的。在我这部小著中，没有提殷代的社会性格问题，因我对此一问题，不能直接掌握到足够的资料；而对他人所提出的论证，有如李亚农、郭沫若等从甲骨文中所提出的论证，其解释的正确性及其分量的重要性，都觉得颇有问题，不够支持他们的结论。对于周代，我便根据可以直接掌握到的资料，作过详细的考查；针对他们的说法作了相当的批判，更从资料中抽出我的结论，这便是在这本小著里的第一篇第二篇文章。当我看到郭氏的上述文章后，其中决定性的论证，是在我的两篇文章中所未曾论及的，所以在这里提出，略加讨论。

郭氏在上述文章中说：

殷代以前的夏代，尚有待于发掘物的确切证明；但殷代是典型的奴隶社会，已经没有问题了。殷代祭祀，还大量地以人为牺牲，有时竟用到一千人以上。殷王或者高等贵族的坟墓，也有不少的生殉和杀殉，一墓的殉葬者，往往多至四百人（按郭氏的数字，都近于夸张）。这样的现象，不是奴隶社会，是不能想象的。

我认为以人为牺牲及以人殉葬，乃出于古代野蛮的信仰，再加上王权的横暴。仅有野蛮的信仰，而没有王权的横暴，不会以大规模出现；仅有王权的横暴，而没有这种野蛮的信仰，则横暴可以发泄到旁的方面去，有如汉代几次大冤狱，每次杀戮三数万人；党锢之祸，一网打尽了天下的善类；高洋却喜欢把女人的腿砍下来堆积得高高的。如此之类，历史中不可胜数。但与奴隶社会，没有必然的关系。例如在阿西里亚，认为是德赫·卡拉酋长之墓里面，发现了作牺牲之用的一批小孩尸首。这些作为牺牲用的小孩，很难推断都是奴隶的儿女。春秋时代记有三次用人作牺牲的事。一是《左传·僖公十九年》："夏，宋公使邾文公用鄫子于次睢之社，欲以属东夷。"这次用的是一位小国之君，而不是奴隶。《左传·昭公十年》："秋七月，平子伐莒，取郠，献俘，始用人于亳社。"这次用的是一般性的俘虏，而不是奴隶。《左传·哀公七年》："（鲁季康子伐邾），师宵掠，以邾子益来，献于亳社。"这次也是用的小国之君，而不是奴隶。有名的魏西河河伯娶妇的故事（见《史记·滑稽列传》），实际也是变相的人牲。历史上这类的事还不少。台湾近代还有吴凤自为人牲以感悟高山族的真实故事。这类野蛮信仰的被抑制，是来自人道的严厉批评。例如春秋时代的三个故事，都尝遇到严厉的批评，而不是来自社会生产关系的变革。殷墟小屯村C区的地下建筑基址上，有七个墓坑，藏十九副人骨，另有十九个土坑，藏二十三副牛、羊、狗等骨；据推测，这是奠基礼节中所用的人牲。在此基址前面，南北约八十公尺，东西约五十公尺的范围内，发现了一六八个（推定数）土坑，其中有八三三（推定数）副的人骨，斩了首以后埋下去的有一二五人。此外有五个马车坑，全体好像是一个战车队葬在这里一样。这种人牲墓坑，在王者的墓里也可以看到。例如同地武官村大墓，在墓南五三公尺的地点，排有四列的十七个墓坑，里面有十副无头的人骨，据推测，这不是殉葬的，而是年年祭祀时所用的人牲（以上皆见日本创元社《考古学辞典》页二一五）。在上面材料中，一次有八三三个人牲及五个马车坑，合理的推测，这是一次战役后所杀的俘虏。上引的春秋时代的三个例子有一个是俘虏，有两个也是俘虏的性质。古代奴隶，虽然是由俘虏而来，但必须使用于劳役，始可称为奴隶。一次杀掉八百三十三个从事劳役的奴隶，这对奴隶主而言，是损失太大了。小规模的人牲中，可能用的是奴隶，但不一定奴隶社会才有奴隶。在久里可的新石器时代遗迹中，也发现有两个男性人牲（同上）；新石器时代，很难说是奴隶社会。

一九五六年所发掘的武官村大墓，做得有木椁，四面四隅，有八个长方坑，各收葬有跪坐执戈的人和犬。木椁下面，也收得有人和犬。小墓是殉葬于大墓（王的墓）的，有方形长方形两种；例如某一方形坑有人头十个，次一长方坑便收有十个人的身体，还具备有刀子、斧头、砺石；也有全身殉葬的；还有马车坑、象坑及鸟兽坑，并收有兵器礼器等等（《考古学辞典》页三一四）。

但问题是在：这些殉葬的都是奴隶吗？跪坐执戈的殉葬者，乃是守卫的武士，断然不是奴隶。在殉葬者的骨群中，发现有女人的首饰；能用首饰的女人，恐怕也不是奴隶。埃及第一王朝拿米尔（Narmer）王墓，有妾侍、侍臣、从仆、工人等三三人的殉葬。环绕责尔（Zer）王墓的陪葬墓，有宫女二七五人，侍臣四三人殉葬。米索波达米亚的乌尔（Ur）王墓，有五九人殉葬，其中有六个穿甲胄的武人，有九个戴有宝石的盛装妇人（同上，页四四八）。武官村大墓的殉葬者中，身首异处的应当是奴隶。但由古代殉葬的全盘情况看，决不可一口断定都是奴隶。秦穆公以三良殉葬，诗人为之赋《黄鸟》，三良断然不是奴隶。秦始皇死，二世以大量无子的后宫宫人殉葬，这也不是一般所说的奴隶。古希腊、罗马，都是典型的奴隶社会，未闻有以人殉葬之事。而以俑代人，起于殷代之末，这只说明文化的进步，不一定代表生产关系的变更。由此我们可以断言，殉葬和人牲一样是出于古代野蛮的信仰，加上王权的横暴。这二者与奴隶社会没有必然的关系，不能以二者来论定殷代即是奴隶社会。

郭沫若们若以人牲和殉葬两件事与奴隶社会有必然的关系，则进入周代，即没有出现这两件事，岂不恰好证明周代不是奴隶社会吗？但郭氏却另有说法。他在上文中说：

> 我自己曾经从周代的青铜器铭文中找到了不少以奴隶和土田为赏赐品的记载，而且还找到了西周中叶的奴隶价格。五名奴隶等于一匹马加一束丝（原注：孝王时代《曶鼎》铭文），故我认为西周也是奴隶社会。

按西周分封建国，必锡土田及在土田上耕作的人民；并于分封之初，尚须赐若干臣工，以形成建国的骨干。郭氏便把这一起称为奴隶，连把"王人"、"庶人"也说是奴隶，在我这本小著里，对他这些说法，已经批判过了，此处只谈《曶鼎》的问题。兹据吴闿生《吉金文录集释》卷一将《曶鼎》铭文录下：

唯王四月既生霸。辰在丁酉。井叔在异。翼或云翼为□。□曶使厥小子觳散以限讼于井叔。吴佩叔云限券也。我既卖赎女五□夫□效父用匹马束丝限诘许曶曶从效父请赎五夫，效父责令出匹马束丝而后诺许。比则俾我赏偿马。效□父□则俾复厥丝□于比比又责曶偿马效父乃令曶复厥丝于比。效父乃诘觳□此字本作㞢，旧释曰误，疑当为廷，犹言朝也。于王参门。孙云参门疑皋门内库门外。□□木榜。用赁述卖赎丝兹，五夫用百爰镬〇效夫约散会于王参门，责赎兹五夫，当用百镬。非之五夫□赎□则罚。乃比又罚众鼓金。孙云鼓量名。小尔雅钧四谓之石，石四谓之鼓。〇案《启贮敦》众子鼓寽铸旅敦，此众鼓二字，疑与彼文同。又案此数语尤难解，今诂亦未尽碻，罚字亦未是，姑且存之。〇以上皆曶使小子散讼效父与比之词。井叔曰。在王人乃卖赎□用□。不逆付曶。毋俾成于比。邢叔责效父以此五夫逆付于曶。逆付云者赎金未具先付还之。以其不逆付，曶则无由俾其成好于比也。曶则拜稽首。受兹五夫。曰陪曰恒曰龙曰彝曰省。吏爰以告比。既成讼令吏告于比乃俾□觳以曶酒及羊兹三爰。用到兹人。到刘心源读致是也。以曶酒羊致兹人者以其赎金未付故也。兹人即兹五夫。曶乃每谋于比。□□舍觳大五秉。舍犹予也。大读夫。曶谋于比，请使散给此五夫，每人五秉。曰。在尚俾处厥邑田□厥田。言此者冀使还其故处勿虐待之。比则俾□复命曰诺。此文奥衍难读。今以意贯之，大略如此。以上为第二节。羊兹三爰与《师旅鼎》兹古三百爰，疑皆货贝名。

此铭文中的比，到底与曶向效父赎五夫之事，有何关系？因比插上一脚，以致用匹马束丝赎回五夫之事告吹，且要敲曶的竹杠，遂使曶不得不使他的儿子散告到邢叔名下，其中的曲折，都无法明了。邢叔判决先把五夫交还给曶；到底付了多少代价，铭文也没记载清楚。我这里只提出一点，此鼎所称的"五夫"，郭氏说是五个奴隶，在整个周代，会把奴隶称为"夫"吗？《诗经》上有三十五个"夫"字，其中有七个"大夫"，固然不是奴隶；此外有三个"武夫"，七个"征夫"，三个"百夫"，一个"射夫"，都不是奴隶；五个农夫，两个仆夫，两个"膳夫"，从上下文看，都不是奴隶。"狂夫瞿瞿"，"夫也不良"，"谋夫孔多"，"老夫灌灌"，"哲夫成城"，无一可称为奴隶。《左传·宣公十二年》："非夫也。"《左传·昭公元年》："抑子南，夫也。"这是以"夫"字形容男人的勇敢。几乎可以这样说，所有出现于周代文献中及金文中的"夫"字，无一可作奴隶解，独曶鼎上的夫字，可作奴隶解吗？并且先送五夫以酒及羊，又每人送五秉粟，使他们能安住（处）在他们的邑田，这是对奴隶的态度吗？合理的推测，这名字记得清清楚楚的五夫，应当是曶手下的武夫这一类的人，不知为了什么，被效父扣留了，才发生这一场纠葛。

即使如郭氏之说，《曶鼎》所记的，是五名奴隶买卖的事情，则只要有奴隶，便会有买卖，问题乃在于即使有奴隶，有奴隶买卖，并不足以构成一个"奴隶社会"。《史记·货殖列传》，"僰僮"，

8　　　　　　　　　　　　　　　　　　　　　　　两汉思想史（一）

即是僰地出产的僮，此处僮乃年轻的奴隶；既以出产僮著称，即有大量买卖。又齐地刁闲以"收取"（买入）"桀黠奴"致巨富。南北朝时代，南北互掠良民为奴而从事买卖的规模相当大。为什么郭氏不认秦汉南北朝是奴隶社会，而以西周贵族间五个奴隶的买卖，便可证明周代是奴隶社会呢？

我上面只指出郭氏认定殷代是奴隶社会的论证很难成立；而对殷代社会的性格，我不能提出积极的论断，所以宁愿采取保留的态度。但周代，则有《尚书》、《诗经》、《左传》、《国语》以及由孔子到先秦诸子百家的许多典籍。由这些典籍的相关资料来作客观的理解，它是中国本土型的封建社会，至春秋中期后渐次解体，这是可以断定而毫无可疑的。有人把封建社会中保有参与政治权利的"国人"也说成是奴隶，把国人对国君贵族们的反抗，说成是奴隶起义，说孔子顽强拥护奴隶主的利益，这完全是横心说"浑话"，便不值得一辩了。

兹当我这本小著发行台湾版之际，我诚恳地希望海内外的学者们，以客观而谨严、谦虚的态度，面对这类重大的学术问题，勤勉地提出贡献。我因为研究工作的忙碌，除了增入一篇附录外，没有把这本小著好好地重新细看一遍，匆匆由学生书局的朋友出版，非常感到歉疚。

旧历癸丑年十月四日于九龙寓所

又《中国姓氏的演变与社会形式之形成》一文中在页二九一讨论一家的人口数字，应参考《逸周书·职方》第六十二。其所述九州一家人数，虽属于推测，然亦必有若干根据。与我所说的

"五口之家，不能代表家庭人口常态"的话相合。页三〇五讨论异族无姓氏时，应补入后魏太和十九年，孝文帝制定代人姓族诏曰"代人诸胄，先无姓族"的重要资料。

三版改名自序

我研究中国思想史所得的结论是：中国思想，虽有时带有形上学的意味，但归根到底，它是安住于现实世界，对现实世界负责；而不是安住于观念世界，在观念世界中观想。所以我开始写《两汉思想史》时，先想把握汉代政治社会结构的大纲维，将形成两汉思想的大背景弄清楚。而两汉政治社会结构的特色，需要安放在历史的发展中始易著明；因材料及我研究所及的限制，便从周代的政治社会结构开始，写成了六篇文章，汇印为一九七二年三月由新亚研究所出版的《周秦汉政治社会结构之研究》。这实是《两汉思想史》的开端，应如我在《两汉思想史》卷二自序中所说，可称为《两汉思想史》卷一。我当时所以不用《两汉思想史》卷一的名称，是因为生活播迁，年龄老大，对能否继续写下去，完全没有信心。及一九七五年有印出第二册的机会时，便在自序中首先说明，一九七二年出版的"可称为《两汉思想史》卷一，此处所汇印的七篇专论，便称为《两汉思想史》卷二"。但卷二出版后，很快便追问"卷一"的下落的，我记得是香港大学的一位先生。学生书局的朋友，大概也受到这种困扰。此书由新亚研究所印行时是第一版；由学生书局发行台湾版时是第二版；现时重印则是第三版。学生书局的朋友，当重印之际，提议干脆改名为《两汉思想史》卷一，我觉得这是很适当的，所以现在便标题为"三版改名"《两汉思想史》卷一，而以"周秦汉政治社会结构之研究"为副标题。

我认为郭沫若在学术上最大的污点，除了揣摩毛泽东意旨，特写《李白与杜甫》，存心诬蔑杜甫外，莫过于一口咬定西周是奴隶社会。此说因得到毛泽东的支持，遂成为今日大陆学术的定论。问题本身，乃是研究的态度是否客观，举出的证据是否坚确的问题，与政治立场并没有关系。不过我曾再三指出过，不顾客观证据，存心诬蔑没有直接利害关系的古人的人，断乎没有不诬蔑有直接利害关系的今人之理。四人帮及其相关人物，即是眼前的显证。我除写了《西周政治社会的结构性格问题》一文，在第一节中，检讨了西周奴隶社会论者的论证外，后来看到郭沫若以人牲、殉葬与《曶鼎铭文》为主的新论证，便又写了一篇《有关中国殷周社会性格问题的补充意见》，以作为此书台湾版的代序，对这两点加以反驳。我在补充意见中，举出中外有关材料，证明人牲及殉葬，"乃出于古代野蛮的信仰，再加上王权的横暴"；二者中有的用的是奴隶，但有的并不是奴隶，所以"与奴隶社会，没有必然的关系"。并且更进一步指出："郭沫若们若以人牲和殉葬两件事，与奴隶社会有必然的关系，则进入周代，即没有出现这两件事，岂不恰好证明周代不是奴隶社会吗？"但近几年来，大陆学人，一看到墓中有殉葬的情形，不论规模的大小，和殉葬者的身份，以及在当时是特殊性的现象，还是普遍性的现象，便一律指为这是奴隶社会的确证。我在这里，应再补充若干证据，以供有学术诚意者的参考。希望读者和我的原文合在一起看。

（一）《史记》卷五《秦本纪》："二十年，武公卒，葬雍平阳，初以人殉死，从死者六十六人。"按秦武公二十年，乃鲁庄公十六年。

（二）又："三十九年，缪公卒，葬雍，从死者百七十七人。秦之良臣子舆氏三人，名曰奄息、仲行、𬭎虎，亦在从死之中。秦人哀之，为作歌《黄鸟》之诗。君子曰，秦缪公广地益国，东服强晋，西霸戎夷，然不为诸侯盟主，亦宜哉。死而弃民，收其良臣从死。且先王崩，尚犹遗德垂法。况夺之善人良臣，百姓所哀者乎。是以知秦不能复东征也。"按秦缪公三十九年，为鲁文公六年。

（三）《左传·鲁宣公十五年》："初，魏武子有嬖妾，无子，武子疾，命颗曰：'必嫁是。'疾病则曰：'必以为殉。'及卒，颗嫁之，曰：'疾病则乱，吾从其治也。'及辅氏之役，颗见老人结草以亢杜回（秦之力士），杜回踬而颠，故获之。夜梦之曰：'余，而（汝）所嫁妇人之父也。尔用先人之治命，余是以报。'"

（四）《礼记·檀弓下》："陈子车死于卫，其妻与其家大夫（宰）谋以殉葬。定而后陈子亢（子车之弟）至，以告曰：'夫子疾，莫养于下，请以殉葬。'子亢曰：'以殉葬，非礼也。虽然，则彼疾当养者孰若妻与宰。得已（能不以殉葬），则吾欲已。不得已，则吾欲以二子（妻与宰）者之为之也。'于是弗果用。"

（五）又："陈乾昔寝疾，属其兄弟而命其子尊己曰：'如我死，则必大为我棺，使吾二婢子（郑注：婢子，妾也）夹我。'陈乾昔死，其子曰：'以殉葬非礼也，况又同棺乎。'弗果杀。"

（六）《史记》卷一百十《匈奴列传》："其（匈奴）送死有棺椁金银衣裘，而无封树丧服。近幸臣妾从死者多至数千百人。"

从上面（一）、（二）的材料看，说明当中原早无殉葬习俗时，而秦因渐染西戎野蛮之俗，却出现有两次大规模的殉葬，深为"君子"所讥。（一）用个"初"字，以说明此为秦以前所未有。而由良臣子舆氏三人在内的情形推之，可断言其用以殉葬者中，必非全为奴隶。（三）与（五）的情形相近，所欲以为殉的都是有燕婉之私的妾侍，妾侍不能说是构成"奴隶社会"的奴隶。且与（四）合在一起，都被当时很流行的礼的观念所抑制，这即可证明周礼是反对殉葬的。（四）中陈子亢抵抗此事的方法是认为死人在地下若要人服事，最好是用死者的妻与其妾，由此可知，殉葬者当用与死者最为亲近之人，可与（六）的情形相印证。凡此事实，都是加强我的论点，而成为郭论点的反证。大陆的史学家们，应当面对历史事实，作全面性的反省。

我有一个经验，凡考证某一问题，不可能把所有有关的材料，一次搜罗尽净，势必有所遗漏。但若引导的方向错了，便常继续发现与自己结论相反的材料，此时只有对自己的结论，重加考虑，加以改正或放弃，而应以近百年来一些"权威者"所经常采取的文过饰非的态度为大戒。在学问上，能发现某些权威犯有错误的，仅有极少数人才可以做到；一般人，只能在权威圈子里打筋斗。这些年来，国内外对王充、戴东原、章实斋等人的渲染、腾播，即是最显著的例子。首先立说的权威，假定继续做学问，则对自己立说的漏洞，必能有所发现。假使由立说者自己把漏洞亲口亲笔表达出来，这该可以减少一般人少走许多冤枉路。但近百年来的风气决不如此，不仅绝少自己发现自己错误之事，并且对他人所指出的错误，要便是"概不答辩"，以保持自己的身份。要便是运用以"游辞"为"遁辞"等方法，使问题更陷入魔瘴。甚至促使受到卵翼的帮派后生出来为他呐喊，或运用政治力量给对方以打击。这是中国在传统历史文化的研究上，经常陷于泥淖之中的重大原因之一。

若在起步时引导的方向对了，则继续遇到的有关材料，便常会为自己的论点补充证据。例如我在《汉代一人专制政治下的官制演变》一文中，说汉代光禄大夫一职的地位"可高可下"，"当时亦可能视为九卿"（见页一九二）。后来留意到《汉书·叙传》中下面的一段话，可断言光禄大夫因皇帝的意旨，其地位的确是九卿中的重要一环。《汉书·叙传》：

> 是时（成帝时）许商为少府，师丹为光禄勋。上（成帝）于是引商、丹入为光禄大夫，伯（班伯）迁水衡都尉，与两师（许商、师丹）并侍中，皆秩中二千石。

按许商为少府，师丹为光禄勋，少府、光禄勋，皆位列九卿，这是没有疑问的。由少府、光禄勋"引"为光禄大夫，最低限度不是降级，所以在当时亦必视光禄大夫为九卿，而且较少府、光禄勋更为重要，也是没有疑问的。这样一来，九卿当在十三四个以上，所以我说"九卿"一词，在西汉只是象征的性质，并非实指九个官位，同样没有疑问。

我在《中国姓氏的演变与社会形式的形成》一文中，根据《国语·晋语》中司空季子的一段话，认为姓的原始意义，乃是一个"部落的符号。惟此符号，仅能由其统治者一人所代表，故符号即含有政治权力的意义，不是被统治的人民所得而有"（页二七一）。《史记》卷二《夏本纪》赞："太史公曰，禹为姒姓（指禹之先祖）。其后分封，用国为姓。故有夏后氏、有扈氏、有男氏、斟寻氏、彤城氏、裒氏、费氏、杞氏、缯氏、辛氏、冥氏、斟氏、戈氏。"按"以国为姓"，是指以其所封之国为姓，所以姓是国的符号，亦即是我所说的一个部落的符号。姓与国不分，国由统治者所代表，姓即由统治者所代表。这可以补足原文所引《国语·晋语》的材料。

在上文中我指出"由春秋之末，以迄西汉之世，所发展普及的姓氏，乃中国所独有，而为四围的异族所无"（页三〇五），除已引用了若干材料作证明外，尚应补充下面的材料：

一、《史记》卷一百十《匈奴列传》："其俗有名不讳，而无姓字。"

二、《后汉书》卷七十六《循吏列传·任延传》："建武（光武年号）初……诏征为九真（今越南河内以南，顺化以北之地）太守……九真俗以射猎为业，不知牛耕，民常告籴交阯，每至困乏。延乃令铸作田器，教之垦辟田畴，岁岁开广，百姓充给。又骆越之民，无嫁娶礼法，各因淫好，无适对匹；不识父子之性，夫妇之道。延乃移书属县，各使男年二十五至五十，女年十五至四十，皆以年齿相匹。其贫无礼聘，令长吏以下各省奉禄以赈助之。同时相娶者二千余人。是岁风雨顺节，谷稼丰衍。其产子者，皆知种姓。咸曰：'使我有是子者，任君也。'多名子为任。于是徼外蛮夷夜郎等，慕义保塞。延遂止罢侦候戍卒。"

三、《魏书》卷一百一十三《官氏志》："太和十九年（魏孝文帝年号）诏曰：代人诸胄，先无姓族。虽功贤之胤，混然未分。故官达者位极公卿，其功衰之亲，仍居猥任。比欲制定姓族，事多未就。且宜甄擢，随时渐铨……"

四、《宋书》卷五十九《张畅传》："畅问虏使姓，答曰：'我是鲜卑，无姓。'"

我因对时代的感愤，在进入到暮年时，才开始了对自己历史文化的反省，在反省中写出了若干文章。每当一书付印时，从未动念要请有地位的名流学者为我写序。因为自己的用心所在，很难取得他人的了解；而许多文章中谈到关键性的问题时，必然是忘掉了自身的利害，否则不能下笔；更何有于假借他人之笔，来揄扬沧海一粟中的个人的浮名。但当我去年读到李幼椿（璜）先生随意写给我的一封信时，他以八十三岁的高龄，一生未曾离开学术岗位，对一个在学术上应当算是后辈的区区无名之辈，流露了他的热情、坦率，反映出他对学术上的真诚与自信，令我当时极为感动。所以在这里特附印在后面。

一九七八年七月二十五日徐复观序于九龙寓所

附李先生来信

复观先生：大著《周秦汉政治社会结构之研究》，前周于本所所长室书柜中始得借阅之，初觉有味道。归来细读一过，大为欣赏。先生眼光之锐敏，断案之明确，处处足见智慧过人，无任倾佩。兹举数点之大获我心者：

一九至六九页，对中国封建制度之基点说明，有"此一封建制度……即是根据宗法制度……按照宗法以建立一个以血统为纽带的统治集团……因是亲亲尊尊之礼制之所从出……这个礼制之

'分'及其精神一经破坏，封建的政治秩序，便完全瓦解"。弟对中国封建之基因，亦尝及于宗法社会一点，不过不及先生言之明透。弟又尝以此基因驳斥马派封建论，即以西欧中世纪查理曼大帝之封建，除分封其三子与诸将外，其他皆就豪强据地者封之，并非以经济利害为主也。——毛派学马派而将封建基因归于大地主，乃胶柱鼓瑟。

一〇一页末行"当然这里有一大问题，即是上述的转变与转移，在儒家观念上，并不曾出现显著的否定的一面，而使人容易误会儒家是封建的继承者"——此点足见著者眼光。不过在《孟子》书中，已有"否定"之义（按李先生所见者甚确，且不仅《孟子》书中如此）。

一八二与一八六页所引《史记·卫青列传》司马氏之言与裴骃《史记集解》中杜业之奏，（以）这两个引证来说明专制帝王不喜知识分子，至为精当。真所谓读书得间也。

四〇九页："研究工作，必须建立在问题自身的基本资料之探索……"一段，此论为治史论史之重要指导，确切之至。我昨在讲堂，已向学生言之。

弟 李璜 十二日

此外可圈可点之处尚多，先生可否签名赠我此书一部。问好。
（按李先生信款有日期而无月期，大概两人都不能追记了。）

西周政治社会的结构性格问题

一、对西周奴隶社会论者的检讨

我国大一统的专制政治，是在封建政治、封建社会瓦解之后所出现的。为了对大一统的专制政治有较为确切的了解，应当从周初的封建了解开始。

西周是奴隶社会？或者是封建社会？这是讨论了很久的问题。此一问题的解决，是把握中国古代史的关键。但下述两种态度，我认为在作学术性的讨论时，首应加以避免。

（一）把西方社会的历史发展阶段作为一定的模型，或者以若干原始部落的情况作为一定的模型，而将我国古代社会的发展，一一加以比拟，由此以得出简捷的结论，这种方法是非常值得怀疑的。我不否认西方古代社会及原始部落社会的情形，对我国古代社会的研究，有其启发性；但这只是一种启发性而已。若超过启发性的限度，必求比而同之，即会走上牵强附会之路。

（二）拿定一二人的著作，当作永远不刊的经典；研究结论的价值，必以与此种经典的说法是否相符作判断，这种方法更值得怀疑。我们首先得承认任何人的知识，都要受到时代及环境的限制。其知识可以应用的范围，也自然有一种限制，而有待于后人的修补。有通贯古今中外的道德精神，但决没有通贯古今中外的行为格式。有通贯古今中外的求知精神，也决没有通贯古今中外的知识结论。尤其是对于一个由具有自由意志的人类所形成的社会，一个含有许多动机动力、互相影响激荡的非常复杂的社会，谁人能根据局部的一时的现象，以规定出有普遍性、永恒性的发展规律呢？

我国历史发展到了西周初年，已有不少的典册和金文及从地下掘出来的资料。一切问题，必决定于资料；研究者的责任，在于合理地处理资料；不仅不可使资料的真赝夹杂，并且也不可使每一资料的轻重位置失宜。

当我看了若干近代人士有关这一方面的研究论文后，使我首先否定西周是任何形态的奴隶社会的说法。①

主张西周是奴隶制度的，大体上是以金文的材料为根据；兹将常被援引者简录如下：

（1）《大盂鼎》："雩我其遹相先王，受民受疆土，易（锡）女（汝）鬯一卣、冂衣，市舄，軧（车）马……易女邦嗣（司）四白（伯）人鬲自驭（御）至于庶人六百又五十又九夫。易尸（夷）嗣王臣十又三白（伯）人鬲千又二十夫。"

---

① 主此一说者有古代东方型奴隶制论，及西周典型奴隶制论之分。前一说主张当时只有家内奴隶，主要来源是债务奴隶，数量无多，不从事主要生产。此说的错误，是当时交换经济不发达，由债务成为奴隶之数目性甚少。此一说法，实际是否定西周是奴隶社会的。两者俱略见于杨宽著《古史新探》页五四至六一。

（2）《矢令簋》："隹九月既死霸丁亥，乍（作）册矢令蹲俎于王姜，姜商（赏）令贝十朋，臣十家，鬲百人。"

（3）《不嬰簋》："女（汝）以我车宫伐猃允（猃狁）于高陵，女多折首墊（执），噝（讯）……易（锡）女弓一矢束，臣五家，田十田，用迹乃事。"

（4）《虢季子白盘》："折首五百，墊噝五十，是以先行，赳赳子白，献馘于王。"

（5）《井侯彝》（周公彝）："王令荣众内史曰，簟（与）井侯服，易（锡）臣三品，州人、重人、庸人。"

（6）《矢簋》："隹四月辰在丁未，□□璂王成王伐商图，遂省东国图，王立于𧙄宗土（社）南乡（向），王令虞侯矢曰，訸侯于𧙄（宜），锡盅一卣……锡土厥川三百□，厥□百又廿，厥□邑卅又五，（厥）□百又卌，锡在宜王人□又七生（姓），锡奠七伯，厥□又五十夫，锡𧙄庶人六百又六（十）夫。"

（7）《颂鼎》："王曰，颂，令女官嗣成周贮廿家、监嗣新寤（造）贮，用宫御。"

（8）《大克鼎》："……王曰克……锡女田于埜，锡女田于渒，锡女井家𤳾田于墪，以厥臣妾……锡女史小臣霝龠鼓钟。"

（9）《伊簋》："隹王廿又七年正月既望丁亥，王才（在）周康宫……王乎命尹封册命伊□官嗣康宫王臣妾百工……"

（10）《师毁簋》："隹王元年正月初吉丁亥，白龢父若曰师毁……余令女𩁹（尸）我家□嗣我西𥼶东扁仆驭百工牧臣妾……"

西周政治社会的结构性格问题

有关同样性质的金文材料很多，这里只简抄西周奴隶社会论者所应用得较多的若干例子。在西周奴隶社会论者中，大概可分为两型：一型以郭沫若为代表，认为当时奴隶之范围甚大，上引金文材料中，凡被"锡"与之人，皆是奴隶。"人鬲"是奴隶，"庶人乃人鬲中之最下一等"，《矢毁》中之"王人"、"甸人"与"氓"，也是奴隶。① 如郭氏之说，则西周诚不愧为奴隶社会。另一型则认当时奴隶之范围较小，姑以杨宽为代表。不以"庶人"为奴隶，而以"人鬲"、"丑"、"讯"、"臣"及手工业之百工等为奴隶，其来源皆为战争之俘虏。并还有"部族奴隶"。② 在上述两型主张中，有一共同之点，即是都引《诗经·周颂·载芟》上的"千耦其耘"，及《周颂·噫嘻》的"十千维耦"的诗，以作西周是奴隶社会的证明。因为他们认为若非使用奴隶以从事于农业，便不会有这样大规模的劳动。

　　由金文研究，可以补证典册记载之所不足，诚为治古史者所必须之工作。然"周时文字，点画自由，略无定律"。③ 以金文中之文字为尤甚。故对金文之解读，必以在典册中可以得到互证旁证者为能近于真实。又其文字简质，在解释时若无典册上之互证旁证，即不应随意加以联想扩充。

　　按古代奴隶的主要来源是由战争所得的俘虏，这是历史的事

---

① 郭沫若此一主张之文字甚多，此处系根据其《矢毁铭考释》。见《考古学报》一九五六年第一期。又据杨向奎《中国古代社会与古代思想研究》页三八所引周谷城的主张也是如此。
② 见杨宽《论西周时代的奴隶制生产关系》，收入《古史新探》页七三。
③ 见杨树达《积微居金文说》页七八。

实。西周有战争，西周便有俘虏，便有由俘虏而来的奴隶，这是无可置疑的。《尚书·牧誓》："弗迓克奔，以役西土。"这很显明地指出了俘虏的用途。但"人鬲"、"鬲"，是否即由俘虏而来的奴隶，便非常可疑。"鬲"是鼎属的器具，在典册中丝毫找不出是俘虏、奴隶的痕迹。且《鬲尊》："鬲锡贝于王。"鬲在此处是人名，其非奴隶，甚为显著。绝对多数的金文学者，都以鬲为"献"之省。"人鬲"即"民献"或"献民"。于是李剑农即以人献为奴隶。但《尚书·大诰》："民献有十夫。"《洛诰》："其大惇典殷献民。"《逸周书·商誓》"及百官里居献民"，"天王其有命尔百姓献民"，《度邑》"九牧之师，见王于殷郊，乃征厥献民"，《作雒》"俘虏献民，迁于九毕"。被俘而迁于九毕的殷献民可能成为奴隶；但献民之本义乃指人民中持有材能者而言，无法解释为奴隶。于是有人主张"鬲"即是《逸周书·世俘》篇的"磨"，由此以证明其为由俘虏而来的奴隶，这从文字训诂的观点说，未免太牵强了。[①]最低限度，此说是非常可疑的。即使承认此一说法，其人数也不足以构成一个"奴隶社会"。

至于古籍中"臣妾"连词，如《尚书·费誓》的"臣妾逋逃"，此处（8）"以（与）厥臣妾"，那确指的是奴隶。但这乃是家庭奴隶。单说一个"臣"字的，其本义虽为囚俘，[②]可转为奴隶；但周初典册中的"臣"字，"只是一种供人使令或给役于人的人，身份

[①] 见杨宽《释"臣"和"鬲"》，及《"人鬲"、"讯"、"臣"是否即是奴隶》两文，皆收入《古史新探》。
[②]《礼记·少仪》："臣则左之。"郑注："臣谓囚俘。"

可上可下"。①虽下至与"臣妾"相等，亦依然是家庭奴隶的性质。若相信"只有家庭奴隶不成为奴隶"的说法，则亦与奴隶社会无关。西周金文中，有锡臣几夫或几家的记载，我认为与《诗·大雅·嵩高》诗中之所谓"王命傅御，迁其私人"的"私人"同一意义，《毛传》："私人，家臣也。"家臣一面是"私人"，但一面仍为"王臣"，故在形式上仍待锡与，所以有待于"王命傅御"的赐与，不能一概作奴隶解释。《诗·小雅·大东》："私人之子，百僚是试。"其非奴隶，更为显然。

并且西周封建，除授土授人之外，还要授予以车服、旌弓、乐器及祝卜乐工之类。若不锡臣若干家，上面所锡予的东西，便无法活动起来。故所锡予之臣，绝对多数，乃与上、中、下士同科，形成封君贵族在政治与生活上的骨干；其中可以为其管理生产劳动之事，没有以奴隶身份从事生产劳动的痕迹。

当时在战场被俘虏而成为奴隶，大概是事实。但对被征服的氏族，是否作为奴隶而加以锡予？前引《井侯彝》的"臣三品"是否即是"部族奴隶"？更须慎重研究。《左传·定公四年》，卫子鱼述周成王封鲁、卫、晋的情形是：封鲁以"殷民六族"，"因商奄之民"；分卫以"殷民七族"；分唐以"怀性九宗"。上面三国立国的基干，皆是被征服或被怀柔的其他氏族、部族。《诗·大雅·韩奕》追述韩受封之始的"以先祖受命，因时百蛮"的情形，也是一样的。从"帅其宗氏，辑其分族"，"启以商政，疆以周索"，"启以夏政，疆以戎索"的情形看，不可能把他们变成奴隶。《左

---

① 见《学术月刊》一九六〇年十二月号金兆梓《关于西周社会形态讨论中的几个问题》。

传·闵公二年》成季之繇曰："间于两社，为公室辅。"是鲁除周社之外，因有商奄之民，故又立有亳社，即等于殷社。《左传·定公六年》鲁国的"阳虎又盟公及三桓于周社，盟国人于亳社"。由此可知，"国人"主要是殷的遗民。而"国人"在周代是保有政治权利的自由民。又《左传·哀公七年》"以邾子益来献于亳社"，哀四年《春秋经》也特书"亳社灾"，由此可知，鲁之亳社，较周社更为显赫。又《左传·隐公六年》"翼九宗五正顷父之子嘉父逆晋侯于随，纳诸鄂，晋人谓之鄂侯"，杜注："翼，晋旧都也。唐叔始封，受怀姓九宗，职官五正，遂世为晋强家。"按分封的"怀姓九宗"，可以拥立晋侯，其非奴隶，亦甚为明显。春秋时代，楚灭国最多，决无以被灭之氏族或部族作奴隶之事。《左传·僖公二十八年》晋楚城濮之战，楚令尹子玉败后，楚成王"使谓之曰，大夫若入，其若申息之老何？"申息被灭为楚之二县，其子弟多从子玉战死，故楚王有是言；则其未以灭国为奴隶，并与以楚民平等的地位，尤为明显。则《井（邢）侯簋》"易（锡）臣三品，州人、重人、庸人"。正与"分殷之六族"，"分殷之七族"，同一意义，未可断定其为部族奴隶。《左传·宣公十五年》晋灭赤狄而赏"桓子狄臣十家"；及齐灭莱夷后赏叔夷以"厘（莱）仆三百又五家"，这由《左传·成公二年》下面的故事可加以解答。《左传·成公二年》六月晋伐齐，及齐师战于鞌，齐师败绩。

晋侯使巩朔献齐捷于周，王弗见。使单襄公辞焉，曰："蛮夷戎狄，不式王命，淫湎毁常，王命伐之，则有献捷。……兄弟甥舅，侵败王略，王命伐之，告事而已，不献其功。所以敬亲昵，禁淫慝也。

西周政治社会的结构性格问题

单襄公所说的，乃周的"先王之礼"（单襄公语）。由此礼推之，同样是战争，但对内与对外夷的战争，在性质与处置上有显明的区别。对外夷的战争，会将俘虏作奴隶；且随文化的进步，而这种情形也渐成为特例。至对内的战争，既不准献捷，即不承认俘虏为正当的行为，自不许可转变为奴隶。赤狄莱夷是外族，故有作为奴隶，以赏赐有功的情形。不可视为一般战争后的结果。

《左传·宣公十二年》楚国克郑，"郑伯肉袒牵羊以逆曰……其俘诸江南，以实海滨，亦唯命。其剪以赐诸侯，使臣妾之，亦唯命。"乃乞哀之词。若当时系奴隶社会，而战争又为奴隶的主要来源，则楚国克郑以后，俘郑人为奴隶，乃事所当然，何待郑伯的乞哀？而楚王更会因此竟"退三十里而许之平"呢？且进入春秋时代，战争之频度增加，规模日大，各国互相兼并，至战国时期，而仅余七国；若如奴隶社会论者的主张，则这些灭国的战争，应当成为奴隶的争夺战，并且每灭一国，即补充一次奴隶。何以灭国者相继不绝，而竟无以被灭者夷为奴隶的痕迹？且秦以利诱三晋之农民为其耕作，而长平四十万赵卒，宁坑之亦不以为奴隶，这说明当时并无大量奴隶生产的传统。仅战场上的俘虏成为奴隶，而被征服之氏族、民族，未成为奴隶，则奴隶的数目有限，即不足以构成奴隶社会。

至于民、庶民、庶人之非奴隶，更为显然。我在《中国人性论史·先秦篇》第二章第四节中，由《尚书》周初的几篇可信的文献，加以归纳，而了解周初的统治者（主要是周公），把所谓"民"的地位，"抬高到与天命同等的地位。人民的意向，成为天命的代言人"。①《诗经》上大约出现了九十个左右的"民"字,绝对多数是出现在西周时代的诗,如《小雅》、《大雅》、《周颂》之类。《十月之交》谓"民莫不逸",《小旻》之诗谓"民虽靡朊(郑《笺》:朊,法也),或哲或谋,或肃或艾";《小弁》、《大东》、《四月》各诗,皆称"民莫不谷";《生民》之诗"厥初生民",指的是后稷。其中有许多是呼吁民的疾苦的,但无一个民字可以解释为奴隶。《诗经》中出现有五个"庶民",皆牵涉不到奴隶身份上去。出现有两个"庶人",和"庶民"的意义并无分别。《大雅·卷阿》之七章说"媚于天子",八章便说"媚于庶人",这可解释为奴隶吗?

金文中的"氓",与《周礼·遂人》之所谓"氓"相应,指的是专以耕种为业的农民,同于孟子之所谓"野人"。《遂人》中有谓"凡治野,以下剂(郑注:及会之以下剂为率,谓家可出二人),以田里安氓。以乐昏扰(顺)氓。以土宜教氓。以兴耡利氓。以时器劝氓。以强予任氓。以土均平政。"这里所说的不是奴隶的情形。《说文》十三下:"氓,田民也。"这是氓字意义的一面。《周礼》郑注:"变民言氓,异外内也。氓犹懵懵无知貌也。"这又是氓字意义的一面,由这一意义说,故甿即氓。《淮南子·脩务训》高诱注:"野民曰氓。"《说文》十二下:"氓,民也。"《一切经音义》:"案氓,冥昧貌也;言众庶无知也,《汉书》'氓氓群黎'也。"是"氓"乃野民因地位低下,无有知识之特称,但并不因此而成为奴隶。《诗·卫风·氓》:②

---

① 可参阅拙著《中国人性论史·先秦篇》页二九至三〇。(编者注:现为页二八至二九。)
② 《唐石经》作甿,可知氓、甿亦通用。

西周政治社会的结构性格问题

> 氓之蚩蚩，①抱布贸丝；匪来贸丝，来即我谋。……匪我愆期，子无良媒。将子无怒，秋以为期。乘彼垝垣，以望复关。不见复关，泣涕涟涟。既见复关，载笑载言。……以尔车来，以我贿迁……

这是一位年老爱衰的妇人，追述那位抱布贸丝的氓，开始追求她的情形。这里所描写的氓，有一点奴隶气息吗？

至郭沫若以《矢殷》中的"王人今亦转化为奴"，尤为横决。他的证据引《尚书·君奭》："殷礼陟配天……百姓王人，罔不秉德明恤"，他以"此为周初称殷代贵族的王人之证"，他以《矢殷》中"王人之在宜者即殷王之人"（以上皆见于《矢殷铭考释》）。

此处有两个问题：第一，周初既称殷贵族为"王人"，即可证明周并未将殷贵族转为奴隶，这在《诗》、《书》有关的资料中亦皆是如此，郭引《君奭》中之"王人"，很明显地不是奴隶；何以在《矢殷》中的殷王人便会转为奴隶？第二，矢被改封为宜侯，在今日之江苏丹徒，殷是否在此有王人？从铭文开首两句话看，封矢之王，不可能是成王，而应当是康王。时代经过了这么久，是否还会称殷贵族为王人？合理的推测：周可封矢为宜侯，则泰伯、仲雍（《周本纪》称虞仲），因太王欲立其弟季历而入吴之说为可信；《矢殷》中的"王人"，或为随泰伯入吴的周的同姓，或系矢由宗周率领前往之人，不可能是奴隶。

《颂鼎》"贮廿家"的贮，阮元、王国维、杨树达各立异说；

---

① 马瑞辰《毛诗传笺通释》："至《释文》引《韩诗》云'氓，美貌'，盖以氓䫉一声之转……《尔雅》'䫉䫉美也'。然以氓为美，与蚩蚩义不相贯，蚩蚩盖极状其痴昧之貌。"

但以杨宽作奴隶的解释，似最为无据。杨宽在引金文材料（9）（10）中的"臣妾百工"及"仆御百工牧臣妾"，而断定当时从事手工业的都是奴隶，也有问题。在周室及其贵族的手工业中，可能有用奴隶作助手。但当时奴隶的来源是由战争而来的夷狄，当时手工业中有许多作品已极精巧，则手工业的技术，不可能是掌握在奴隶手上；而所谓"百工"，决非对手工奴隶的称呼。周初百工的范围，包括甚广，低级的乐人，也包括在里面。金文中称为"师"的有时也指的是百工。杨树达在《师望鼎跋》中说："大师小师之外，又别有典同磬师、钟师、笙师、镈师、秣师、旄人、龠师诸职"（《积微居金文说》页八五）。《师艅鼎》："……锡师艅金，艅则对扬畀德，其乍（作）畀文考宝鼎。"《师害殷》："师害乍（作）文考䵼殷。"艅和害即是制器的百工，不可能是奴隶。《尚书·洛诰》"予齐百工，平使徒王于周"，此处之百工，当然不是奴隶。《国语·周语》召公告厉王不可防民之口的话中有"百工谏，庶人传语"的话，此与《左传·襄公十四年》"工诵箴谏"，"工执艺事以谏"之语相合，所以是可信的。若百工是奴隶，便不可能有向王进谏的资格。《左传·桓公二年》"庶人工商，各有分亲"，《左传·闵公二年》"通商惠工"，《左传·宣公十二年》"商农工贾，不败其业"，《左传·成公一年》"农工皆有职以事上"；就这些材料看，手工业中纵有一部分"臣妾"当助手，但正式称为"工"或"师"的不可能是奴隶。（9）（10）两金文中将百工与臣妾分别称谓，即可证明百工与臣妾有别而不是奴隶。奴隶论者所犯的最大毛病，在于把金文中的人物，皆简化为奴隶主与奴隶两个阶级。

至于以《诗经》的"十千维耦"这类的话来证明当时是大量的奴隶生产，更是一个误解。现在先把有关的材料抄在下面：

《诗·周颂·噫嘻》：

噫嘻成王，既昭假尔。率时农夫，播厥百谷。骏（郑《笺》：骏，疾也）发尔私（《毛传》：私，民田也），终三十里（郑《笺》：《周礼》曰："凡治野，田夫间有遂，遂上有径。十夫有沟，沟上有畛。百夫有洫，洫上有途。千夫有浍，浍上有道。万夫有川，川上有路。"计此万夫之地，方三十三里少半里也，诗言三十里者，举其成数）。亦服尔耕，十千维耦（郑《笺》：辈作者千耦，言趋时也）。

《诗·周颂·载芟》：

载芟载柞（《毛传》：除草曰芟，除木曰柞），其耕泽泽。千耦其耘（郑《笺》：言趋时也），徂隰（郑《笺》：隰谓新发田也）徂畛（郑《笺》：畛谓旧田有径路者）。侯（维）主（《正义》：维为主之家长）侯伯，（《正义》：维为伯之长子）侯亚（《正义》：维次长之仲叔）侯旅（《正义》：维众之子弟），侯强（《正义》：维强力之兼士），侯以。（《正义》：维所以佣赁之人）；有嗿（《毛传》：众貌）其馌，思媚其妇。有依（郑《笺》：依依言爱也）其士（《毛传》：士，子弟也）。

误解的发生，因为根本不知道，或故意抹煞农业的"趋时性"，即是农业中的重要工作，必须抢在季节中的短短几天内完成。此时全体的农人，都必须同时出动，全力以赴。于是在关中平原，黄河平原中，自然出现"十千维耦"，"千耦其耘"的盛况。《噫嘻》诗分明说这是"骏发尔私"，是由成王带着农夫急于开发农夫的私田，在广大平原中，一口气便耕种万夫的三十里，而有"十千其耦"；何能解释为奴隶劳动？奴隶怎能有私田？《载芟》的诗，因为后面说到丰收后的祭祀，所以《诗序》误会这是"春籍田而祈社稷"；"籍"则种的是公田。但诗中并无籍田的痕迹，所以《正义》说这是"经序有异"。若此诗所说的是奴隶劳动，则会出现"有嗿其馌，思媚其妇"的情景吗？①

总之，我不是说周代没有奴隶；周初以后的三千多年中，中国社会都有奴隶。也不是说没有农奴；《国语·晋语》郑偃谓"其犹隶农也。虽获沃田而勤易之，将不克飨，为人而已"。这分明说隶农无私田。而周代绝大多数的农夫不是隶农，因其有私田。周代虽有奴隶，但从全般的情形看，奴隶不是周代政权的基础，也不是当时社会生产的主要成分；称周代为奴隶社会，是违反历史事实的。②

二、周室宗法制度

西周的政治制度，是传统所说的封建政治制度。此种封建政

---

① 杨向奎不赞成西周是奴隶社会的说法，他乃另立一说："我认为千耦其耘，十千其耦的千字不是指人数或耜数说，这就是千亩的千，是专名词，等于籍田……等于说公田在耕种了。"见《中国古代社会与古代思想研究》页四六，此种解释，只是牵强。
② 杨宽的《古史新探》，作了深刻细密的研究，应算是难得的一部书。他一方面认为西周的庶人不是奴隶，并承认庶人在当时占有重要的地位；但依然要说西周是"中国奴隶制社会"，这是轻重倒置的结论，也是不自然的结论。

治制度，与当时的土地制度不可分，所以当时的社会，也可以称为是封建社会的性格。

西周的封建，与西方历史中之所谓封建的最大不同之点，在于西周的封建政治，是以西周的宗法为骨干所形成的；甚至可以说，这是宗法社会的政治形态。西周宗法的起点是嫡长的传子制。殷代殷墟前半期，除武丁外，前后三代，是兄弟继承。后期武乙以下的五王，则系父子继承。[①]但殷代无嫡庶之分，周之太王、王季、文王，在继承上亦无嫡庶之分。故殷末之父子相传，并未形成一个客观的制度。因之，假使殷代也有宗法，与周的宗法制度，不会是相同的。

周代宗法的详细情形，不可得而详考。后人只能凭《礼记》的《丧服小记》，及《大传》的几句话来加以推论。

《丧服小记》：

> 别子为祖，继别为宗。继祢者为小宗。有五世而迁之宗，其继高祖者也。是故祖迁于上，宗易于下。尊祖故敬宗，敬宗所以尊祖祢也。庶子不祭祖者，明其宗也。……亲亲尊尊长长，男女之有别，人道之大者也。

《大传》：

> 上治祖祢，尊尊也。下治子孙，亲亲也。旁治昆弟，合族以食，序以昭穆，别之以礼义，人道竭矣。……君有

[①] 贝冢茂树《中国古代史学之发展》页六四。

合族之道。族人不得以其戚，戚君位也。……庶子不祭，明其宗也。……别子为祖，继别为宗。继祢者为小宗。有百世不迁之宗，有五世则迁之宗。百世不迁者别子之后也。宗其继别子之所自出者（朱元晦曰"之所自出"衍文），百世不迁者也。宗其继高祖者，五世则迁者也。尊祖故敬宗。敬宗，尊祖之义也。……是故人道，亲亲也。亲亲故尊祖。尊祖故敬宗。敬宗故收族（收犹今所云"团结"）。收族故宗庙严。宗庙严故重社稷。重社稷故爱百姓。爱百姓故刑罚中。刑罚中则庶民安。庶民安故财用足。财用足故百志成。百志成故礼俗刑（《正义》：刑亦成也）。礼俗刑，然后乐。

《说文》七下："宗，尊。祖庙也。"段《注》："凡言大宗小宗，皆谓同所出之兄弟所尊也。"在许多兄弟中，以长嫡子主祭，此主祭的嫡长子即是祖宗一脉相承而不乱的象征，乃至可以说是代表，故即为其他兄弟之所尊。既为其他兄弟之所尊，便须有保育其他兄弟的责任。这一套规定，即谓之宗法。程瑶田谓："宗之道，兄道也。"① 这是对的。所谓"五世则迁之宗"，是凡共父亲共祖父共曾祖共高祖的弟兄，皆以之为宗。过此以往，则不以之为宗，此之谓"小宗"。所谓"百世不迁之宗"，是凡共始祖的，皆以之为宗，此之谓"大宗"。"别子为祖"的别子，乃对周王室的嫡长子而言。周王室的嫡长子主祭其生之所自出，而为全姓的总宗，这一点在《丧服小记》和《大传》中都略过了，常为

---

① 程瑶田《宗法小记》。

后儒所忽。周王室的嫡长子以外的"别子",分封出去,则在其国另开一支,而为此国之祖。继别为宗,是继承此国的嫡长子,即为此一国百世不迁之大宗。"继祢为小宗"者,此大宗之弟及庶出兄弟所生之嫡长子,即为其弟及庶出兄弟所宗,此乃五世则迁之小宗。祢是亲庙,大宗之弟及庶兄弟所生之嫡长子,于其父亲死而入庙后,祭祀时为主祭,这即是"继祢为小宗"。朱骏声《说文通训定声》宗子下谓:"按大宗一,为始祖后也。小宗四,高曾祖父后也。"大宗所以保持此一氏族血统的传承于不乱不断。他是始祖的代表,所以只有一个。小宗是大宗此一氏族血统的蕃衍流派。高祖、曾祖、祖、父四代,各有其大宗以外所生之嫡长子,即各有一小宗,故小宗同时有四。大宗包含小宗,而大宗为之本,小宗为其枝。小宗包含许多五服以内的族人,由小宗率领以捍卫大宗。小宗五世不迁,则大小宗无所别,而氏族血统之本干不显。大宗之上又有一总的大宗,这即是天子。《诗·大雅·板》一诗《毛传》"王者天下之大宗",即指此而言。王为天下之大宗,诸侯为一国之大宗。被封出去的诸侯是别子。而天子对别子而言则是"元子"。《尚书·召诰》:"呜呼,有王虽小,元子哉。"由大宗小宗之收族而言,每一组成分子皆由血统所连贯,以形成感情的团结,此之谓"亲亲"。由每一组成分子有所尊,有所主,以形成统属的系统而言,此之谓"尊尊"、"长长"。

这里有由《大传》"君有合族之道,族人不得以戚,戚君位也"而引起汉儒以来的一种误解,认为宗法乃由大夫以下达于庶人;

而天子诸侯,乃在宗法之外。① 毛奇龄更引《穀梁传》"诸侯之尊,兄弟不敢以属通"以实之。② 近人王国维对此谓:

> 故由尊之统言,则天子诸侯绝宗,王子公子无宗可也。由亲之统言,则天子诸侯之子,身为别子,而其后世为大宗者,无不奉天子以为最大之大宗。特以尊卑既殊,不敢加以宗名,而其实则仍在也。故《大传》曰:君有合族之道,其在……《大雅》之《行苇》序曰:周家能内睦九族也。……是天子之收族也。《文王世子》曰:公与族人燕则以齿。……是诸侯之收族也。……是故天子诸侯,虽无大宗之名,而有大宗之实。《笃公刘》之诗曰:饮之食之,君之宗之。《传》曰:为之君,为之大宗也。《板》之诗曰:大宗维翰。《传》曰:王者天下之大宗。又曰:宗子维城。《笺》曰:王者之嫡子谓之宗子。是礼家之大宗,限于大夫以下者,诗人直以称天子诸侯。惟在天子诸侯则宗统与君统合,故不必以宗名。大夫、士以下皆以贤才进,不必身是嫡子,故宗法乃成一独立之统系。③

王氏之论,已接触到问题的本身,但仍有误解之处。他所指的"礼家",是汉代的礼家;而所谓"诗人",则系西周的诗人。诗人就西周政治实际的情形而分明说是"君之宗之",说是"大宗维翰,宗子维城",分明说西周的天子、诸侯,乃一宗法的结合。并且

---

① 程瑶田《宗法小记》。郑康成《大传》注:"公子不得宗臣。"
② 毛奇龄《大小宗通释》。
③ 《观堂集林》卷十《殷周制度论》。

西周政治社会的结构性格问题

《大雅·文王》的诗说"文王孙子，本支百世"，这是说周室的政治机构，是由宗法中的"本"与"支"连结起来的。周人称丰镐为"宗周"，正因其为宗庙之所在，亦即为"天下大宗"之象征。《大传》"族人不得以其戚，戚君位也"，上戚字应作亲属解，下戚字应作"近"义解，近有狎侮之意。此句话只是说君虽有合族之道，但族人不可以人君是自己的亲属而便存狎侮之心；这是一种防微杜渐的意思，即是不可因亲亲而忘了尊尊的一面。若人君不在宗法之内，则何由而合族？何由而可称为"戚"？《毛传》在上引诗的解释中，尚保持原义，其他汉儒，则常以汉时的君臣关系，推论秦汉以前的君臣关系；并以当时宗法的状况，推论周初的宗法状况；便把西周的宗法，斩断了上半截，而认为只实用于大夫以下。实际，则周的宗法，开始乃与封建同时实行于周天子与诸侯之间，再扩及于各国的贵族之间。周以外的氏族，也同样受此一宗法的规定。因为宗法本是以氏族社会为基础所发展起来的。至战国而在政治上中断的宗法，因民间家族之日趋强大，乃转而保持某一程度于社会之中。即在西周，其组织也是逐渐发展而渐增完备的。甚至可以说"别子为祖，继别为宗"，只适用于天子与诸侯的关系，而不适用于大夫；因为大夫应以诸侯之大宗为大宗，而不应自立其大宗。即诸侯以下之大夫，只有小宗而不另立大宗。后来礼家的混乱，都因在这种地方弄颠倒了。至王国维说"大夫士以下皆以贤才进，不必身是嫡子"，亦即说诸侯以下的贵族，宗法与政治地位不一致，故宗法成一独立统系。其不合历史事实，更为显然。

三、周室之封建制度及其基本精神

把宗法说清楚了，现在可以谈到封建制度的问题。

在西周以前，当然有若干分封建国的情形。《诗·商颂·殷武》"命于下国，封建厥福"，即其证。但在规模上，尤其是在制度上，依然应以西周的封建为封建制度的代表。周人灭商后，当然还有许多历史悠久的氏族国家，由相互的承认而继续存在。《吕氏春秋·观世》篇谓"周封国四百余，服国八百余"。所谓"服国"，即指非由周人封建而来的国家。但作为西周立国特性的，还是他的封建制度。此一封建制度，先简单地说一句，即是根据宗法制度，把文王、武王、成王、康王等未继承王位的别子（武王不是嫡长子），有计划地分封到旧有的政治势力中去，作为自己势力扩张的据点，以连络、监督、同化旧有的政治势力，由此而逐渐达到"溥天之下，莫非王土"的目的。被封的别子，即成为封国之祖，他的嫡长子，即成为封国的百世不祧之宗，按照宗法建立一个以血统为纽带的统治集团。封国与宗周的关系，政治上是天子与诸侯的关系，宗族上却是"别子"与"元子"的血统关系，是由昭穆排列下来的兄弟伯叔的大家族的关系。各侯国内的政治组织，也是如此。为了便于统治的从属关系能够巩固，以血统的嫡庶及亲疏长幼等定下贵贱尊卑的身份，使每人的爵位及权利义务，各与其身份相称，这在当时称之为"分"；"定分"即所以建立当时的政治秩序。"分"是以身份作根据所划分的；通过各种不同的礼数，把分彰显出来，且使之神圣化。其分封异姓时，也必以婚姻连系起来，使成为姻娅甥舅的关系，这依然是以血统为统治组成的骨干。在以宗法血统形成政治骨干的制度下，一面必须某一氏族（如周）经过长期的生存斗争发展，以蓄积此一血统在人口上所形成的力量。所以司马迁在《史记·秦楚之际月表》序中谓"汤武之王，乃由契、后稷修仁行义十余世"，未尝不可由此一角度去加以解释。其另一面当然要求子孙众多。① 所以当时婚姻制度中的"媵"，即是特殊的多妻制。而严格的同姓不婚，除了防止"其生不蕃"的原因以外，也和政治势力向异姓的扩张，有不可分的关系。分封了一定的土地，及附着于土地上的人民，以形成统治所必要的军事与经济的基础，此之谓"有土此有人，有人此有财"。② 为了对周人的封建容易得到明确的印象，所以把若干有关的资料撮录在下面：

（1）《周礼·封人》："凡封国，设其社稷之壝，封其四国。"③

（2）《诗·大雅·崧高》序："崧高，尹吉甫美宣王也。天下复平，能建国亲诸侯，褒赏申伯焉。""崧高维岳，骏极于天。维岳降神，生甫及申。维申及甫，维周之翰。四国于蕃，四方于宣。亹亹申伯，王缵之事。于邑于谢，南国是式。王命召伯，定申伯之宅。登是南邦，世执其功。王命申伯，式是南邦。因是谢人，以作尔庸（城）。王命召伯，彻申伯土田；王命傅御，迁其私人。申伯之功，召伯是营；

---

① 《诗·螽斯》序："后妃子孙众多也。"《思齐》"大姒嗣徽音，则百斯男"，此外诗人歌咏子孙众多者甚多，皆当时政治要求之反映。
② 《礼记·大学》。
③ 《逸周书·作雒解》谓诸侯受命于周，乃建大社于国，其土色皆合于其方位，此乃附入了邹衍五行思想，似不可信为西周之事实。

有俶其城,寝庙既成。既成藐藐(美貌)。王锡申伯,四牡蹻蹻。钩膺濯濯。王遣申伯,路车乘马。我图尔居,莫如南土。锡尔介圭,以作尔宝。往近王舅,南土是保。申伯信迈,王饯于郿。申伯还南,谢于诚归。王命召伯,彻申伯土疆。以峙其粻,式遄其行。申伯番番,既入于谢,徒御啴啴,周邦咸喜,戎有良翰。不显申伯,王之元舅,文武是宪。……"

(3)《诗·大雅·韩奕》序,尹吉甫美宣王"能锡命诸侯"。"奕奕梁山,维禹甸之。有倬其道,韩侯受命。……""韩侯取妻,汾王(《笺》:厉王也)之甥,蹶父(《传》:卿士也)之子……""溥彼韩城,燕师所完。以先祖受命,因时百蛮。王锡韩侯,其追其貊(《传》:追、貊,戎狄国也),奄受北国,因以其伯。实墉实壑,实亩实籍。献其貔皮,赤豹黄黑。"

(4)《诗·鲁颂·閟宫》:"王曰叔父,建尔元子,俾侯于鲁,大启尔宇……乃命鲁公,俾侯于东。锡之山川,土田附庸。"

(5)《左传·僖公二十四年》周王将以狄伐郑,富辰谏曰:"不可。臣闻之,大上以德抚民。其次亲亲,以相及也。昔周公吊二叔之不咸,故封建亲戚,以藩屏周。管、蔡、郕、霍、鲁、卫、毛、聃、郜、雍、曹、滕、毕、原、酆、郇,文之昭也。邘、晋、应、韩,武之穆也。凡、蒋、邢、茅、胙、祭,周公之胤也。召穆公思周德之不类,故纠合宗族于成周而作诗曰:'常棣之华,鄂不韡韡。凡今之人,

西周政治社会的结构性格问题

莫如兄弟。'其四章曰：'兄弟阋于墙，外御其侮。'①如是，则兄弟虽有小忿，不废懿亲……周之有懿德也，犹曰莫如兄弟，故封建之。其怀柔天下也，犹惧有外侮。扞御侮者莫如亲亲，故以亲屏周。召穆公亦云。"

（6）《左传·昭公二十六年》，周王子朝夺取王位失败后，他"及召氏之族，毛伯得、尹氏固、南宫嚚，奉周之典籍以奔楚……使告于诸侯曰：昔武王克殷，成王靖四方，康王息民，并建母弟，以藩屏周，亦曰：吾无专享文、武之功……至于夷王，王愆于厥身，诸侯莫不并走其望，以祈王身。至于厉王，王心戾虐，万民弗忍，居王于彘；诸侯释位，以间（参与）王政。宣王有志（年长有知识），而后效官。至于幽王，天不吊周，王昏不若，用愆厥位。携王（杜注：幽王少子伯服也）奸命（犯立嫡之命），诸侯替之，而建王嗣，用迁郏鄏。则是兄弟之能用力于王室也。……今王室乱……兹不谷震荡播越，窜在荆蛮……敢尽布其腹心，及先王之经，而诸侯实深图之。昔先王之命曰：王后无嫡，则择立长；年钧以德，德钧则卜。王不立爱，公卿无私，古之制也……"

（7）《左传·定公四年》周刘文公合诸侯于召陵，将长蔡于卫。因蔡始封之蔡叔，于卫始封之康叔为兄，故卫侯使祝佗（子鱼）私于苌弘曰："以先王观之，则尚德也。昔武王克商，成王定之，选建明德，以藩屏周。故周公相王

---

① 此处之召穆公，乃召康公十六世孙名虎。《周语》富辰引《常棣》以为周文公之诗，则此处作诗之作，乃修复之意，参阅《国语·周语》中韦注。

室以尹（杜注：正也）天下，于周为睦。分鲁公以大路、大旂……封父之繁弱（大弓名），殷民六族，条氏、徐氏、萧氏、索氏、长勺氏、尾勺氏，使帅其宗氏，辑其分族，将其类丑（杜注：丑众也），以法则周公，用即命于周，是以使之职事于鲁，以昭周公之明德。分之土田陪敦，①祝宗卜史，备物典策，官司彝器，因商奄之民，命以伯禽，而封于少皞之虚。分康叔以大路、少帛（杜注：杂帛）、綪茷（杜注：大赤）、旃（杜注：通帛为旃）旌（杜注：析羽为旌）、大吕（杜注：钟名），殷民七族，陶氏、施氏、繁氏、锜氏、樊氏、饥氏、终葵氏。封畛土略，自武父以南，及圃田之北竟。取于有阎之土，以供王职。取于相土之东都，以会王之东蒐。聃季授土，陶叔授民，命以《康诰》，而封于殷虚。皆启以商政，疆以周索（杜注：疆理土地以周法）。分唐叔以大路密须之鼓，阙巩（杜注：甲名）、沽洗（杜注：钟名），怀姓九宗（杜注：唐之余民。按下文当为夏之余民），职官五正；②命以《唐诰》，而封于夏虚（杜注：今太原晋阳），启以夏政，疆以戎索……"

（8）《国语·周语上》："穆王将征犬戎，祭公谋父谏曰……夫先王之制，邦内甸服（韦注：甸，王田也，服其职业也）。邦外侯服（韦注：侯圻也，言诸侯之近者，岁一来见）。侯卫（韦注：言自侯圻至卫圻，其间凡五圻，圻五百里，五五二千五百里，中国之界也）宾服（韦注：常

---

① 杜注："陪，增也。敦，厚也。"盖以此为膏腴之地。惟近人则有此即附庸二字之转音变形，不知确否？
② 按五正或系指夏之五行之官，即主管金、木、水、火、土五材之官。

以服见宾贡于王）。蛮夷要服（韦注：要结信好而服从之）。戎狄荒服（韦注：荒忽无常之言也）。甸服者祭（韦注：供日祭）。侯服者祀（韦注：供月祀）。宾服者享。（韦注：供时享）要服者贡（韦注：供岁贡也。要服六岁一见）。荒服者王（按王者，仅承认其为共主，他无所事）。日祭（韦注：祭于祖考，谓上食也），月祀（韦注：月祀于高祖），时享（时享于二祧），岁贡，终王（韦注：终谓竟终也。按谓吊已死之王，并贺新王），先王之训也。"

（9）《国语·周语中》，周襄王十七年，以翟伐郑，将以其女为后。"富辰谏曰不可……昔挚、畤（二国名，任姓）之国也，由大任（文王之母）。杞、缯（二国姒姓，夏禹之后）由大姒（文王之妃）。齐、许、申、吕，四国皆姜姓，由大姜（大王之妃）。陈（妫姓舜后）由大姬（武王之女，配虞胡公封于陈）。是皆能内利亲亲者也。"

（10）《国语·周语中》："晋文公既定襄王于郏，王劳之以地，辞。请隧焉（王丧时阙地通道），王弗许，曰，昔我先王之有天下也，规方千里，以为甸服，以供上帝山川百神之祀，以备百姓兆民之用，以待不庭不虞之患；其余以均分公侯伯子男，使各有宁宇。"

（11）《国语·周语中》："晋侯使随会聘于诸侯，定王享之肴烝（韦注：升折俎之肴）。原公相礼，范子私于原公曰，吾闻王室之礼无毁折，今此何礼也？王……召士季曰，子弗闻乎？禘郊之事，则有全烝。王公立饫（韦注：礼之立成者为饫），则有房（大俎也）烝。亲戚宴飨，则有肴烝。今女非它也。而叔父使士季实来修旧德以奖王室……女今我王室之一二兄弟，以时相见，将和协典礼以示民训则，无亦择其柔嘉……以示容合好。……"

《左传·昭公二十八年》晋成鱄对魏献子谓："武王克商，光有天下，其兄弟之国者十有五人，姬姓之国者四十人。皆举亲也。"《荀子·儒效》篇谓："周公兼制天下，立七十一国，姬姓独居五十三人焉。"封国的详数虽难断定，但其封建系以宗法为主，由这两条材料也可以看得非常清楚。再把上述材料加以总结，可以看出以下的几条结论。

（一）在上述材料中，对封建始于何人，说法不一。《史记·周本纪》，以封建始于武王。然（6）"昔武王克殷，成王靖四方"；（7）"昔武王克商，成王定之"。封建诸侯，是"靖四方"、"定之"的事。武王"克商"，没有时间及力量实行封建。其封管蔡相禄父治殷，乃安定殷民的权宜措施，与封建之本质无关。而成王的靖四方，实始于周公的东征。经营洛邑，以作向东向南发展的根据地，也是周公。宗法的基础在传子立嫡立长；成王以前的太王、王季、文王，都与商季传位的情形相同，无立嫡立长的观念。①周公以周室传位的习惯及其特殊功绩，实曾即位为王。传嫡长子制的奠定，亦即宗法的奠定，实自周公把王位让给成王始。综合上述三种原因，则（5）以封建始于周公，为能得其实。又根据周初许多金文的记载及上引资料（2），可知自周公以后，迄宣王为止，皆曾继续封建。由一九五四年江苏丹徒烟墩山属于康王时代的《宜

---

① 《史记·周本纪》所谓"我世当有兴者，其在昌（文王）乎？长子太伯、虞仲知古公欲立季历以传昌"云云，乃后来周人根据宗法制度加以文饰之辞，非其实。

西周政治社会的结构性格问题

侯矢簋》的发现，知道矢原封于畿内为虞侯，后改封于宜为宜侯。同时，辽宁凌源县马厂沟发现了《匽侯盂》等一组铜器，知道辽宁在西周初年已属于由周所封的燕国的疆域；由此可知周初封建所到达的区域甚为广大。封建的实行，乃由于周政治势力的扩张，封建的停止，乃由于周政治势力的衰落。

（二）（4）"大上以德抚民，其次亲亲以相及也"二语，从来泛泛看过。实际，"以德抚民"与"亲亲以相及"，是对举的；消极的意思，说明远古没有以亲亲为骨干的封建。传说中的唐虞及以前的时代，只是由各渐次形成的许多氏族所承认或推戴的共主。到夏禹而始进入一姓相传。各氏族间当然时有并吞兴废；但夏商两代，依然是以各有历史，各有传承的许多氏族，构成各地政治的主体。夏商的王者，只争取各氏族承认其为天命所寄的共主。当时政治的统一性是相当松弛的。至周公乃以宗法的亲亲制度，有计划的封建亲戚，以为王室的屏藩，扩大王室政治的控制面，加强王室政治的统一性。每一封国，皆负有某一地区的政治特别任务。如韩的任务在"奄受北国"；鲁卫的任务在同化殷之遗民；齐之任务在镇压并同化莱夷；申的任务在加强对南方楚国的捍卫等。可以说古代政治的统一性，至周的封建而大为加强。

（三）从全般的材料看，封建所到之处，皆以当地的氏族为基础；如燕是"因时百蛮"，鲁是"因商奄之民"，申是"因是谢人"等。其所以能做得到，这一方面是周克商以后，取得了由天所命的共同承认的共主的地位；另一方面，还是以武力为其后盾。宣王能重封韩侯，是因为韩城乃"燕师所完"。封申伯则需要"召伯是营"，需要"王命召伯，彻申伯土田"，召伯实际是以王室的力量做好申伯可以前往履封的基础。一九五六年在陕西郿县李家村出土的一组西周铜器中，有《䚄方彝》和《盠尊》，据其铭文，知道周王除了命盠掌管宗周的六师外，还要他兼管"殷八师"。① 金文中的《陵贮簋》及《南宫柳鼎》，皆提到六𠂤（师）。②《曶壶》则称"成周八师"。《小克鼎》"成周"与"八师"虽未连在一起，但也可断言说的是成周八师。《竞卣》的"成师"，可视为"成周八师"的简称。《小臣谜簋》铭文中有谓"叡！东夷大反，白懋父以殷八𠂤（师）征东夷"。《禹鼎》则将"西六师"、"殷八师"并举。"西六师"即"宗周六师"，这是巩卫西周首都丰镐的。我以为"殷八师"即"成周师"。③ 这是周公在洛阳所建的庞大兵力。

并且从上面有关的金文看，这八师都是用来作东征南讨之用的。④ 我们不难想见，这一庞大兵团，正是周公及成康们由西向东向南以封建伸张势力的武装力量。并且在封建时的一件大事，即是由王室的力量为被封者筑一个坚固的城，以作封国的根据地。这是由前面的材料中很容易看出来的。

（四）材料的大部分都说明封建的是周室的兄弟子侄。而（5）中提出"文之昭"、"武之穆"，这分明是按照宗法的排列次序以为封建的根据。对周公诸子的受封，而只称"周公之胤"，因昭穆是庙里继承王位的大宗的次序；周公奉还王位后，不能在周庙中序昭穆。封建的目的便在屏藩周室。封建的纽带便是宗法的亲亲。在被封各国中，以鲁最为优渥；这固然因周公曾居王位，且功勋

---

① 《新中国的考古收获》页五七。
② 西周金文"师"皆作"𠂤"。
③ 有人以为这是两个兵团。但当时的兵制与土地制度连在一起，不可能在洛阳（成周）有了成周八师，而另外又能成立殷八师；成周八师是在殷遗民中成立的，故又称殷八师。
④ 杨宽在《古史新探》中作了较详细的研究。各金文原文，杨著页一五六引有全文。

西周政治社会的结构性格问题

最大。但（7）"于周为睦"，也是重大的因素。（9）说明了分封异姓的情形。由此可以了解异姓之所以受封，皆系姻娅（后代之所谓外戚）的关系，依然是顺着亲亲的精神，将宗法加以扩大。异姓受封各国的内部，也会按照宗法以树立统治的骨干。周因政治道德的要求而存唐虞夏商之后的"三恪"，里面还是加上了一层姻娅关系。由宗法所封建的国家，与周王室的关系，一面是君臣，一面是兄弟伯叔甥舅。而在其基本意义上，伯叔兄弟甥舅的观念，重于君臣的观念。《左传·僖公九年》，会于葵丘，周王使宰孔赐齐桓公胙（祭肉），宰孔致辞说"天子有事于文武，使孔赐伯舅胙"，这是以舅称齐桓公。《左传·僖公二十八年》冬，晋文公朝王于河阳，王命晋侯为"侯伯"，其命辞中谓"王谓叔父，敬服王命"，这是以叔父称晋文公。周的封建，便是由分封的伯叔兄弟甥舅各国，构成了当时的所谓"中国"。《尚书·梓材》"皇天既付中国民"，《荡》"女炰烋于中国"，"内奰于中国"，《桑柔》"哀恫中国"，当时的所谓"中国"，是有具体内容的。夹在"中国"中间的若干夷狄戎狄，到春秋之末，大体都被消灭、同化了。其中当然还有只奉周室正朔，而其立国远在武王克殷之前，并非出于周室封建的古国；但在"中国"范围之内，也渐为周室封建的国家消灭了。从（6）的材料看，封建实尽到了屏藩周室的责任。并且到了春秋之末，与封建无关的国家，只有越国。由此不难想见周公以宗法亲亲所建立的封建政治秩序，实际发生了很大很久的影响。王室权威的失坠，可以说主要是因为女宠或因一时之忿，用戎狄以伐同姓，自己破坏了作为政治团结的基本要素——"亲亲"的关系，因而失掉了自己的屏藩，瓦解了由宗法而来的向心力。

（五）分封时由周王郑重赐予三样东西，一是土田，二是人民，三是适合于受封者身份（名位）的车服器物。"王命诸侯，名位不同，礼亦异数"。①由各种身份以确定每一组成分子在整个封建的，亦即在整个宗法的大构造运行中所应尽的义务与所应享受的权利，使能互相调和配合而不互相冲突，这是礼的最大功用，这是封建秩序的神经系统。此一由血统的身份所构成的神经系统，亦即所谓"礼"，由王室的中枢，一直伸向诸侯、卿大夫、士以及庶人。②孔子说"周监于二代，郁郁乎文哉，吾从周"（《论语》），这是说礼至周而最为完备；此不能仅从文化自身发展的角度去看，而亦实为宗法、封建之所要求。应当从这种地方了解所谓"周文"的意义。而车服器物等等不同的礼数，实即此一神经系统的征表。所以分封乃至平日赏赐的这一类的东西，不是实用的意义，而是赋予以神圣意义的宝物。

（六）分封土田的大小，随爵位，亦即随受封者的身份而有等差。在各种不同的说法中，孟子和《礼记·王制》的说法是一致的。③《左传·襄公二十五年》郑子产答晋人"何故侵小"之问中有谓："……且昔天子之地一圻（杜注：方千里也），列国一同（杜注：方百里也）；自是以衰（杜注：差降也）。今大国多数圻矣；若无侵小，何以至大焉。"由此可知孟子之言可信。当然这只是原

---

① 《左传·庄公十二年》。
② 《曲礼上》："礼不下庶人。"郑注："为其遽于事，且不能备物。"故各种礼之实行自士始；然庶人在政治及社会上之权利义务，实仍规定于礼的系统之中，此即孔子所谓"齐之以礼"。
③ 《孟子·万章下》："天子制地方千里，公侯皆方百里，伯七十里，子男五十里，凡四等。不能五十里，不达于天子，附于诸侯，曰附庸。"《礼记·王制》："天子之田方千里，公侯田方百里，伯七十里，子男五十里。不能五十里者不合于天子，附于诸侯曰附庸。"

则性的规定。《礼记·大学》称"有土此有人，有人此有财"，此二语可能承古代封建的情形而来的。"人"，主要是指农民而言。在理论上，土地是属于王的，耕种土地的人民，也是属于王的。①所以授土同时即授民。从前面的资料看，所授的民，即是当地的人民。从"启以商政"、"启以夏政"、"启以戎政"的因俗为治的情形看，决无把所授之民变为集体奴隶之理，且亦无此力量。前面已经提到，鲁国因殷民六族而立亳社，团结在亳社周围的是"国人"，而非奴隶。周公以殷余民封康叔于卫，因为对殷余民统治的成败，即关系于周业的成败，所以特为之作《康诰》、《酒诰》、《梓材》。在《康诰》中教康叔应"往敷求于殷先哲王"，及"商耇成人"；勉以"应保殷民"，而结之以"殷民世享"。《酒诰》对周人群饮者"予其杀"，对殷臣工之沉湎于酒者则"勿庸杀之，姑惟教之"，这是把殷人变成集体奴隶吗？由《康诰》的"罚蔽殷彝"的话来看，则（7）之所谓"启以商政"是可信的。除鲁因周公特殊德望以外，一切封建，皆因其旧政故俗以为治，即绝对不是将其奴隶化。周以洛阳为中心所成立的八师，有时称"成周八师"，有时称"殷八师"，可以推想组成八师的骨干是殷之遗民，即可断其绝非奴隶。对有直接敌对性的殷民是如此，对其他种族氏族亦应莫不如此。

（七）封建诸侯对周室的义务，除了奉正朔及按时朝聘述职之外，在非常时固然有为王室征伐城戍等义务；但如（8）所说，平时只供应四时祭祀之需，可以说是负担很轻的。王室与各封建侯

---

① 《诗·小雅·北山》："率天之下，莫非王土；率土之滨，莫非王臣。"此二语为《左传·昭公七年》及《孟子·万章上》所引。

国的关系，虽然较周以前的王朝加紧了；但若以"集权"与"分权"为权力分配的标准的话，封建政治可以说是两级分权的政治。王室把某一土地人民分封出去了，统治的权力也便分出去了，连对王畿之内的采邑，也是一样。诸侯把受封的土地人民，按照宗法的要求，分给卿大夫以作食邑之后，被分的食邑的统治权，也便分给卿大夫了，所以卿大夫也有家臣，有邑宰，便是这种原因。当然诸侯对外可以成为独立的政治单位，卿大夫则否。所以王室内的卿大夫及诸侯内的卿大夫，常与王室及所属的诸侯，作为一个政治单位而活动。因此，诸侯对其卿大夫的权力，远超过天子对诸侯的权力。

（八）因为封建的骨干是宗法，宗法虽然要由嫡庶亲疏长幼以决定身份的尊卑贵贱，但它的基本精神还是"亲亲"。所以由天子以下逮于大夫士的上下关系，不是直接通过政治的权威来控制，而是以"礼乐"来加以维持。礼所定的，"分"虽然很严，但是由礼所发出的要求，是通过行为的艺术化，亦即通过所谓"文饰"，加以实现，这便大大缓和了政治上下关系的尖锐对立的性格。春秋时代，朝聘会同之间，彼此意志的沟通，及某种要求的表达，常不诉之语言的直接陈述，而只通过歌诗的方式以微见其意，即《汉书·艺文志·诗赋略》序所谓"古者诸侯卿大夫交接邻国，以微言相感"者，也应由这种宗法所结成的政治特性去加以了解。同时，礼得以成立的基本条件是"敬"与"节"，所以荀子常常说"礼之敬文也"或"礼之节文也"。敬与节（节制、谦让）是对两面的要求，并非片面的要求，这便也抑制了每一统治者的统治欲望。孔子答鲁定公"君使臣，臣事君，如之何？"的问答以"君使臣以礼"（《论语·八佾》），正是这种意思。所以礼是定上下之分，同时也可以通上下之情；必须从这两方面来把握，始能把握到礼在政治上的基本意义。由周初到春秋时代，礼乐是并行的。礼以别异，乐以和同。在礼乐中可以保持伯叔兄弟甥舅间的血统感情，所以在上面的材料中，他们相互间的集会，都实现或要求一种亲族间所流露出的情感的气氛。统治阶级相互间的要求是如此，统治阶级对于被统治的人民，也是希望在礼乐之教中达成统治的目的。孔子主张"齐之以礼"（《论语》），是有历史的根源的。《左传·昭公六年》，三月，郑人铸刑书，叔向使诒子产书曰："……昔先王议事以制，不为刑辟……是故闲之以义，纠之以政，行之以礼……严断刑罚，以威其淫……民于是乎可任使也……民知有辟（公布的刑法条文），则不忌于上，并有争心，以征于书，而徼幸以成之，弗可为矣。夏有乱政而作禹刑。商有乱政而作汤刑。周有乱政而作九刑。三辟之兴，皆叔世也。今吾子相郑国……铸刑书，将以靖民，不亦难乎……将弃礼而征于书，锥刀之末，将尽争之……郑其败乎……"（子产）复书曰："若吾子之言，侨不才，不能及子孙，吾以救世也。"《左传·昭公二十九年》："冬，晋赵鞅、荀寅帅师城汝滨，遂赋晋国一鼓铁，以铸刑鼎，著范宣子所为刑书焉。仲尼曰，晋其亡乎，失其度矣。夫晋国将守唐叔之所受法度，以经纬其民……民是以能尊其贵；今弃是度也，而为刑鼎，民在鼎矣……贵贱无序，何以为国。且夫宣子之刑，夷之搜也，晋国之乱制也。"上面两个故事，实系历史转变的一大关键。周制中未尝不用刑，但其重点则是礼。晋铸刑鼎后未尝不尊贵，但这不是由宗法礼制中的尊贵。平日之民，乃受宗法礼制中的规范，民的休戚，在贵族手上的礼。今铸刑鼎，民的休戚，在刑法条文所铸的鼎上。不从这种历史根源的地方，便不能了解叔

32　　　　　　　　　　　　　　　　　　　　　　　　两汉思想史（一）

向和孔子为什么有这种反对的意见。周初时的原始宗教已开始衰退，但西周时对祖宗的祭祀，在政治行事中，始终保持非常重要的地位。而一切重大的政治行为及贵宾的宴飨，都是在宗庙中实行。甚至贵重的客人，也使其住在宗庙之内；这不是宗教的意义，而是要使大家在祭祀与宗庙中，保持住宗法的"本支百世"的感觉，以维持精神团结、政治团结的意识。周天子的所居地称为"宗周"，诸侯的所居地称为"宗国"，卿大夫的所居地称为"宗邑"，皆由此而来。总结一句，宗法的亲亲是周的封建政治的骨髓。以孝悌、礼让、仁爱为基底的道德要求，都是由此发展出来的。周的政治，较之后世特富于人道的意味，也是以"亲亲"为根源所发展出来的。考古上所发掘的殷贵族的墓葬，常有大批的殉葬者。但近年大量发掘出的周代墓葬，便几乎可以说没有这种现象，也正是说明了殷周之际的精神上的大转变。此一骨髓的枯竭，便使封建精神归于破灭。

四、"国人"的性格、地位问题

形成宗法贵族统治的直接支柱，形成封建政治的武力基础，并有力量对宗法贵族发生反抗、制约的，则有不容忽视的所谓"国人"阶级的存在。以下对此试加以探索。

"或"、"国"，在周时为古今字（此段玉裁说）。然朱骏声《说文通训定声》谓："或者，竟内之封；国者，郊内之都也。《考工记·匠人》'国中九经九纬'注，'城内也'……《国语·齐语》'参其国而伍其鄙'注，'郊以内也'。"由此可知当时的所谓"国人"，乃住在都邑之内，及都邑近郊之人。在《左传》、《国语》称为"国人"的，乃所以别于居于鄙野的农民。《左传》称"国人"者约有八十次左右；此外，有的只称"国"，有的只称"人"，有的只称"众"，而实皆指的是"国人"。"民"的范围，较"国人"为广；然有的称"民"时，亦指的是"国人"。凡称到国人时，不仅都与政治、军事直接有关；而且对政治军事，在最后常有决定性的作用，因而使当时的统治者，不能不时时考虑到对国人的争取。"国人"的自身，也时时发生主动性的作用。《国语·周语》上："厉王虐，国人谤王。"《左传·襄公三年》："郑人游于乡校，以论执政。"是国人可以直接批评政治。甚至可以这样地说：春秋二百四十二年间，政治上层的激烈活动是诸侯、卿大夫，而在上层的下面，激荡着一股强大的激流的则是国人。现简抄若干材料如下：

（1）《左传·文公二年》："冬十二月，狄人伐卫，卫懿公好鹤，鹤有乘轩者。将战，国人受甲者皆曰使鹤；鹤实有禄位，余焉能战。……及狄人战于荥泽，卫师败绩，遂灭卫。"

（2）《左传·僖公十五年》：十月一日壬戌，晋侯及秦伯战于韩，晋侯被俘后，"使郤乞告瑕吕饴甥，且召之。子金教之曰，朝国人而以君命赏；且告之（按指国人）曰，孤虽归，辱社稷矣，其卜贰圉也。众皆哭。晋于是乎始作爰田。"（《左氏会笺》：服虔、孔晁皆云，爰，易也……《晋语》作辕田。贾侍中云，辕，易也。为易田之法。赏众以田，易疆界也。）

（3）《左传·僖公二十四年》：颓叔桃子以狄师攻王，"王遂出；及坎欿，国人纳之。"

（4）《左传·僖公二十八年》：晋人伐卫，"卫侯请盟，晋人弗许。卫侯欲与楚，国人不欲；故出其君以说于晋。卫侯出居于襄中"。"六月，晋人复卫侯。宁武子与卫人盟于宛濮曰……不有居者，谁守社稷。不有行者，谁扞牧圉……行者无保其力，居者无惧其罪……国人闻此盟也，而后不贰。"

（5）《左传·文公七年》：宋"昭公将去群公子……穆襄之族，率国人以攻公，杀公孙固、公孙郑于公宫。六卿和公室。"

（6）《左传·文公十六年》："宋公子鲍礼于国人……昭公无道，国人奉公子鲍以因夫人……夫人将使公田孟诸而杀之。公知之，尽以宝行。荡意诸曰，盍适诸侯？公曰，不能其大夫，至于君祖母，以及国人，诸侯谁纳我？……冬十一月甲寅，宋昭公将田孟诸，未至，夫人王姬使帅甸攻而杀之……文公即位。"

（7）《左传·文公十八年》："莒纪公生太子仆，又生季佗。爱季佗而黜仆，且多行无礼于国。仆因国人以弑纪公。"

（8）《左传·宣公十三年》："春，楚子围郑，旬有七日……国人大临，守陴者皆哭，楚子退师……"

（9）《左传·成公十三年》：曹宣公随晋侯伐秦，卒于师，"曹人使公子负刍守，使公子欣时逆曹伯之丧。秋，负刍杀其太子而自立……冬，葬曹宣公。既葬，子臧（杜注：

子臧，公子欣时）将亡，国人皆将从之。成公（杜注：成公，负刍）乃惧，告罪，且请焉，乃反而致其邑。"

（10）《左传·成公十五年》：宋华元出奔晋，"鱼石将止华元。鱼府曰，右师反，必讨；是无桓氏也。鱼石曰，右师……且多大功，国人与之；不反，惧桓氏之无祀于宋也……鱼石自止华元于河上；请讨，许之，乃反。使华喜、公孙师率国人攻荡氏，杀子山。……乐裔为司寇，以靖国人。"（按《左传》记"以靖国人"者凡五见）

（11）《左传·襄公十年》："……故（郑）五族聚群不逞之人，因公子之徒以作乱……子产闻盗……完守备，成列而后出，兵车十七乘，尸而攻盗于北宫；子蟜帅国人助之……盗众尽死。"

（12）《左传·襄公十六年》：宋"……十一月甲午，国人逐瘈狗，瘈狗入于华臣氏，国人从之。华臣惧，遂奔陈。"

（13）《左传·襄公十九年》："郑子孔之为政也专，国人患之。……甲辰，子展、子西率国人伐之，杀子孔。"

（14）《左传·襄公二十六年》："二月庚寅，宁喜、右宰谷伐孙氏，不克……宁子出居于郊……国人召宁子，宁子复攻孙氏，克之。"

（15）《左传·襄公二十七年》：庆封"使卢蒲嫳率甲以攻崔氏……弗克。使国人助之，遂灭崔氏。"

（16）《左传·襄公二十九年》："郑子展卒，子皮即位。于是郑饥而未及麦，民病。子皮以子展之命，饩国人粟，户一钟；是以得郑国之民。"

（17）《左传·襄公三十一年》："莒犁比公生去疾及展

舆。既立展舆，又废之。犁比公虐，国人患之。十一月，展舆因国人以攻莒子，弑之。"

（18）《左传·昭公十四年》："秋八月，莒著丘公卒，郊公不戚，国人弗顺。""冬十二月……郊公奔齐。"

（19）《左传·昭公二十三年》："莒子庚舆，虐而好剑。苟铸剑，必试诸人，国人患之……乌存率国人逐之。"

（20）《左传·定公八年》，晋师盟卫侯于鄟泽，辱卫侯。"卫侯欲叛晋，而患诸大夫。王孙贾使次于郊。大夫问故，公以晋诟语之，且曰，寡人辱社稷，其改卜嗣，寡人从焉。大夫曰，是卫之祸，岂君之过也。公曰，又有患焉，谓寡人必以而子与大夫之子为质。……王孙贾曰，苟卫国有难，工商未尝不为患，使皆行而后可。（杜注：欲以激怒国人也）……公朝国人，使贾问焉曰，若卫叛晋，晋五伐我，病何如矣？皆曰，五伐我，犹可以能战。……乃叛晋。"

（21）《左传·定公十三年》："冬十一月，晋荀跞、韩不信、魏曼多奉公以伐范氏、中行氏，弗克。二子……遂伐公，国人助公，二子败。"

（22）《左传·哀公元年》："吴之入楚也，使召陈怀公。怀公朝国人而问焉曰，欲与楚者右，欲与吴者左。陈人从田。无田从党。"（杜注：都邑之人无田者随党而立也。不知所与，故直从所居。）

（23）《左传·哀公十一年》："夏，陈辕颇出奔郑。初辕颇为司徒，赋封田以嫁公女（杜注：封内之田悉赋税之也）有余，以为己大器。国人逐之，故出。"

（24）《左传·哀公二十四年》：公子荆之母嬖，哀公立以为夫人，"而以荆为太子，国人始恶之"（按此为鲁哀公不没于鲁之张本）。

现在要进一步了解的，住在都邑及近郊的构成分子——国人，是些什么人呢？首先，国人与统治贵族之间，可能保有由氏族社会下来的疏远血统；也可能有一部分是由没落的宗法贵族而来。但决非当时宗法贵族直接结构中的一部分。上引材料（5）的"穆襄之族"和"国人"，是二而非一。（9）将从子臧出亡的国人，若是子臧的族人，便不会使曹成公惧而告罪。（15）卢蒲嫳所率的甲，及助他的国人，也是二而非一。（21）荀跞等三人奉晋公以攻范氏、中行氏而不克，这是没有国人参加战争。等到范氏、中行氏伐晋公而激起国人"助公"，故得以击败范氏、中行氏。由此亦可证明国人不是宗法贵族结构中的一部分。

其次，国人是当时军事力量的基础。但并非专以战争为业的人。从（1）看，国人作战时的甲，是临时授受的。顾栋高《春秋大事表》十四《邱甲田赋论》，也主张"甲仗兵器，皆出自上"。而当时的贵族，自王、诸侯，以至卿大夫，有经常直接掌握的甲乘，以为对内自卫，及动员时的军事的骨干；（11）子产的兵车十七乘，即其一例。因此，不能援《国语·齐语》"士乡十五"，认定"国人"即是"士"。也不能认为士即是战士。我把《左传》中的所谓士，约略考查过，在用法上大概可分为四种不同的性质。一是"卿士"连词时，可以指各种身份的贵族。二是指在贵族中有固定低级职位的人。此一意味的士，可以由国人充任，但并非即是国人。三是指作战时的全体战士。在全体战士中，有一小部分是贵族平日所养的固定战士；但在国与国的战役中，更多的是由动员"国人"而来的战士。此时的国人皆可称为士,但只是战时的称呼,不是平时的称呼。四是据我在《封建政治社会的崩溃及典型专制政治的成立》一文中的考查,士原是农民中的精壮分子。但到了春秋中期,渐渐出现了独立而带有流动性的士的阶级,如《左传·文公十四年》"公子商人骤施于国而多聚士",士可以随骤施而多聚,即可知此种士不固定于某一卿大夫集团,且亦不再束缚于固定职业之上而系独立的,因而也可以随待遇的好坏而自由流动的士。士在演变过程中当然构成国人的一部分。并且这一部分的地位,在早期是介乎贵族与平民之间。到了晚期,因没落贵族的流入而不断扩大,并在性格上渐转变为平民知识分子。出现在《论语》上的所谓"士",便属于这种性格。其次:由(2)(22)(23),而知国人与"田"有密切的关系,可知住在都邑及近郊的农民,是构成国人重要的一部分。(2)的"爰田",依服、贾的解释,是"赏众以田,易疆界也";可知构成国人的农民,其田土原有一定的疆界。按《孟子》"国中什一使自赋",是国人中的农民,不负耕种公田之责,而仅纳十一之赋。这是不同于井田制的。又其次:由(20)而可知工商业者是住于国中而构成国人的另一部分。综括言之,国人是由士、自由农民及工商业者三部分所构成的,有似于古希腊时代城邦的自由民。

上面有关国人问题的考查,都是春秋时代的材料。春秋时代的国人,是否可通于西周时代呢?我的看法,构成国人一部分的士,西周与春秋时代,在性质上有较大的演变。但国人这一阶层的存在,及其在政治上的作用,则春秋时代,正是承自西周,而为西周开国立国的基础。《国语·周语》一国人居厉王于彘的故事,即其显例。再推而上之,公刘的迁豳,太王的迁岐下,必有"国人"阶级随其俱迁；而文王三分天下有其二，亦必扩大了此一国人阶级，因而扩大了他们的武力基础。这是古代社会中保有政治自由权利的自由民，也是古代社会政治的直接支柱。

五、土田制度与农民

形成西周封建政治骨干的是宗法制度，形成封建统治直接基础的是国人。但较国人更有广大深远的社会意义的，则是都邑以外的"土田附庸"，[①]及与此有密切关系的农民。《孟子》述周室班爵禄之"大略"中有谓"不能五十里，不达于天子，附于诸侯，曰附庸"。按《周礼·司勋》"民功曰庸"，《尔雅·释诂》"庸，劳也"，《释训》"庸庸，劳也"。庸的本义，应为人民的劳动力，即所谓"力役"。附庸的本义，应为附属于土田上的人民的劳动力。《孟子》所说的附庸，乃其引申义。金文《自伯虎簋》作"仆庸土田"，"仆""附"古通用。在分封时，赐予受封者以土田及附属于土田上的劳动力，此即所谓"土田附庸"。然则此附属于土田上的劳动力，是不是如郭沫若们所说的"耕作奴隶"呢？这便关系于周初的土田制度。然则周初有没有土田制度呢？《左传·定公四年》卫子鱼说封康叔于卫的情形是"皆启以商政，疆以周索"（杜注：疆理土地以周法。索，法也）。说封唐叔的情形是"启以夏政，疆以戎索"（杜注：太原近戎而寒，不与中国同，故自以戎法也）。由上面的材料看，康叔虽因殷之遗民而封以卫，而启以殷政，但对土地，则须疆理以周法。对于鲁，因周公特殊的威望，径自使其"以法则周"，

---

①《诗·鲁颂·閟宫》。

则其对土地之治以周索，是不待言的。仅唐叔僻处北陲，才用异于周索的戎狄之法。由此可以推断，在当时的"中国"范围之内，周是有其土田制度的。此土田制度，未必一次就能全面实施；而实施的情形，也不必是完全一致。但随封建的授土授民而有其土田制度，随封建之所到而加以推行。以形成封建制度的社会基础，与封建的政治制度有不可分的关系，则是无可置疑的。《诗·大雅·绵》有"乃召司空"，"乃召司徒"的话，司徒由"司土"之音变而来，金文中"嗣土"与"嗣徒"之名并用。① 这是上自天子，下至大小诸侯，皆具备的官职，应当即是主管土田的官职。《哉彝》"命女（汝）作嗣土，官司耤田"，即其明证。《周礼》是真伪参半的书。"地官司徒第二"，"地官"两字，也和"天官"、"春官"、"夏官"、"秋官"、"冬官"一样，是王莽们加上去的；凡其有关"掌邦教"的部分，也是由王莽们按照后来司徒一职的演变所加上去的。但其有关"掌建邦之土地之图"的部分，应当是周初司徒一职的概略陈述，而后由王莽们加以缀辑饰润而成。②

《孟子》一书，乃先秦典籍中从未发生真伪问题的书，其言三代田赋制度，虽间杂有理想成分，然必有所本。今先录其有关之言论如下：

---

① 例如《宄簋》"命宄作嗣（司）土"。《舀壶》："命舀夏乃祖作家嗣土于成周。"《哉彝》："命女作嗣土，官司耤田。"《凯殷》"嗣徒官白"。《邴更鼎》"嗣徒南中"。《散氏盘》亦有嗣土之名。其他尚有称嗣土或嗣徒者。
② 《汉书·王莽传》上，刘歆与博士诸儒七十八人，功显君（王莽之母）《丧服议》中有云"摄皇帝遂开秘府，会群儒……发得《周礼》，以明因监"。按刘向、刘歆父子校录秘书，未见《周礼》，而特为莽所"发得"，其出于莽、歆等之手，决无可疑；然其中必有所本。此将另以专文论究。

西周政治社会的结构性格问题

夏后氏五十而贡，殷人七十而助，周人百亩而彻。其实皆什一也。彻者彻也。助者藉也。龙子曰，治地莫善于助，莫不善于贡……诗云，雨我公田，遂及我私。惟助为有公田，由此观之，虽周亦助也。(《滕文公上》)

按上段乃孟子述三代之"取于民有制"(同上)，乃三代之税法，而牵涉于治地的田制。

使毕战问井地。孟子曰：……请野，九一而助，国中什一使自赋。卿以下必有圭田，圭田五十亩；余夫二十五亩。……方里而井，井九百亩。其中为公田，八家皆私百亩，同养公田。公事毕，然后敢治私事，所以别野人也。(同上)

首先要追问的是，孟子所说的"周人百亩而彻"，是不是事实？《论语·颜渊》："哀公问于有若曰，年饥用不足，如之何？有若对曰，盍彻乎？曰，二，吾犹不足，如之何其彻也？"观哀公之言，可知有若主张实行彻法，则为什分取一，与孟子"其实皆什一也"之说相合；而有子"盍彻乎"的口气，乃指恢复已经行过之彻法而言。《左传·宣公十五年》："初税亩，非礼也。谷出不过藉，以丰财也。"按此处之"亩"，指私田而言。"藉"是指藉由民力耕种的"公田"而言。周金文《令鼎》"王大耤农于谌田，（觞）王射……"，此铭文之意，谓周王出在谌田的地方，大耤（借）农民之力以耕种其公田，并行飨射之礼。此公田系耤民力耕种，故即谓之"耤"；天子亲往提倡，并重之以飨射，此即所谓"耤礼"。"税亩",是于公田之收入外,又在私田上按亩抽税。鲁宣公已收了公田在全部土田中所占的什一,又在私田上收什一,这正是后来鲁哀公所谓"二,吾犹不足"之"二"。《左氏》谓"谷出不过藉",即是有若所谓"曷彻乎"的"彻"。"彻"即是"耤"。孟子谓"助者藉也","藉""耤"古通用,可知鲁的田制,是由农民的私田与藉民力耕种的公田所组成的;这正是井田制度。所以孟子谓"虽周亦助也"的话是有根据的。因而谓周的田制是井田制,也是有根据的。《国语·周语》:"宣王即位,不藉千亩。"韦注:"藉,借也,借民力以为之。"此千亩之藉,天子行礼以亲"耕一垅",乃示提倡农业生产之意;而藉田之得名,仍来自藉(借)民力以耕公田。《诗·小雅·大田》:"雨我公田,遂及我私。"正说明"彻"系由公田与私田以九与一之比所组成的田制;周之赋税,即在此田制上成立的。因此,《诗·大雅·公刘》之所谓"彻田为粮",即借民力耕公田而取之以为粮。《嵩高》"彻申伯土田","彻申伯土疆",即当申伯初受封后,以彻法定申之田制,此即所谓"疆以周索"。《江汉》"彻我疆土",乃言平定江汉之淮夷后,以彻法改定新收复之疆土。《传》《笺》以"治"释"彻",失之太泛。

周之彻,正如孟子所指出,实因袭商之助。但周称彻而不称助,以意推之,当然有为现在所不能完全明了的改进。《方言》三:"彻,列也。"则所谓彻者,应指"南东其亩"[1]之整齐行列而言。又《说文》三下:"彻,通也。"清徐灏《说文解字注笺》谓:"彻从彳,本言道路之通彻。故凡通彻者皆曰彻。百亩为彻者,广一步,长百步为亩;其间为畎,皆直彻于遂;由遂以彻于沟、洫、

―――――――――
①《诗·小雅·信南山》。

浍、川，故阡陌之制得施焉，什一之政得通焉。"按《周礼·司徒》："遂人掌邦之野……凡治野，夫（一夫百亩）间有遂，遂上有径；十夫有沟，沟上有畛；百夫有洫，洫上有涂；千夫有浍，浍上有道；万夫有川，川上有路，以达于畿。"郑注："遂、沟、洫、浍，皆所以通水于川也。"徐氏之说本此。《周礼·考工记》中，对此更有详细的叙述。《考工记》中所记铸造青铜合金的成分，与近人化验商周铜器的成分相合，故其说应为可信。则彻与助的区别，可能为水利与道路设施之更为完整，且其规模更为扩大。又《周礼·大司徒》"令五家为比，使之相保……五州为乡"，此乃六乡之组织；《遂人》"五家为邻……五县为遂"，此乃六遂之组织。此种组织，在平日为便于稽考以实施政令，在战时即皆为军队及军役动员之单位。而彻田制中的沟、洫、浍、川，又可在车战时代形成对敌之防御。故《左传·成公二年》晋国大败齐师于鞌后，晋对齐允许和好之重要条件之一为"使齐之封内尽东其亩"，杜注："使垄亩东西行也。"即是使沟、洫、浍、川及其路道，皆改为由东西向，此即完全撤除了齐对西的防御，以唯晋的"戎车是利"（齐使宾媚人答复之语），所以齐国宁"背城借一"而不从。《商君书·赏刑》篇，《韩非子·外储说右上》，《吕氏春秋·简选》篇，皆谓晋文公征服卫国后"东卫其亩"，即是压迫卫国把井田的沟浍，改为由西向东，以便尔后晋兵车的进出。诗中歌咏周农民的诗常称"南亩"，南亩是沟洫由北向南开，这主要是对西方东方的防卫。有一处说"南东其亩"（俱见后），由南东向西北的沟洫，这是对北方的防御。由一九五三至一九五七年所发掘之西安半坡，系新石器时代仰韶文化中的重大发现。发掘出之村落，全面积约五万平方公尺，其住屋之中心约三万平方公尺。中心之外围，绕以深广各五六公尺之沟，以作安全之保障；可知以沟洫兼防御之用，其源甚久。由此可知周的田制，乃政治、经济、军事结为一体的制度；所以封建所及之地，即"彻其土田"的田制所及之地。

然则，彻田的土地分配情形，是不是和孟子所说的井田制一样呢？首先孟子是把"国中"和"野"分为两个区域，"国中"是包括国都和近郊，有如《周礼》上的所谓"都"、"乡"；在此一区域，不行井田制度。野是近郊以外的土地，有如《周礼》上的所谓遂，井田制度是在此一区域实行的。此和《周礼》上的乡、遂异制的情形，大体相合。上述的田制，因地理环境，国境大小，不能不有所出入。孟子答毕战问井地，而结之以"若夫润泽之，则在君与子"，正是这种意思。且须要很强的行政能力加以维持。行政能力低落时，田制亦将因之废坏。而人口的变动，国与国及贵族与贵族间相互的争夺，均对这种田制会有某种程度的破坏，而不能维持周初田制所要求的状态。但见以下：

（1）《左传·襄公二十五年》"楚蔿掩为司马，子木使庀（治）赋（按使人民出甲兵为赋）数甲兵。甲午，蔿掩书土田，度山林，鸠薮泽，辨京陵，表淳（渍）卤，数疆潦，规偃猪（杜注：下湿之地），町（田之区划）原防（水旁之地可种艺者），牧隰皋（杜注：为刍牧之地），井衍沃（衍，广也。沃，膏腴之地。杜注：如《周礼》制以为井田也）。量入修赋，赋车籍马，赋车兵徒卒甲楯之数。"
按蔿掩整理军事，自整理田制始，可与《周礼》司徒有关之文字相参阅，以见《周礼》田制、军制之规定，并非全出自后人伪托，且早已影响到楚国，故蔿掩得从而整理之。"井衍沃"，是规复井田制于广大肥沃土地之上，这是很自然的解释。《左传正义》只辨

《贾逵》"以九当一"及"以度鸠之等,皆为九夫之名",为与周礼及经传不合,并未否定此处"井衍沃"之井为井田制,否则此井字将无法索解。李剑农援《正义》以否定此井为井田,这是一种成见。①

（2）《左传·襄公十年》："初子驷（郑大夫）为田洫,司氏、堵氏、侯氏、子师氏,皆丧田焉。故五族（按加尉氏）聚群不逞之徒以作乱。……"
按井田的沟洫制度,不仅为古代农业的水利制度,且为周室田制之经界。四族平日"慢其经界",以侵渔他人,故子驷以司洫而修理沟洫,同时即所以正经界,故四族丧田。由此可知郑之田制原系秉宗周之成法。

（3）《左传·襄公三十年》,郑子产为政,"使都鄙有章（车服有尊卑之等）,上下有服（杜注：公卿大夫服不相逾）,田有封洫（《会笺》：《周礼·大司徒》,正其畿疆,而封沟之。郑注：封起土界也。五沟五涂,井田法也。《传》以'封洫'二字包之。"据此文,当时郑国井田之法已坏,十年子驷为田洫,子产亦因子驷之故,而修之耳）。庐井有伍（《诗·信南山》"中田有庐"。井即井田,《周礼·遂人》"五家为邻",即此处所谓"有伍"。此乃井田制之社会基本组织）。为政一年,舆人诵之曰,取我衣冠而褚（同贮）之,取我田畴（赵岐《孟子注》：畴,井也）而伍之；孰杀子产,吾其与之。及三年,又诵之曰,我有子弟,子产诲之（使不奢侈逾制）。我有田畴,子产殖之（井田以水利划经界,复井田即系修水利,故生产增加）。子产而死,谁其嗣之。"

———
① 见李著《先秦两汉经济史稿》页一一三。

按子产为政的重要内容之一，即在继子驷以整理井田之制。

（4）《国语·齐语》："桓公曰，吾鄙若何？管子对曰，相地而衰（差）征，则民不移……山泽各致其时，则民不苟。陆阜陵墐，井田畴均，则民不憾。"

按在此以前，管子曾说："昔者圣王之治天下也，参其国而伍其鄙。"韦注："谓三分国都以为三军，五分其鄙以为五属也。"故管子之所谓"国"，略同于《周礼》之"都"、"乡"；而所谓"鄙"，略同于《周礼》之所谓"遂"，亦略同于孟子之所谓"野"。其在鄙言及"井田畴均"，与《周礼》、《孟子》之井田制略同；但他主张"三十家为邑……"的组织，与《周礼》及《孟子》不同，正是他（管子）所谓："修旧法，择其善者而业（韦注：业犹创也）用之。"井田是他的"修旧法"，其组织不完全同于旧法，乃是他的"而业用之"，不能因此否定井田制度在齐国的存在。

（5）《国语·鲁语》："季康子欲以田赋，使冉有访诸仲尼，仲尼不对；私于冉有曰，求来，汝不闻乎？先王制土，藉田以力，而砥平其远迩，赋里（按《周礼·遂人》'五家为邻、五邻为里'；《论语》'与邻里乡党'。）以入，而量其有无。任力以夫而议其老幼，于是乎有鳏寡孤疾。有军旅之出，则征之，无则已（平时仅收藉田之所入而不另有所征）。其岁（韦注：有军旅之岁）收，田一井，出稯禾秉刍缶米，不是过也。"

按藉田即耤田，即借民力耕种的公田。"藉田以力"，是说公田以民的力役耕种。"任力以夫"，是说使用力役，以受田百亩之夫为单位。赋是军赋，"赋里以入"，是说如要在藉田之外收赋，则不以受百亩之夫为单位，而系以里为单位。但赋必在有军旅之出时，始加以征收。一井之所出者不过是"稯禾秉刍缶米"，而不出甲兵。

甲兵出自"都"、"乡"之国人，而不出自野人之农夫。从孔子的话看，鲁国分明是行井田制；但因"税亩"与"田赋"①的重压而正在破坏之中。《左传·哀公十二年》对此事所记孔子的话，与《鲁语》所记的稍有出入。这证明《左传》、《国语》，并非出自一人。但内容并无不同。而由《左传》"且子季孙若欲行而法，则有周公之典在"之语观之，尤可证明周公是定有田制和税法的。《汉书·食货志》引李悝的话："今一夫挟五口，治田百亩。"孟子屡称"百亩之田"；《荀子·大略》篇："家五亩宅，百亩田。"《吕氏春秋·乐成》篇述魏襄王时邺令史起的话："魏之行田以百亩，邺独二百亩，是田恶也"；因田恶而增加分配，与《周礼·大司徒》及《遂人》所说的原则相合。根据洛阳金村出土的战国铜尺与商鞅量来推算，当时一公尺，合今零点二三公尺。六尺为步，百步为亩；当时的百亩，合今三一点二亩。②这大概合于当时一家五口或八口的正常生产力，因而成为田制的标准。若周初无田制，或有田制，而其田制不是以井田制度为基准，再按地形、人数等情况加以变通运用，则上述的材料，及"百亩"一词的普遍流行，是无法加以解释的。

六、农民的地位与生活状况

最后要追究的是，在以井田制度为中心的西周土田制度之下，从事耕作的农民，到底是不是农业奴隶呢？首先我得补充说明的，

---

① 先秦之"赋"与"税"，性质不同。凡言赋，皆指军役及出征所用之兵甲车马等。
② 此一推算，转引自杨宽《古史新探》页一一四。

奴隶的最大特色是，可以任凭奴隶主当作物品去买卖。西周金文中记录有这种情形。①但封建的授土授民，决不能视为是奴隶的买卖。其次，农业奴隶的劳动力，除了奴隶主给他以能维持继续劳动的食物外，不能有自己的工具，不能有自由支配的财物。萨孟武氏把在封建制度之下，"将农民束缚于土地之上"的情形，视为农奴制度，②这是把职业上的生活束缚，当作法律上的人身束缚，有如把今日的工人束缚于工厂之内，视作工奴一样，恐怕不太合理。现在根据比较可靠的材料来看西周农民的生活状况。

《尚书》：

（1）《盘庚》："若农服田力穑，乃亦有秋"；"惰农自安，不昏《勉也》劳作，不服田亩，越其罔有黍稷"。③

（2）《大诰》：（按此乃周公居摄兴师东伐管、蔡及淮夷时所作）"厥父菑（反土曰菑），厥子乃弗肯播（播种），矧肯获（更不肯收获）。""若穑夫，予曷敢不终朕亩。"

（3）《酒诰》：（周公教诰康叔之辞）"妹土（纣之故都朝歌）嗣尔股肱，纯（专）其艺黍稷，奔走事厥考厥长，肇（敏也）牵车牛远服贾，用孝养厥父母。"

（4）《梓材》：（同上）"惟曰若稽（考查）田，既勤敷菑，惟其陈修，为厥疆畎。"

---

① 奴隶买卖，据《曶鼎》："我既卖女五夫，用匹马束丝。"又："用债征卖兹五夫，用百锊。"杨树达以"铭文卖字作赎字用"。此二语之意为"曶初以匹马束丝赎五夫。今改（征）以百锊赎之"。见《积微居金文说》页五八。但杨宽即以为当时奴隶买卖之证。见《古史新探》页七五。
② 见萨氏著《中国社会政治史》页一五。
③《尚书》用皮锡瑞《今文尚书考证》本。

西周政治社会的结构性格问题　　　　　　　　　　　　　　　　　　　　*49*

（5）《洛诰》：（周公诰成王）"兹予其明农哉。"

（6）《无逸》：（周公诰成王）"周公曰，君子所其无逸，乃知稼穑之艰难，乃逸，则知小人之依。相小人，厥父母勤劳稼穑，厥子乃不知稼穑之艰难，乃逸。""自时厥后（殷自祖甲之后），立王生则逸，不知稼穑之艰难，不闻小人之劳，惟耽乐之从；自时厥后，亦罔或克寿。""太王王季自抑畏。文王卑服，即康功田功，徽柔懿恭，怀保小民，惠鲜鳏寡。"

上引资料（1）及（6）有"力稿"之农，亦有"惰农"，可知商周农人之可以有勤有惰，这不是反映奴隶劳动的情况。从资料（2）看，勤耕的父亲，可以有不勤耕的儿子；且所反映的生产关系是父子而不是奴主与奴隶；所以这也不是反映奴隶劳动的情况。资料（3），伪《孔传》将"远服贾"解释为"艺黍稷"的农夫的副业，这当然不是奴隶所能做到的。即使分作两类解释，则此处的农人商人，皆以其所得奉养自己的父母，这反映的也不是奴隶生活的状态。资料（4）（5）（6），乃反映殷商及西周对农业的重视。总之，在《尚书》以周初为主的可信资料中，找不出农奴的痕迹。其实，在《尚书》周初文献中，如前所述，把"民"的地位抬高到成为天的代言人的地位；若农夫是包括在"民"的范围之内，则西周农民之非奴隶，可以说是无可争论的。

对农人生活有更多描写的是《诗经》。而《豳风》，《毛传》说是周公陈王业的诗。据《史记·刘敬列传》，由刘敬口里所述的豳，是公刘避桀所居之地，所以此诗所反映的农民生活状况，乃是夏商之际的状况；最低限度，是太王迁岐以前的状况。此诗中所牵涉到的月令问题，马瑞辰在《毛诗笺传通释》中，有较合理的解释，这里暂不涉入。

　　七月流火（大火星），九月授衣。一之日觱发（风寒），二之日栗烈。无衣无褐，何以卒岁？
　　三之日于耜。四之日举趾。同我妇子，馌彼南亩，田畯至喜。
　　春日迟迟，采蘩祁祁。女心伤悲，殆及公子同归。
　　七月鸣鵙，八月载绩（绩麻），载玄载黄。我朱孔阳（深纁），为公子裳。
　　取彼狐狸，为公子裘。
　　二之日其同（同出田猎），载缵武功，言私其豵（豕一岁日豵），献豜（豕三岁日豜）于公。
　　十月蟋蟀，入我床下……嗟我妇子，曰为改岁，入此室处。
　　六月食郁及薁……十月获稻。为此春酒，以介眉寿……采荼薪樗，食我农夫。
　　嗟我农夫，我稼既同，上入执宫功。昼尔于茅，宵尔索绹。亟其乘屋，其始播百谷。
　　九月肃霜，十月涤场。朋酒斯飨，曰杀羔羊。跻彼公堂，称彼兕觥，万寿无疆。

　　上诗的口气，可能是出自一位老农的"劳者自歌其事"，口传下来，而被周室的统治者，或者即是周公，采来加以润饰，以反映农夫的劳苦，作为政治上教诫之用的。从诗的内容看，"农人"

西周政治社会的结构性格问题

及采桑载绩的女子，和"公"及"公子"，在生活上是有很大的差别。但从"九月授衣"，"殆及公子同归"，"食我农夫"，及"二之日其同"，"上入执宫功"，"跻彼公堂"这些词句看来，农民的生活虽苦，但依然有起码的保障，有起码的私财，有工作以后的安慰。尤其是在这诗里，上下的分限尚不很严，所以在役使之中，上下还可以有生活与情感上的交通，没有反映出显著的阶级压迫。"殆及公子同归"，有两种不同的解释，一是《毛传》以为这是"豳公子躬率其民，同时出，同时归"。另一是郑《笺》则以为"悲则始有与公子同归之志欲嫁焉"；《朱集传》更明白地说"盖是时公子犹娶于国中；而贵家大族，连姻公室者，亦无不力于蚕桑之务"。不论哪一种解释，此一伤心的女子与公子之间，尚没有形成阶级意识及阶级制度。同时，农夫与贵族共同习兵出猎（"二之日其同"），农夫可以"跻彼公堂"，这都是仅有生活上的差异，而尚未出现严格的阶级制度的现象。因此，由时代推测，这是氏族社会中农民生活的形态。其生活的辛苦，可能是来自当时生产力的幼稚。而周室的统治者，肯把此时农夫的辛苦，及上下生活与情感上的交流，在统治阶层中，有计划地反映出来，以作重大的政治教材，这更是一件非常有意义的事。

《诗经》的《小雅》、《大雅》、《周颂》中有关农民生活的诗，我以为是周室随封建而建立了田制以后的农民生活情形。《小雅·楚茨》及《信南山》篇所描写的丰收的情景，及治理田亩的情形，反映的是有分地的贵族的状况。尤其是在《信南山》的"我疆我理，南东其亩"，及"中田有庐，疆场有瓜"诗中，可以反映出"彻其土田"的面影。兹再抄若干资料如下：

（1）《甫田》："倬彼甫田，岁取十千。我取其陈，食我农人，自古有年。""我田既臧，农夫之庆。"

"曾孙来止，以其妇子，馌彼南亩。田畯至喜，攘其左右，尝其旨否。禾易长亩，终善且有。曾孙不怒，农夫克敏。"

"黍稷稻粱，农夫之庆；报以介福，万寿无疆。"（《小雅》）

（2）《大田》："大田多稼，既种既戒，既备乃事，以我覃耜，俶载南亩……曾孙是若。"

"有渰（《传》：云兴貌）萋萋（《传》：徐也），兴雨祁祁；雨我公田，遂及我私。"

"彼有不获稚，此有不敛穧，彼有遗秉，此有滞穗。伊寡妇之利。"

"曾孙来止，以其妇子，馌彼南亩，田畯至喜。"（同上）

（3）《噫嘻》："噫嘻成王，既昭假尔，播厥百谷。骏发尔私，终三十里。亦服尔耕，十千维耦。"（《周颂》）

（4）《载芟》："载芟载柞，其耕泽泽。千耦其耘，徂隰徂畛。"（同上）

"有嗿（《传》：众貌）其馌，思媚其妇，有依（《笺》：依之言爱也）其士（《笺》：士子弟也）。"（同上）

（5）《良耜》："畟畟良耜，俶载南亩。播厥百谷，实函斯活。或来瞻（视）女（汝），载筐及筥（《笺》：谓妇子来馌者也）。其饟伊黍，其笠伊纠，其镈斯赵（《传》：刺也），以薅荼蓼。"

"荼蓼朽止，黍稷茂止，获之挃挃（《传》：获声也），

西周政治社会的结构性格问题　　　　　　　　　　53

积之栗栗（《传》：众多也），其崇如墉，其比如栉，以开百室。"

"百室盈止。妇子宁止。杀时犉牡。有捄其角。以似以续，续古之人。"（同上）

以上应皆为周初之诗。《诗序》对（1）、（2）的说明，似不可信。《毛传》把（1）、（2）中的"曾孙"解释为成王，把（3）中的"成王"又解释为"成是王事"，皆嫌迂曲。曾孙是分有采地的贵族，成王即是继武王在位的成王。在上述五条资料中，我们应注意的是（一）农夫吃的东西，已由《豳风》农民有时所食的"荼"，进而为（1）的"陈"及（5）的"黍"。陈是陈旧的黍稷。在《豳风》中农民有时所吃的荼，在这里把它割掉了。（二）在（2）与（3）中，农夫分明有了私田。（三）曾孙与农夫，当然是两个阶级；但相互间有一种感情的流通。并且除田畯外，曾孙和成王随着妇女的"馌耕"而亲自来看耕种的情形；对农夫慰劳之情，远过于督责之意。（四）农夫在耕种时及耕种后皆有一种家室之乐，并且能延续自己的家室。（五）在（5）中出现了镈，在前一篇的《臣工》中，出现了"钱"、"镈"、"铚"。[①] 这说明周初在农具方面，已开始由木制而进入到小规模地金属制造的阶段。[②] 而这种金属，可能即是铁。当然上引的资料都经过了诗人的润饰，但决不可能把耕种的奴隶，润饰成为上引材料中的和乐而有生气的形相。且耕种奴隶，在统治者的歌咏、祭祀中，也决不可能有

[①] 《诗·周颂·臣工》："命我众人，庤（《传》：庤具）乃钱镈，奄观铚艾。"
[②] 参阅杨宽《古史新探》页五至八。

两汉思想史（一）

如上引材料中的分量，和上下交流着的感情。因此，在封建的土田制度下的农民特征，应当是：

一、无土地所有权，但有定额分配到的使用权。在狩猎时，虽然要把猎获物献一部分给有关的贵族，但自己依然可以保留一部分。《礼记·曲礼下》："问国君之富，数地以对，山海之所出。问大夫之富，有宰（邑宰）食力，祭器衣服不假。问士之富，以车数对。问庶人之富，数畜以对。"这几句话里所反映的依然是封建时代的情况；而家畜则完全为庶人所私有的。

二、对统治阶级的负担，在平时是为其耕种公田；私田与公田之比为十比一，所以即是十分取一。在农隙还服若干的力役，在战时增加军事上的负担。在都邑与近郊，未行井田制的，以军赋为主，但也不会超过十分之一。

三、农民与土地连结在一起，从好的方面说，生活有保障；从坏的方面说，生活受到政治通过土地分配的束缚。但如前所述，这不能解释为农奴性的束缚。

四、在历史上农民没有不受剥削的。周代农民受剥削的程度，也和其他时代一样，与统治者的人格、行为，有不可分的关系。历史上政治清明的时候，总是比较少的；但《诗·小雅·苕之华》"人可以食，鲜可以饱"的两句话，应当是政治衰乱时的一般情况。并且在西周的封建制度上，对农民的剥削是有限制的，如力役不过三日之类。而在理论上，他们既承认人民是政治的决定力量，即不能不加以重视，不能不加以爱护。并且由宗法中的亲亲精神，也容易引发出人道的观念，以流注于农民之中。因而周代的统治，较之商代要温和、人道得多。这是先秦文献可以找到很多证明的。

上述的农民生活情形，在积极方面，我一时想不出一个适当的名词来加以概括，或者可以称为"半自耕农制度"。但在消极方面，则决不是郭沫若们所说的农业奴隶；因之周代也决不是奴隶社会，则是可以断定的。

《左传·昭公七年》楚芋尹无宇谓："天有十日（杜注：甲至癸也），人有十等。下所以事上，上所以共神也。故王臣公，公臣大夫，大夫臣士，士臣皂，皂臣舆，舆臣隶，隶臣僚，僚臣仆，仆臣台。"后人每以此言春秋时代的社会阶级结构，因而以此推及西周。实则这正如《左传会笺》所说："十等俱就王公言之，为在官者。"这不是说的一般的社会情形。从西周到春秋时代，构成政治社会构造者，大概言之，一是以宗法为中心的贵族，二是住在都邑及近郊的国人，三则是在鄙野的农民。奴隶则不过在宗法贵族中担任一种役使及享受工具的角色。

封建政治社会的崩溃及典型专制政治的成立

一、封建政治秩序的崩溃

封建政治、社会的成立,是经过长期氏族社会的积累,并经过周公根据自己的理想,作政治势力的加强控制与扩张的努力,所逐渐形成的。由近代地下材料的发现,知道西周初年的政治势力,北及辽宁,南及江苏,东渐于海,"其范围不是很小而是很大的"。[①]范围内的许多邦国,乃前代之遗,而种族氏族,也极其错综复杂;所以周公的政治理想,未必曾完全实现。甚至一面在形成,一面已开始了某一程度的崩坏。但此一封建制度,曾在历史某一阶段上发生了重大的功用;而其崩坏,在意识与无意识的两种动力之下,是经过了长期的演变,则是无可置疑的。封建制度渐渐崩坏的过程,即是专制政治渐渐形成的过程。我这里所说的"典型专制政治",乃指秦代的短期专制政治而言。因为秦代的专制政治,一方面固然是凭着封建制度在崩坏中所形成的许多条件;但另一方面,则是根据法家长期所追求的政治形态,再加上秦政(始皇)李斯们所要求达到的政治目的,以"政治的创意",所建

---

① 《新中国的考古收获》页五五至五六。

立起来的。他们统一六国后，"夷郡县城，销其兵刃，示不复用"（《史记·李斯列传》），正证明他们是抱着一种政治理想来建立此种政治制度。自秦以后的专制，一方面是把它作为既成事实而继承下来；一方面又不断加入了许多更坏的和较好的因素到里面去。虽然一直到辛亥革命，政治的形式都是专制；但对于秦所建立的专制而言，已经有若干地方走了样，变得更坏或较好。为了对历史事实的把握，在观念中不致混淆，所以我便对秦以后的专制政治而言，称秦为"典型专制政治"。在封建与专制渐次交替的长期过程中，出现了一个特别的历史的过渡阶段，这即是七雄对立争雄的阶段。一般史家称之为战国时代。本文的目的，是要把两种制度交替的情形，陈述清楚，以便能把握专制政治之何以能成立及什么是专制政治的特性，并解答我国社会何以长期停滞不前等问题。战国时代，正是交替的大关键，所以也成为研究的主要对象之一。同时，战国时代，乃处于封建制度已经崩坏，专制政治尚未定型，因之，也可以说这是一个政治压力的空隙最大的开放时代。在这个开放时代，不仅出现了思想上的百家争鸣，并在政治社会的发展上，也具有专制以外向其他方向发展的可能性。所以对此一时代较详细的描述，更有其重要的意义。

（一）周室封建领导地位之丧失及其原因

封建政治秩序的维持，需要一个"礼乐征伐自天子出"的共主。封建政治的崩坏，必然地，先从作为共主的周室，失掉其领导的地位开始。其原因可概括为下列四点：

一、我在《西周政治社会的结构性格问题》一文中，已经说过，西周的封建政治，是以宗法制度为中心所建立起来的。而宗法中的"亲亲",是维系封建政治的精神纽带。封建政治的崩坏,首先是由王室与诸侯之间的这种精神纽带的解纽而开始的。《左传·僖公二十四年》,记富辰谏周襄王将以狄伐郑的一段话中有谓"召穆公思周德之不类,故纠合宗族于成周而作诗曰:'常棣之华,鄂不韡韡。凡今之人,莫如兄弟。'其四章曰:'兄弟阋于墙,外御其侮。'"《国语·周语》中记富辰此事,则以《常棣》为"周文公之诗";周文公即周公,此与《诗序》"闵管蔡之失道,故作《常棣》焉"之语,两相符合。则左氏所谓召穆公"作诗"之"作",乃修复之义。① 由此可知周公经管蔡之乱,益知培养、发挥兄弟间亲亲精神之重要,故特作此诗。"厉王无道,周室亲亲之义衰。"(《诗序》)召穆公纠合成周之宗族,即周公以宗法所封建之诸侯;召穆公欲将诸侯重新团结于王室之周围,最基本的方法,惟有使亲亲精神,得以复活。

《诗·小雅·角弓》,《诗序》:"《角弓》,父兄刺幽王也。不亲九族,而好谗佞,骨肉相怨,故作是诗也。"诗末两句是:"如蛮如髦,我是用忧。"西周亡于幽王,骨肉相怨,应当是一个最基本的原因。然幽王被杀后,平王东迁(西纪前七七〇年),晋郑是依;依然是靠着与晋郑的亲亲的作用。齐桓、晋文的霸业,还有亲亲的精神在里面。桓、文以后,周室与诸侯间的亲亲精神,日远日薄,而周室在封建制度中的领导作用,也便陵替无余了。

二、封建政治,王室的赋与税的范围甚小。所以在权力、兵力、财力的使用上,是一种需要能自我节制的俭约政治。西周穆王的侈心远伐,已经削弱了周室的力量。而周室的衰微没落,厉

---

① 《左氏会笺》第六页四九:"作字有两义,一则创造,一则修复。"此"作"是修复之义。

王更是一个决定的大关键。因为住在都内及近郊的"国人"阶层，是政治的直接支持力量，也是武力编成的骨干。王及帮助王统治的贵族，对国人的赋税及其他要求，皆有一定的限制；而国人与王及统治贵族之间的关系，也是相当密切，国人并能把自己的意见反映在政治上并发生重大作用。①《国语·周语上》："厉王虐，国人谤王，邵公告曰，民不堪命矣。王怒，得卫巫，使监谤者，以告，则杀之。国人莫敢言，道路以目。"又谓："厉王说（悦）荣夷公。芮良夫曰，王室其将卑乎。夫荣夷公好专利而不知大难……今王学专利，其可乎？"这两件事，实际是一件事的分别叙述；而其结果乃是国人"流王于彘"，"诸侯不享"。厉王与国人的两相背反，破坏了周室政治直接的支持力量，也削弱了武力的基础。《诗经》上有关宣王中兴的诗歌，可能是出自作诗者的夸大。农业是此时经济的基干，其生产方式，有赖于上下一体的协同劳动精神。②《国语·周语上》"宣王即位，不籍千亩"，即是此种精神之破坏。虢文公对籍田的意义谓："民之大事在农。上帝之粢盛于是乎出，民之蕃庶于是乎生，事之供给于是乎在，和协辑睦于是乎兴，财用蕃殖于是乎始，敦庞纯固于是乎成。"而以宣王之不修籍礼为"弃其大功"。结果，"三十九年战于千亩，王师败于姜氏之戎"。韦注以为"宣不纳谏务农，无以事神使民，以致弱败之咎"；这是封建经济开始破坏的一端。并且宣王在"丧南国之师"后，又"料民于太原"（《国语·周语上》），这是对民力的过

---

① 参阅拙文《西周政治社会的结构性格问题》第四节。
② 周公作《无逸》以教成王，谓"文王卑服，即康功田功"；"即田功"，即是与百姓一起种田。藉礼之起，亦即保持此种精神。

分榨取，也为国人所不堪。所以"王卒料之，及幽王乃废灭"（同上）。

三、立嫡立长，这是周公所定宗法制度中以大宗为中心的安定力量，在封建政治的秩序中，居于首要的地位；但周宣王也开始加以破坏。《国语·周语上》：

> 鲁武公以括与戏见王。王立戏。樊仲山父谏曰，不可立也，不顺必犯。（韦注：不顺，立少也。犯，鲁必犯王命而不从也。）犯王命必诛……夫下事上，少事长，所以为顺也。今天子立诸侯而建其少，是教逆也。

结果是"鲁人杀懿公（韦注：懿公，戏也。）而立伯御"。（韦注："伯御，括也。"又《史记·鲁世家》"懿公兄括之子伯御"二说不同。）这是以天子的力量破坏由宗法而来的封建政治秩序。至幽王因宠褒姒，竟废申后及太子，以褒姒为后，立褒姒所生之伯服为太子。结果申侯与缯、西夷、犬戎，攻杀幽王于骊山之下，西周遂因之以亡。[①]

四、由宗法所建立的封建制度，系以宗法中的亲亲达到尊尊的目的；以尊尊建立统治的体制，奠定政治的秩序。亲亲、尊尊，乃一事的两面，并都客观化为各种礼制以实现。亲亲精神，原于血统的宗支关系。宗支关系日益疏远，宗法制度纵然不遭到败德乱行的破坏，亲亲的精神，在无现实利害支持之下，其势原就不能持久。但尊尊的实际内容，是一种统治体制。此种统治体制，

---

① 见《史记·周本纪》。

又是通过礼的各种重要规定，以培养其观念，习染其行为，有如冠昏丧祭，及车服器用等，皆按照政治地位所定下的各种等差，亦即按照礼以"明分"的"分"，以维护封建中尊卑上下的秩序于无形。于是宗法制度中，在尊尊的一方面，只要不与现实的重大政治利害发生冲突，则借礼在观念上与行为上之力，尚能维持一个相当长的时期。东迁以后的周室，通过春秋时代，依然能维持一个名义上的共主地位；而周室自周王以及其卿大夫，在不得已时，宁愿牺牲土田等的现实利益，却尽一切方法，守住他们所把握的礼制，不肯放松，其原因皆应于此等处求了解。[①]并且由维护尊尊观念中的礼制，以维持当时的政治秩序，也直通于各国。《左传·成公二年》，卫与齐战于新筑，卫师败绩，"新筑人仲叔于奚救孙桓子，桓子是以免。既，卫人赏之以邑，辞。请曲县（杜注：轩县也。《会笺》：诸侯轩悬阙南方。形如车舆，是曲也），繁缨（杜注：马饰。皆诸侯之服）以朝，许之。仲尼闻之曰，惜也，不如多与之邑。惟器与名，不可以假人，君之所司也。……若以假人，与人政也。政亡，则国家从之，弗可止也已。"孔子的话，正应当从这种地方去了解。在礼的"明分"作用达到极限，或受到人为的破坏尽净时，封建的政治秩序，便完全瓦解。司马光修《资治通鉴》，始于周威烈王二十三年（西纪前四〇一年）命晋大夫魏斯、赵籍、韩虔为诸侯，而哀其"先王之礼，于斯尽矣"，于是周室名义上的共主地位也无法维持了。

[①]《左传·僖公二十五年》，晋文公勤王有功，"晋侯（文公）朝王，请隧，（杜注：阙地通路曰隧，王之葬礼也。）弗许，曰，王章也；未有代德，而有二王，亦叔父之所恶也。与之汤樊、温、原、攒茅之田。晋侯于是乎始启南阳。"此其显著之例。

（二）封建政治的全面崩溃

春秋时代，可以说是封建政治全面崩坏的一大过程。其最显著的，无过于各国并吞之祸。

从封建政治的观点来说，凡是周室所封的，或是前代遗留下来，被周室所承认的各国，也应当流注着亲亲的精神；并各安于封建中的地位和国土，以维护相互间的和平关系。礼中的聘礼，及会同之礼，乃至在这些礼中的歌诗与音乐，都是适应这一要求所规定、发展出来的。但通过春秋时代，不仅上述礼仪中的亲亲精神，一天一天的稀薄，并演变向权谋术数，凌弱暴寡的方向；甚至在封建政治秩序中爵位相等的诸侯，因国势的悬殊，弱国却不能不朝贡于强国。即使是如此，还不能抑制互相兼并之祸。顾栋高《春秋大事表》四《列国疆域表》谓："鲁在春秋，实兼有九国之地。""齐在春秋，兼并十国之地。""晋所灭十八国。又卫灭之邢，秦灭之滑，皆归于晋。景公时剪灭众狄……又东得卫之殷墟，郑之虎牢。""楚在春秋，吞并诸国，凡四十有二。""宋在春秋，兼有六国之地。"各国并吞凌虐，惟力是视；周初封建屏藩之意，早荡焉无存。司马迁慨叹于"文武所襃大封，皆威而服焉"，于是《史记·十二诸侯年表》中的十二诸侯（实际是十三诸侯），便代表了春秋时代。而十二国中的陈、蔡、曹三国，皆微不足道，且亦未能保存到春秋末期。燕国僻处北陲，在春秋时代，亦未发生重大作用。[①] 是由封建所建立的中国形势，毕春秋之世，已一步

[①]《史记·十二诸侯年表》列有十三国。对这一点，异说甚多，要以傅占衡谓"以鲁为主"，故不数鲁，亦犹《六国年表》以秦为主，故不数秦之说为可信。

一步地改变得面貌全非。尤其重要的是，在这些侵凌吞并的行为中，战争的破坏残酷，有的可以说达到了语言道断的程度。①秦晋互相攻伐之战凡十八，晋楚大战者三，吴楚相攻者二十三，吴越相攻者八，齐鲁相攻者三十四，宋郑交兵者凡三十九。②晋悼之世，宋郑两国十年而十三战。若把二百四十二年所有的战争加以统计，或就鲁卫宋郑中每一国所经过的战争加以统计，将更易发现战争的频度，尤为惊人。难怪顾栋高在《春秋鲁邾莒交兵表》叙中一开首便说："呜呼，余观春秋之世，而知封建之为祸烈也。"又在《宋郑交兵表》叙中说："乃吾统观春秋宋郑之故，而知天下不可一日而无伯也。"由封建中亲亲精神失坠后的相互不断地战争的形势，便已清楚指出，分裂的天下，于理于势，非要求一个大一统的出现不可。

其次，各国内部，因封建贵族自身之必然腐败，于是封建礼制并不足以长期维持上下贵贱之分；所以春秋时代，乃是政权逐渐下移的时代。从人君的地位说，"春秋之中，弑君三十六，亡国五十二，诸侯奔走不得保其社稷者不可胜数"，③此即政权下移的强烈信号。"孔子曰：天下有道，则礼乐征伐自天子出。天下无道，则礼乐征伐自诸侯出。自诸侯出，盖十世，希不失矣。自大夫出，五世希不失矣。陪臣执国命，三世希不失矣。"④孔子在这里举出的数字虽然是概略性的，但也是根据他的历史知识所导出的政权

---

① 《左传·宣公十五年》，楚师围宋，"华元夜入楚师，登楚子反之床，起之曰，寡君使元以病告曰，敝邑易子而食，析骸以爨。"即其一例。
② 以上皆请参阅顾栋高《春秋大事表》三十一至三十七。
③ 《史记·自序》。
④ 《论语·季氏》篇。

下移的情形。刘逢禄《论语述何》："齐自僖公小霸，桓公合诸侯，历孝、昭、懿、惠、顷、灵、庄、景凡十世，而陈氏专国。晋自献公启疆，历惠、怀、文而代齐霸，襄、灵、成、景、厉、悼、平、昭、顷，而公族复为强臣所灭，凡十世。鲁自隐公僭礼乐灭极，至昭公出奔，凡十世。鲁自季友专政，历文、武、平、桓子，为阳虎所执。齐陈氏，晋三家亦专政，而无陪臣之祸，终窃国者，皆异姓公侯之后；其本国亡灭，故移于他国也。"又曰："南蒯、公山不扰，阳虎，皆及身而失，计其相接，故曰三世。"冯季骅《春秋三变说》谓："隐、桓以下，政在诸侯。僖、文以下，政在大夫。定、哀以下，政在陪臣。"此种情形，乃封建中的固定身份制度，使统治者必自上而下地趋于腐烂的必然结果，并为游士卿相局面开其先路。陪臣执国命，而欲自跻于世卿之列，因其并无宗法上的根据，无传统的政治基础，所以多及身而绝。但这正是新旧相推的关键，我们不必与孔子同其叹息。

在政权下移的过程中，首先是由国君移向世卿；但由宗法封建而来的世卿，其自身亦非渐趋于破灭不可。《春秋》书诸侯杀大夫者四十七，书大夫之为他国所执者十四，书放其大夫者二，书卿士大夫公子出奔者共五十七，[①]卿大夫的自相杀者，春秋中期以后，更不可胜数。由上述的情形，自然要发生阶级上的变动。《国语·周语》下周灵王二十二年（《左传·襄公二十三年》，西纪前五五七年），太子晋已经说："天所崇之子孙，或在畎亩，由欲乱民也。畎亩之人或在社稷，由欲靖民也。"是此时已有显著地上下贵贱易位的情形。《左传·昭公三年》，晋叔向对齐晏子谓："栾、

---

① 参阅顾栋高《春秋大事表》十三。

郤、胥、原、狐、续、庆、伯（杜注："八姓，晋旧臣之族"），降在皂隶，政在家门。"又谓："晋之公族尽矣。肸（叔向之名）闻之，公室将卑，其宗族枝叶先落，则公从之。肸之宗十一族，惟羊舌氏（叔向之族）在而已。"由宗法血统的身份所形成的固定地统治集团，事实上必由淫暴而归于动摇消灭，乃必然之势。此一趋向，到春秋之末，已发展而成为普遍的现象。于是以宗法为骨干的封建统治，至春秋之末，大体上已经瓦解了。

我在《西周政治社会的结构性格问题》一文中，已经指出维系封建政治秩序的工具，主要是礼而不是刑。春秋时代，因为政治社会的主干，依然是封建制度，所以我在《中国人性论史》中指出春秋世纪，是礼的世纪。但春秋世纪又是封建制度开始破坏的时代；破坏到了春秋的后期，封建制度已经崩坏得差不多了，于是统治的工具，自然由礼转移到刑的上面。《左传·昭公六年》三月，郑人铸刑书；《左传·昭公二十九年》冬，晋人赋一鼓铁以铸刑鼎；这是时代转变的大标志。郑子产对晋叔向的答复是"吾以救世也"，正是为此种转变所作的答复。由此可知申商的法术，为什么代表了此后的时代精神。

最后在封建制度崩坏的过程中，封建的封国、采邑，因并吞而转变为县郡，[①] 也是说明由封建分权统治的形式，转向国君集权，因而为秦以郡县代封建，作了开路的工作。《广韵》谓："楚庄王灭陈为县，县名自此始。"按楚灭陈在哀公十六年；而《左传·僖公三十三年》，晋襄公"以再命命先茅之县赏胥臣"。《左传·昭公三年》："初，州县，栾豹之邑也。及栾氏亡，范宣子、赵文子、

---

① 在秦以前，县大而郡小；至秦则郡大而县小。

韩宣子，皆欲之。文子曰，温吾县也（杜注：州本属温），二宣子曰，晋之别县不唯州，谁获治之。"是春秋时代，晋已先楚而有县。后人多据《周礼》以县为周制。果尔，亦与春秋时代所出现之县，内容亦有演变。席世昌《读说文记》："县师专主公邑之地……本六遂中小都大都之余。小都大都，属大夫为采地；而公邑则遥属王官。故谓之县者，如县物然，有系属之义焉。"而春秋时代之县，乃由弱国为强国所灭而来。①顾栋高《春秋大事表》五《列国爵姓及存灭表》叙谓："封建之裂为郡县，盖不自秦始也。自庄公之世，而楚文王已县申、息，封畛于汝。逮后而晋有四十县。哀公二年，赵鞅为铁之师，誓曰，克敌者上大夫受县，下大夫受郡。终春秋之世，而国之灭为县邑者强半天下。"县郡与侯国、采邑的分别是：侯国对天子固为分权而治，成为世袭；采邑的卿大夫，亦为分权而治，成为世袭。县则由前期之赐予，演变而直属于国君，国君可以作直接而自由的处置；于是封建贵族，对土地的定着性、传袭性，逐渐被推翻了。这在说明封建制度中的土地制度的崩溃，有重大的意义。

二、封建社会在赋税重压下的解体

随着封建政治结构的瓦解，封建的社会结构也自然走向瓦解之途。促成瓦解的基本原因，首先由于统治贵族不断加重赋税的重压，压垮了彻法下的井田制度，也压走了封建诸侯始封时所授

---

① 按县之大小，由并吞地之大小而定，初无定制。瞿同祖《中国封建社会》页七九，断定县的面积是很大的，非通达之论。

的土地与人民。这才是前面封建政权崩溃的更基本的原因。关于这一方面的材料，现时只能凭《春秋》有关鲁国的记载，以略窥二百四十二年中的概略趋向。因为孔子重视这种事实，而此种事实出现在鲁国的，他可得而记载；出现在他国的，因没有赴告的材料，他便无从记载。

鲁国第一次破坏彻（助）法的，是宣公十五年的"初税亩"。左氏对此的解释是："非礼也。谷出不过藉。"藉是藉（借）民力所耕的公田。由此可知此处的"亩"，乃指私田而言。左氏之意，周的田制有公田私田之分；税收仅取人民为公家所耕的公田物产，而私田不再出税。初税亩，是开始在收取公田的物产以外，更履私田之亩以收税。所以杜注以为这是"什而取二"，这与《论语》哀公对有若所说的"二，吾犹不足"的话相合；亦与《孟子》"耕者助而不税，则天下之农皆悦，而愿耕于其野矣"①之言相合；应当是正当的解释。而《公》、《榖》两传，皆以此为"税而十分取一，但废古之助法"，是不确实的。

由宣公十五年到成公元年，才经过三年。《春秋经》书曰："三月作丘甲。"杜预对此的解释是："丘十六井，出戎马一匹，牛三头。四丘为甸，甸六十四井，出长毂一乘，戎马四匹，牛十二头，甲士三人，步卒七十二人。此甸所赋，今鲁使丘出之，讥重敛，故书。"按杜注系以《司马法》释周代兵制；后人多疑《司马法》乃战国时作品，其所言兵制，多出于附益、想象，与春秋时代所可考见之军事活动情形，不相符合。其次，丘出甸赋，一举而增加四倍，亦不近情理。所以胡安国谓："今作丘甲者，即丘出

---

①《孟子·公孙丑上》。

一甲，其数皆增三之一耳。"① 李廉本此说以申之谓："作丘甲者，每丘出一甲士，而甸出甲士四人也。往者三人，而今增其一。"② 此一解释，较为合理。然兵役由此增加三分之一，也是增加人民的很大负担。

由成公元年，至襄公十一年，凡三十八年。《春秋经》书曰"十有一年春王正月，作三军"；《左氏传》谓："正月作三军，三分公室，而各有其一（孟孙、叔孙、季孙三家各有其一）。三子各毁其乘（三子毁其原有私邑之私乘；因已各专一军之故）。季氏使其乘之人（谓隶于军籍者）以其役邑入者（谓臣于季氏若私邑）无征（无平日力役之征）。不入者倍征。孟氏使半为臣，若子若弟（使子弟之半臣于己）。叔孙使尽为臣，不然不舍（杜注：尽取子弟、父兄归公也）。《正义》谓："三家所得，各以父兄子弟，分为四；三家得七，公得五。"此一发展，为鲁君已失其人民十分之七。

由襄公十一年至昭公五年，凡二十五年；《春秋经》书曰："五年春王正月，舍中军。"《左氏传》谓："初作中军也。三分公室而各有其一。季氏尽征之。叔孙氏臣其子弟。孟氏取其半焉。及其舍之也，四分公室，季氏择其二，二子各一，而贡于公。"至此，由授土授民，封为鲁侯的大宗，已名存实亡了。

由昭公五年至哀公十二年凡五十四年，《春秋经》书曰："十有二年春，用田赋。"前一年，哀公十一年，《左氏传》记有："季孙欲以田为赋，使冉有访诸仲尼，仲尼曰，丘不识也……'而私

---

① 《春秋胡氏传》卷十九。
② 此由顾栋高《春秋大事表·邱甲田赋论》所转引。

封建政治社会的崩溃及典型专制政治的成立

于冉有曰，君子之行也，度于礼。施取其厚，事举其中，敛从其薄。如是，则以丘亦足矣。若不足于礼，而贪冒无厌，则虽以田赋，将又不足。"《春秋胡氏传》卷三十："鲁自宣公初税亩，后世遂以为常……至是二犹不足，故又以田赋也。夫先王制土，籍田以力，而砥其远迩。赋里（原注：里，缠也，谓商贾所居之区域）以入，而量其有无（按胡之说，应稍加变通。实则"国人"任赋，"野人"任税）。……田以出粟为主而足食；赋以出军为主而足兵。……今二犹不足，而用田赋，是重困农民而削其本。"按胡氏之意，国人原只担任兵赋，而野人只担任耕种公田以供税。"用田赋"，是要野人（邑郊以外的农民）也担任兵赋。此种解释，与《国语·鲁语》对此事所记孔子之言相合。此事之意义有二：一为重困农民。另一则为兵役之普及，兵源之扩大。此为战国时代，战争之规模，远较春秋时代为大的主要原因之一。

总结上面的演变：（一）不断加重税收。齐晏婴谓"民参其力，二入于公，而衣食其一"（见后），由此可以类推。（二）扩大赋役——即扩大兵役。将原有以"国人"为主的兵役，推广及于一般农民。（三）卿大夫与国君争土地、人民；土地人民，多脱离国君而入于卿大夫之手，以开鲁君守府，陈氏代齐，三家分晋的新局面。不过由《孟子》"故明君制民之产……"、"今也制民之产"① 等语观之，一直到战国中期，土地还是在国君及执政的贵族手上。但因政治的混乱，恐怕早已不能按照规定授田，而慢慢产生自流性的私有土地。

在上述演变过程中，有两种值得注意的现象。

---

① 见《孟子·梁惠王上》。

其一，是在封建制度未破坏时，人民是定着于土地之上，形成一种静态的凝固的社会。有人把农民定着于土地之上，作为当时农民系农奴的证明。①这是把由经济条件的限制，和由法律条件的限制，混同了起来。照这一说法，工人定着于机器之上，便是工奴。而老子、孟子为人民所追求的"老死不相往来"，"死徙无出乡"的生活，却是一种农奴生活，大概不太合理吧。这种静态社会，自税苛赋重以后，人民开始弃其土地，离其乡里，在逃亡中求生存；于是静态的社会，开始演变为流动的社会。《左传·昭公二十五年》鲁子家子向昭公说："政自之（按指季孙氏）出久矣，隐民多取食焉，为之徒者众矣。"杜注以"隐约穷困者也"释"隐民"，实嫌迂曲。《说文》十四下："隐，蔽也。"隐民乃逃亡隐蔽之民。《国语·周语上》惠王十五年（鲁庄公三十二年），内史过答惠王"有神降于莘"之问中有"其刑矫诬，百姓携贰，明神不蠲，而民有远志"之语。《周语下》"景王二十一年（鲁昭公十八年）将铸大钱，单穆公曰不可"的一段话中，有"乏则将厚取于民，民不给，将有远志，是离民也"之语。所谓"远志"，当然指的是向远方逃亡之志。到了战国，此一趋势更大大地加强。这在后面还要提到。

其二，当时的人民，尤其是其中的"国人"，并不是完全没有政治的自主性。顾栋高在《春秋秦晋交兵表》叙中说："春秋当日，虽天子所赐，苟其民不服，则亦不得而有。隐十一年，王以盟、向易芳邟之田于郑；未几，盟、向叛郑归王，王迁盟向之民于郏。襄王锡晋以南阳，而温原之民不服晋。"正因为如此，所以

---

① 萨孟武《中国社会政治史》即据此说。见该书页一五。

卿大夫向国君夺取土地人民，除了前述鲁季孙氏对不邑入者加以"倍征"的威胁外，同时对人民还要采用利诱的方法。如前面提到《左传·昭公十五年》，昭公伐季氏不克，出奔于乾侯之役，子家子谓隐民多得食于季氏。《左传·昭公二十七年》秋，会于扈，谋纳昭公。晋范献子谓季氏甚得其民，遂作罢论。《左传·昭公三十二年》十二月，昭公死于乾侯，史墨答赵简子之问，以为"天生季氏，以贰鲁侯……民之服焉，不亦宜乎。鲁君世从其失，季氏世修其勤，民忘君矣……社稷无常奉，君臣无常位，自古以然。"可知季氏在人民方面做了一段长期的工作，才可与鲁君相抗。《左传·昭公三年》，齐晏子与晋叔向相语，晏子答叔向"齐其如何"之问谓："齐其为陈氏矣。公弃其民而归于陈氏。"因为陈氏的量器较公量大三分之一。陈氏平日"以家量贷，而以公量收入。山木如（往）市，弗加于山（陈氏运到市上的木价，与在山的木价一样，不加运费。下同）。鱼盐蜃蛤，弗加于海。民参其力，二入于公，而衣食其一。公聚朽蠹，而三老冻馁。国之诸市，履贱踊（刖足者所穿之履）贵；民人痛疾，而或燠休之（指陈氏）；其爱之如父母，而归之如流水，欲无获民，将焉辟（避）之。"以恩惠争取人民，成为当时野心家的重要手段，其结果，则为人民在痛苦中依然可以提高政治上的地位。

三、在封建社会解体中，国人阶层的发展与转变

封建社会解体的另一意义，也可以说是人民从封建束缚中的解放。一般农民，虽然很少得到这些解放的好处，但在解放中得到发展的，应当是国人阶层。我在《西周政治社会的结构性格问

题》一文中，曾指出"国人"阶层的特别意义及其内容；它主要系由住在都邑之内及近郊的保有政治权力的农、工、商和士所构成的。随着封建制度的崩坏，国人中的工、商、士，尤其是商与士，得到了特别的发展。国人中的农民，因受剥削最重，自然会向工、商、士，及作为野人的农民分化。商鞅生年，如后所述，与孟子约略相同，此正诸子百家盛事著作之时。所以《商君书》中的《来民》篇、《弱民》篇中虽然夹有商鞅死后的材料，此乃先秦诸子中所常见的现象；其主要部分，乃系出于商鞅之手，足以反映商鞅变法时的情况，及商鞅的政治意见。《农战》第三，一则曰："是故豪杰皆可变业，务学诗书；要靡事商贾，为技艺，皆以避农战。"再则曰："豪杰务学诗书，随从外权。要靡事商贾，为技艺，皆以避农战。"三则曰："故其境内之民皆化而好辩，乐学，事商贾，为技艺，避农战。"四则曰："夫民之不可用也，见言谈游士事君之可以尊身也，商贾之可以富家也，技艺之足以糊口也……则必避农战。"这里可反映出进入到战国时代，工、商、士，成为社会中的趋向，因而成为当时活跃于社会中的强大力量。这是直承春秋之末以来的大发展。而这种大发展，也可以说是"国人"阶层的大发展。

有关工人发展的情形，可以看到的材料很少。《左传·成公二年》，楚侵鲁及阳桥，"孟孙请往赂之以执斲，执针、织纴，皆百人；公衡为质，以请盟。楚人许之平。"此一故事，一面可知当时的"中国"，手工业较楚为发达，且系为鲁国的公室所有。一面也可见楚对工人的重视。由这种重视亦可推见他们的生活比较有保障，可以吸收生活最苦的农民。根据新的考古资料，春秋末期，

封建政治社会的崩溃及典型专制政治的成立 73

发明了铸铁的技术；虽未在武器上引起革命，[①]可是引起了农业工具方面的革命。加以战争日益扩大，宫室服饰日益奢侈，更因生产力提高而引起消费品的增加，这都会增大从事于工的人口比率。

（一）"商"义探源

商业的发展，较工业更为显著。要了解这一问题，首须打破两种谬说。一是《一切经音义》卷六引"贾，坐卖也；商，行卖也"的传统说法。从可靠的文献上考查，西周末期及其以前，皆谓之"贾"。到西周之末，尤其是春秋时代，始把"商"字作"商业行为"及"商业行为者"用；但商与贾常多互用，并无行商坐贾之分。《史记·货殖列传》，用商字者五，用贾字者二十一，商贾连用者四，其中如"西贾秦翟，北贾种代"，"东贾齐鲁，南贾梁楚"，"故南阳行贾"，"贯贷行贾遍天下"；岂有所谓"坐贾"之说。

另一谬说是徐中舒根据《左传·昭公十六年》，郑子产告诉晋宣子的一段话中提到的"商人"而说"此商人即殷人之后而为商贾者"。又说"贾商之名，疑即由殷人而起"。并谓汉代贱商，正由此而来。[②]此说为胡适所信服。日人镰田重雄在他所著的《汉代社会》里大畅其说，谓："商人的商，本来用作地名和国号。殷王朝先置都于商，因谓之商……周亡殷后……这些散在诸侯国的殷

[①] 中国武器，一直至秦统一六国，还是以青铜器为主，故销兵器为金人十二。但入汉即以铁为主。
[②] 此由《胡适文存》第四集卷一《说儒》文中所转引（页十七）。徐原文见《国学论丛》一卷一号页一一。杨向奎《中国古代社会与古代思想研究》上册页二七亦袭承其说而加以扩大。

遗民，习惯上称为商人。此商人即从殷商民中的行商发生的。"镰田氏也引了《左传·昭公十六年》的材料后，接着说："随着郑始祖桓公来往的商人，是殷的遗民集团，他们很快地成为行商集团。"①并且徐氏之说，在今日几已成为定论。而引用此说者，除徐氏所引的一条根据外，更没有再加上一条证据。现在将《左传·昭公十六年》的材料简录如下：

三月，晋韩起（宣子）聘于郑……宣子有环，其一在郑商。宣子谒诸郑伯，子产弗与……韩子买诸贾人。既成贾矣。商人曰：必告君大夫。韩子请诸子产曰……今买诸商人，商人曰：必以闻，敢以为请。子产对曰：昔我先君桓公，与商人，皆出自周（杜注：郑本在周畿内。桓公东迁，并与商人俱。）……世有盟誓，以相信也，曰：尔无我叛，我无强贾……恃此质誓，故能相保，以至于今。今吾子以好来辱，而谓敝邑强夺商人，是教敝邑背盟誓也。"

按（一）郑桓公始立于周宣王二十二年；子产之所谓"昔我先君桓公与商人皆出自周"，此周乃都于镐的宗周，而非东迁洛阳的成周或东周；宗周没有殷遗民集团的商人。（二）商朝自盘庚迁殷后，虽亦有时称"殷商"、称"商"、称"商人"；但更多的是称"殷"、称"殷人"、称"殷民"。例如孔子自称"丘，殷人也"。②若商贾之商与商人，系由商朝之商，及商朝遗民而来，则何以不将商贾

---

① 镰田氏的原著，收在宏文堂雅典文库。此处所引者见原著页五八至五九。
②《礼记·檀弓》。

封建政治社会的崩溃及典型专制政治的成立

之商称为殷或殷人？（三）若殷亡国之后，其遗民因受迁徙或压迫而多改事商贾，因以商代之商，为其行业之称；则商贾之商的名称，应大行于西周时代；且商业应大行于殷遗民最多的成周（洛阳）及鲁、卫、宋诸国。但实际，西周时代很少看到称商贾为商或商人。《诗经》中十七个商字：无一字与商业之商有关。但两个"贾"字，一为商贾之贾（"如贾三倍"），一与商贾有关（"贾用不售"）。而最先以商业图富强的，乃是没有分到殷遗民的齐国，这将作何解释？（四）若商贾之商，系由商朝之商而来，则齐有"公子商人"，楚有"公子商臣"，孔子有学生名"商"，这是否与商朝有关系？（五）在上项材料中，"商人"分明亦称"贾人"。《左传·成公三年》："晋荀䓨之在楚也（被俘），郑贾人有将置诸褚中以出，既谋之未行，而楚人归之。贾人如晋，荀䓨善视之"。此贾人即商人。若"商人"一词，系因殷遗民经营商业而来，则"贾人"一词，又从何而来呢？尤其是亡国之民，在古代只能流浪于胜利者所能控制的范围之外，决不能流浪于胜利者所能控制的范围之内；因之，只有保有相当自由权利的"国人"，才能得到商业活动的便利。因亡国而反能垄断商业活动，这完全是不了解历史内情的幻想。徐中舒之说，正出自望文生义的幻想，为考证工作中的大忌。今人喜新好异，而疏于证实，此亦其一例。

从子产上面的一段话中，随郑桓公东徙于郑的商人（当时大概只称"贾人"），正是有政治权利的宗周国人中的构成分子。由此可知商人在西周时，已有相当重要的地位。同时，从《国语·郑语》"桓公为司徒，甚得周众与东土之人。问于史伯曰，王室多故，余惧及焉，其何所可以逃死"的一个故事看来，他的东封于郑，是经过史伯为他作过一番详细研究后所决定的。史伯说："其济、洛、河、颍之间乎";这是内可以固守,外便于通达四方之地。郑桓公要宗周的商人随封来此,并与之立休戚与共的盟誓,可能是了解郑乃适于商贾之地,需要发展商贾的力量,以作为其国力的一部分。果然,在僖三十三年秦师袭郑及滑的时候,"郑商人弦高,将市于周,遇之,以乘韦先,牛十二犒师,且使遽告于郑",于是郑得及早为备,使秦师知难而退。可见郑商人实际是与郑国同休戚。子产不肯将就晋韩宣子以强迫商人,实有保护商人,使得自由贸易的重大经济政策在里面。在春秋时代,以个人资格出现的三个商人,皆是郑国的商人;且不仅交易范围之广,南及于楚,东及于齐(想救荀䓨的贾人后来往齐国),北及于晋,秦地为其所自出,自不待言。且直接与卿大夫相来往,与本国的政治密切相关联,更涉及国际间的政治活动。这里面,实含有经济势力,代替封建下以宗法中的身份来决定地位的重大意义。郑因地理关系,商业活动特为显著,其他各国,当然同样有商业上的发展。徐中舒的说法,不仅在考据上毫无根据,而且昧于人类经济发展到某一阶段时,任何民族、氏族,都自然会发生商业行为,而绝非限于某一特定民族、氏族。而其中发展的程度,会受到地理、物产的制约而已。

然则贾、贾人,何以到后来又称商,称商人呢?《说文》三上:"商,从外知内也,从冏章,省声。"汉人喜"闻声生义",以附会当时之说,如"王者往也";"君之为言群也"皆是。《汉书·律历志》"商之为言章也",也是这种情形。许慎以为商从章省,乃受了《律历志》的影响。实则应如朱骏声《说文通训定声》之说:"按此字(商)疑从言省,从内会意……古文从言不省。"《易·兑卦》九四:"商兑来宁"注:"商量裁度之也。"此盖其本义。殷先祖之世封于商，或其地曾为氏族集合商度之所，因以为名。又金文中多以"商"为"赏"，或此处乃始封时所赏赐之地，因以为名，亦有其可能。商贾行为，须讲价还价，与商之本义相合。随商业之发达，愈感到在商业行为中，彼此商量之重要，因而称之为商，为商人，岂非很自然的情形吗？

（二）春秋末期的商业发展

有不少的人，以为在封建制度之下，对商人的发展是一种束缚，这是没有根据的想象之谈。齐太公立国，即以商业为主（见《史记·齐世家》）；管仲以农工商并重而霸，卫文公于狄难之后，以"通商惠工"为复兴的要图，郑在始封时即与商人互盟合作。国人阶层的自由民中，商人乃重要构成分子之一。商业发展的程度，是与整个经济发展的条件相适应；而整个经济发展的程度，是决定于生产的进步性。农耕铁器及牛耕的应用，我认为在春秋中期以后已经开始与扩大，这便提高了生产的能力，促进了商业的发展。所以商业发展，到了春秋末期，已达到显著的程度。《史记·货殖列传》记计然教越王勾践"以物相贸易"之术，"修之十年，国富厚……遂报强吴"。这虽然说的是国家经营的贸易，但计然以"农末俱利"为目标，提出对物价的调剂、货币的流通等意见，皆极具经济学上的意义。由此可知，计然已积累有丰富的商业知识，足以反映出当时商业活动的情形，足以提供经济上的理论基础。

《货殖列传》记计然的学生范蠡，助勾践破吴后，"喟然而叹曰：计然之策七，越用其五而得意。既已施于国，吾欲用之家。于是先往齐，再往陶，以为陶（山东定陶县），天下之中，诸侯四通，货物所交易也。乃治产积居与时逐，而不责于人……十九年之中，三致千金"。按所谓"积居与时逐而不责于人"，是说屯积货物以争取出进有利的时机；赚有利时机的钱，而不直接以高利贷的方式，剥削于人，这当然是种高级的商业活动。

《论语·先进》："子曰，回也其庶乎，屡空。赐不受命，而货殖焉。"子贡同样为孔门高弟，孔子虽以他不及颜渊，但并无轻贬之意。孔子死后，子贡独庐墓六年。①由此可知孔门的学问，与子贡的货殖，两者之间，并无冲突。又《货殖列传》："子贡既学于仲尼，退而仕于卫，废著鬻财于曹鲁之间。七十子之徒，赐最为饶益……结驷连骑，束帛之币，以聘享诸侯。所至，国君无不分庭与之抗礼。夫使孔子名布扬于天下者，子贡先后之也。"按子贡以货殖关系，可与国君分庭抗礼，可知此时由商业而来的经济力量，彻底打破了封建制度中的身份地位。商业的财货，是由自由活动而来的财货。商业的发展，一方面在政治势力之外，社会出现了新的经济势力。同时，商人活动范围的扩大，也是社会活动自由的扩大。这正反映出由封建制度崩溃而来的社会解放，并反转去更促成封建制度的崩溃。

（三）士义探源

杨树达《积微居小学述林》卷三《释士》：

《说文》："士，事也。"士古以称男子；事谓耕作也。《汉书·蒯通传》曰："不敢事刃于公之腹者。"李奇注："东

---

① 见《孟子·滕文公上》。

方人以物甾地中为事。"事字又作菑。《汉书·沟洫志》注云："菑亦甾也……盖作始于立苗，所谓甾物地中也。士、事、菑，古音并同。男字从力田，依形得义。士则以声得义。"

按杨氏之说，在文字学上能否成立，难作断定。同时士是否与耒耜同音通义，而士之形，是否系像古代甾土之器的原始形态，有如西安半坡中所复原的新石器时代的耕具一样（见《新中国的考古收获》），因而即以形得义，都值得研究。郭沫若以甲骨文中之士字乃牡器之象形，由此所滋生的各种说法，我觉得是非常可疑的。由杨氏之说的启发，可以解决《诗经》中许多士字的问题，因而对士之历史演变，提出了新的启示。现在我试提一种假设：士本是"国人"中的农民。在未使用铁以前，以器插土，必须农民中之精壮者，故士原系农民中之特为精壮者之称。当时常选择此种精壮之农民为甲士，故亦称甲士为士。但其平时职业依然是以农耕为主。再由甲士中被选择而为贵族的下级臣属，即所谓上士、中士、下士，始渐与农耕脱离，但依然为军队组成的基层骨干，且服务于贵族中而脱离农耕者仍为士中的一小部分。士的大部分及其家属，仍与农耕连结在一起。不过因甲士而称士，因下级臣僚而称士，于是士之一名，渐掩其本系精壮农夫之称的本义。到了春秋末期，始出现专门追求各种治术，作为政治的预备军，与农耕游离，但与战斗尚未完全游离的士。《史记·苏秦列传》：苏秦说魏襄王"今窃闻大王之卒，武士二十万，苍头二十万，奋击二十万，厮徒十万，车六百乘，骑五千匹。"《荀子·议兵》篇）谓："魏氏之武卒，以度取之，衣三属之甲，操十二石之弩……中试则复其户，利其田宅。"可知由农民中选择精壮者为甲士，魏尚如此，则我上面对西周时代，士本为国人中的精壮农民，因精壮而被选为甲士，但并不脱离农耕的说法，应当是可以成立的。

《礼记》一书，杂糅了古今的材料。下面三个材料，应当可以说明士演变的三阶段：

> 问士之子长幼，长则曰能耕矣；幼则曰能负薪，未能负薪。(《少仪》)

按上述材料，是士尚未脱离农耕阶段的记录。

> 地广大荒而不治，此亦士之辱也。(《曲礼》)

按上述材料，乃士有的脱离农耕，但脱离尚未久的阶段的记录。因为有的脱离了农耕，故地广大荒而不治。因脱离未久，故仍得以此加士以责备。

> 问士之子，长，曰能典谒矣。幼，曰未能典谒也。问庶人之子，长，曰能负薪矣。幼，曰未能负薪也。(《曲礼》)

按上述材料，已反映出士已成为书香门第，并与庶人的生活情态完全不同。又《曲礼》："君使士射；不能，则辞以疾。"则是士在脱离战争阶段的反映。

（四）士在春秋末期发展中的转变

当士演变成为参与政治的预备军的时候，也正是贵族阶层已经腐烂，需要倚赖士的能力以维持其统治的时候。于是士势必起而追求政治上的各种知识；这使士开始过渡到"古代知识分子"的性格。更因春秋中叶以后，大批贵族的没落，把贵族手上所保持的知识，解放向社会，所以孔子便能以原在贵族手上的诗书礼乐来作为教育他学生的教材，这更助长了社会上以政治知识为专业的士的成长。孔子便是此大转变阶段的最伟大的关键人物。他本身是宋国贵族的后裔；他以平民身份，号召了新的士的集团，要使他们由政治预备军的地位，更将其转变而成为人生价值、人类命运的担当者，及学问知识的传播者。在《论语》中，仍可以看出他这种努力的足印。《论语》"子曰……人（指当时之卿大夫）不知而不愠，不亦君子乎"（《学而》），可见他的学生中，人不知而愠的还是占多数。"子张学干禄"（《为政》），"子曰：三年学不志于谷（禄），不易得也"（《泰伯》）。这都是士开始转变为下级官吏预备军的这一阶段的反映。但此时的士，还常和甲士的性格连在一起。《左传·哀公八年》吴伐鲁，次于泗上，"微虎（杜注：鲁大夫）欲宵攻王舍，私属（集也）徒七百人。三踊于幕庭，卒三百人，有若与焉。及稷门之内。或谓季孙曰：不足以害吴，而多杀国士，不如已也。乃止之。吴子闻之，一夕三迁。吴人行成"。所谓"私属徒"，是私人集合徒众，非秉命于执政者。所集合的徒众，即是所谓"国人"，有若正是以国人中的士的地位参加在里面的。《左传·哀公十一年》，齐人伐鲁，鲁"孟孺子泄帅右师……冉求率左师……樊迟为右。季孙曰：须（樊迟之名）也弱。有子（冉求之字）曰：就用命焉。"结果冉求和樊迟获得了很好的战果。

墨子曾特讥笑子夏之徒言斗，[①]孟子称子夏、曾子之勇，[②]韩非记漆雕开之勇。[③]子路特以勇闻，更是不待说的。可知孔门弟子，殆无一不能战。而樊迟问学稼学圃，孔子答以"吾不如老农"，"吾不如老圃"。[④]这正可反映出在这过渡时期的士，离农耕也尚未太远的性格。把士转变成为人格上文化上的担负者，因而完全摆脱了封建身份的束缚，成为文化上的自由人，我以为这是孔门教化集团的一种努力，一种成就。"君子"、"小人"，本是贵族与平民之称；但《论语》上的"君子"，多半指的是"成德之人"；而小人则多指的是"无德之人"，这便是以人格代替身份的显明证据。孔子对樊迟问学稼学圃之答，并不一定是轻视稼圃，而是意识到在政治昏乱榨压之下，须要有一批人出来担负人格及人类命运与知识的责任，以适应群体生活中的需要；换言之，他要以文化转移政治，代替政治，为人类的命运负责。这种意义，在司马迁《史记》的《十二诸侯年表》叙及自叙中，说得清清楚楚。因此，孔子要顺着当时士的倾向，而有意地促成此一转变。《论语》："子张问，士何如斯可谓之达矣？子曰，何哉尔所谓达者？子张对曰，在邦必闻，在家必闻。子曰，是闻也，非达也。夫达也者，质直而好义，察言而观色，虑以下人。在邦必达，在家必达。夫闻也者，色取仁，而行违，居之不疑；在邦必闻，在家必闻。"（《颜渊》）按子张之问，乃顺承当时的士，以求知见用为目的的风气；而孔子则在"质直而好义"上加以转换。又《论语·子路》章：

[①]《墨子·耕柱》篇。
[②]《孟子·公孙丑上》。
[③]《韩非子·显学》篇。
[④]《论语·子路》章。

子贡问曰：何如斯可谓之士矣？子曰：行己有耻。使于四方，不辱君命。可谓士矣。曰：敢问其次。曰：宗族称孝焉，乡党称弟焉。曰：敢问其次。曰：言必信，行必果，硁硁然，小人哉。曰：今之从政者何如？子曰：噫，斗筲之人，何足算也。

子贡之问，表示在士的转换时期，对士自身存在意义的迷惘。并实际以当时能向政治升进的人即可作为士的标准。孔子的答复，是完全要使这一新转变出来的阶层，在人格行为知识上站起来，即以此为其新的基本性格。孔子对"士"的性格的转换，和对"君子"性格的转换，完全是同样的。《论语》上，孔子又说"士志于道。而耻恶衣恶食者，未足与议也"（《里仁》）。"士而怀居，不足以为士矣"（《宪问》）。"志士仁人，无求生以害仁，有杀身以成仁"（《卫灵公》）。曾子谓"士不可不弘毅，任重而道远"（《泰伯》）。这都是在士的新地位、新性格的形成中所作的转换的努力。

士脱离他原有的农耕和战斗的固有职业，而成为农工商以外的另一形态的人，若不了解孔子的基本用心，若不了解在社会因进步而分工时，文化也是分工中的重要一环，则士的这一形态的人，他的存在意义到底如何？不仅孔子曾受荷蓧丈人"四体不勤，五谷不分"之诮让（《论语·微子》）；一直到战国中期，还成为一个很大的问题。按《孟子》"士庶人曰，何以利吾身"（《梁惠王上》），"士庶人不仁，不保四体"（《离娄上》），这还是把士和庶人连在一起。"惟士无田，则亦不祭"（《滕文公下》），这反映出有的士是有田，有的则已失掉了田。又"子之执戟之士"（《公孙丑下》），这还是以武士称士。以上还反映出在过渡期所残存的旧有形态。但如"士之仕也，犹农夫之耕也"(《滕文公下》)；"士之失位也，犹诸侯之失国家也"(同上)。这一类的话，已清楚反映出倚赖仕以为生的士的新形态。孟子的学生彭更，对孟子说"士无事而食，不可也"(《滕文公下》)；"王子垫问曰：士何事？"(《尽心上》)这都是对士的新形态的怀疑，而孟子对前一疑问的答复是"子不通功易事，以羡补不足，则农有余粟，女有余布……于此有人焉，入则孝，出则悌；守先王之道，以待后之学者，而不得食于子；子何尊梓匠轮舆而轻为仁义者哉"。这是以社会分工来说明士的新地位，而士所分的工，乃是文化的担当者。对王子垫所作的"尚志"的答复也是如此。但尚志不能吃饭，吃饭还得倚赖政治，终不是妥当的办法；所以出现在春秋之末，及战国时期的隐士，多数是从事于躬耕的人。而"有为神农之言者许行"，主张"贤者与民并耕而食"(《孟子·滕文公上》)，所以特具历史和社会的意义。但由士的这一蜕变，把封建政治中由宗法的身份关系所决定的政治结构，更从根本上加以动摇；也可以说，封建的以身份为主的政治结构已经崩溃，大大地开启了凭士的身份走入政治的门。把历史中，由士进入到高层政治的特例，渐渐成为仕进中的通例。

（五）"国人"阶层发展转变对政权的影响

上述的"国人"阶层的发展，对当时的政权，自然发生了大影响。过去的国人阶层，是凝结于其国君政权的周围，成为支持政权存在的骨干。在春秋之末，国人阶层，已经不以其原属国家政权的利益为中心，而各自追求其自身的利益与理想。封建的静的社会，由此进入到一种竞争的动的社会。商人的流动性是很显然的。士人则以孔子为时代新趋向的标志,在他的弟子三千人,身通六艺者的七十二人①中,已经是来自贵族的极少,其中绝对多数是属于"国人"的阶层。其属籍则除鲁国占绝对多数外,今日就《史记·仲尼弟子列传》之可考而无歧说者计:端木赐(子贡),卜商(子夏),高柴(子羔),勾井疆,廉絜(庸),卫人;言偃(子游),吴人;颛孙师(子张),公良孺(子正),陈人;公冶长,公皙哀(季次),步叔乘(子车),齐人;司马耕(子牛),宋人;公孙龙(子石),任不齐(选),楚人;秦祖(子南),壤驷赤(子徒),秦人;叔仲会(子期),晋人。"有朋自远方来,不亦乐乎?"(《论语·学而》)孔子一人的门徒,今日可考见的已是来自九个国家,打破了封建国家的界限。并且孔子自鲁定公十二年秋冬之际适卫后,周游列国者前后约十三四年。在孔子心目中,若能为任何一国所见用,则"吾其为东周"②之志,都无分于彼此。这在士的现实活动上,完全破除了封建的束缚,为战国时代打开了士的自由活动的天地。

四、封建道德的传承问题及宗法由政治向社会的移转

总结上面的分析,封建制度,因为形成封建制度骨干的宗法,随亲亲与尊尊两大精神在政治上的消失而完全崩溃了。但宗法的骨架及封建中的若干道德观念,依然由孔子建立的儒家所肯定,

---

① 此据《史记·孔子世家》。《仲尼弟子列传》称七十有七人。《吕氏春秋·遇合》篇称委质为弟子者三千人,达徒七十人。《孟子·公孙丑》篇、《韩非子·五蠹》篇、《淮南子·泰族训》及《要略训》皆言七十;盖举成数而言。
② 《论语·阳货》:"如有用我者,吾其为东周乎。"

86　　　　　　　　　　　　　　　　　　　　　　　　　两汉思想史(一)

所传承；于是说儒家的道德，乃是封建的道德，儒家思想，乃是维护封建的思想，似乎不能不加以承认。但问题并没有这样简单。下面我将解答这一问题。

（一）孔子所传承的封建道德的价值问题

首先我们应当注意到，实行以宗法为封建的周公，在政治上提出的原则，对封建贵族所努力的教养，及由这种原则、教养所导出的道德观念，不能不承认其中有许多是突破了封建的限制，而赋予了普遍性的价值，值得孔子加以肯定，传承。周公在立教中的典型是文王。固然文王是周室的大宗之所自出；但通过周公口中的文王，实表现为一伟大的道德者的存在。孔子"祖述尧舜，宪章文武"（《中庸》），但使孔子说"周鉴于二代，郁郁乎文哉，吾从周"（《论语·八佾》）的这种话的，主要还是文王和周公。所以他说"文王既没，文不在兹乎"（《论语·子罕》）；"甚矣，吾衰也，久矣，吾不复梦见周公"（《论语·述而》）。现在试简单把《诗》、《书》中提到文王的材料抄一点在下面：

穆穆文王，于缉熙（《传》：缉熙，光明也）敬止。（《笺》：文王能敬止其光明之德。）（《诗·大雅·文王》）

无念尔祖（文王），聿（述）修厥德。永言配命，自求多福。（同上）

维此文王，小心翼翼……厥德不回（邪），以受方国。（同上《大明》）

帝谓文王，予怀明德，不大声以色……不识不知，顺帝之则。（同上《皇矣》）

维天之命，于穆不已，于乎不显，文王之德之纯。（同上《周颂·维天之命》）

尔惟旧人，尔丕克远省，尔知宁王（文王）勤哉。（《尚书·大诰》）

惟乃丕显考文王，克明德慎罚，不敢侮鳏寡；庸庸（勤劳），祇祇（敬谨），威威（畏天之威），显民（显扬人民的地位与意志。（同上《康诰》）

尚克用文王教，不腆于酒。（同上《酒诰》）。

文王卑服（按服，事也。卑服，作小民之事），即（就也）康功（功，事也。按《伊簋》，康宫乃周室"臣妾百工"作工之宫，则所谓"即康功"者，乃指文王亲自到康宫，作康宫中工人之事。）田功（新农事）。徽柔懿恭，怀保小民，惠鲜（此）鳏寡，自朝至于日中昃，不遑暇食，用咸和万民。（同上《无逸》）

及我周文王……厥或告之曰：小人怨汝詈汝。则皇（遽）自敬德。厥愆，曰：朕之愆。允若时不啻不敢含怒。（同上）

由上面简录的材料，可以了解周公及周初诗人所提出作为教诲之资的文王，是：（一）很敬谨于自己的生活行为。（二）非常勤劳，并自己参加工人制器、农人种田的工作。（三）用刑很谨慎，爱抚人民，惠及鳏寡。（四）承当人民怨詈之言，以人民怨詈之言策励自己。这四点非常平实的精神，如何应当随封建制度的崩溃而加以埋葬呢？至于以周公为中心对周室贵族所作的教养，试简录《尚书》中可信的资料如下：

王曰：呜呼！小子封（康叔之名），恫瘝乃身（言如病痛之在汝身），敬哉。天畏（威）棐（匪）忱（信），民情大可见，小人难保。往尽乃心，无康好逸豫，乃其乂（治）民。……亦惟助王宅天命，作新民……王曰：封，敬明乃罚……若保赤子，惟民其康乂。非汝封刑人杀人，无或刑人杀人……用其义刑义杀。王曰：呜呼！肆汝小子封，惟命不于常，汝念哉（《康诰》）。

王曰：封，我闻惟曰，在昔殷先哲王，迪畏天，显小民，经德秉哲……古人有言曰，人无于水监，当于民监。（《酒诰》）

曰：惟王受命，无疆惟休，亦无疆惟恤（忧）。呜呼！曷其奈何弗敬。……呜呼，天亦哀于四方民，其眷命用懋、王其疾敬德……其丕能諴（和）于小民……用顾畏于民碞（多言也；即今之所谓舆论）。节性，惟日其迈（勉）；王敬作所，不可不敬德（《召诰》）。

周公曰：呜呼，君子所其所无逸。先知稼穑之艰难，乃逸，则知小人之依（依，隐痛也）（《无逸》）。

上面简录的《康诰》、《酒诰》，是周公教诰康叔的。《康诰》是要康叔"明德"，"慎罚"，爱民。全篇直接说到爱民的有十二次之多。说到慎罚的有六七次之多；并且都是从"恫瘝乃身"的深刻反省精神中说出的。《酒诰》中并提出"当于民监"的正确观念，而对周人沉湎于酒的惩罚，远超过殷的遗民。《召诰》、《无逸》，是周公教诫成王的。"天亦哀于四方民"，即在今日读来，亦可感受到周公这类的话，无不自深厚的仁心发出。并要成王敬畏人民的舆

封建政治社会的崩溃及典型专制政治的成立　　　　　　　　　　89

论。《无逸》则是要成王通过自己所体认到的稼穑之艰难，以深切了解农民的痛苦。从《诗经》有关西周初年的诗来看，周室的统治者，多以深厚的感情，把自己和农业、农民融和在一起；所以《无逸》的精神，是真正贯注下去的。周初在得到大位以后，以戒慎恐惧的精神，整饬自己的行为，把政治的目的，安置于爱民之上，并使自己经常与生产劳作，保持直接的连系。我不了解，由周公所提出的这一类的规范、教训，为什么不能突出于封建政治局格之外，而不应为孔子立教的基点呢？据我了解，孔子所说的仁，是把修己与治人融合在一起的无限自觉向上的努力，这即是文王、周公"明德"、"爱民"的观念在生命中生根的进一步的发展。孔子的仁，是能由封建制度加以限制的吗？实际可以说，正因为孔子的仁心而促使孔子修《春秋》，"贬天子，退诸侯，讨大夫"（《史记·自叙》），作了对封建统治的大批判。我认为孔子在对文王、周公的传承中，把西周初年的劳动精神，转化为"发愤忘食，乐以忘忧，不知老之将至"（《论语·述而》）的学问精神，而无意中使后人忽视了孔子的执御执射，也是一种体力劳动，以为孔子是不注重生产中的体力劳动的，这在中国知识分子的塑造上，发生了无可弥补的弱点，是非常可惜的。

（二）礼在传承中的转变

孔子继承文王、周公明德爱民的精神，而特别发展出仁的精神，为人道建立一个普遍而永恒的原则，这是不应当有问题的。[①]但若是不了解随着封建制度的崩坏，而维持封建制度的礼，亦随

---

① 关于仁的内容，请参阅拙文《释〈论语〉的仁》，收入《学术与政治之间》。

之而转变；而孔子及其学徒，在人的因素上来说，正是促成此种转变的大关键，便依然不能完全解答儒家所说的道德，是否即是封建道德的问题。首先我觉得维持封建秩序的礼，其中含有许多合理的成分在里面，此即春秋末期及庄子所说的"礼意"。①礼意是藏在礼的形式后面的精神。"林放问礼之本"，"本"即指的是礼意，指的是礼的精神。所以孔子便称赞他为"大哉问"（《论语·八佾》）。当时所以会从礼的形式的后面去发掘礼的精神，这是出于感到某些被限定的形式已经僵化，要在僵化中作根源性质的反省，以希望导出一般性的原则，与适应时代的新形式。试以《礼记·曲礼》为例，里面记录有很多代表封建制度中的礼节。但从一开始的"曲礼曰，勿不敬"起，到"贫贱而知好礼，则志不慑"止，凡四百零五字，可以说都是从礼中导出的一般性的原则，而是不受封建中的身份制度的限制的。尤其孔子是以仁为礼的精神。②仁对阶级的突破，即礼对阶级的突破。孟子则从中特别抽出辞让与恭敬的原则。荀子则以礼来定政治、社会上各尽所能，各取所需的"分"（详见拙著《学术与政治之间》，《荀子政治思想的解析》）。这都是把礼作了突破性的大回转。

至于礼乃维持封建政治的尊卑贵贱的秩序，而儒家亦主张以礼为维持政治中尊卑贵贱的秩序，好像儒家所主张的政治，与封建政治没有分别。但大家忽视了决定封建政治中的尊卑贵贱的是宗法的身份制度。而儒家心目中的尊卑贵贱，乃是由"尊贤，使能，俊杰在位"所构成的。了解此一本质的转变，便应当了解儒

---

① 《庄子·大宗师》："是恶知礼之意。"《尚书·周官疏》九："或据礼文，或据礼意。"
② 《论语·八佾》："人而不仁如礼何。"

封建政治社会的崩溃及典型专制政治的成立

家主张以礼来维持政治中的秩序，不应与封建政治混淆在一起，而应与法家主张以刑来维持政治秩序的情形，两相比较，即容易发现其实有重大的意义。礼是从宗法中的伯叔兄弟甥舅的亲亲关系中所规定出来的，所以在周旋进退之间，还有一种感情流注于尊卑上下之间，以缓和政治中的压制关系。亲亲的精神消失了，但由亲亲精神所客观化出来的礼，其所定的君臣上下间的分位，远没有由术由法所定出来的悬隔而冷酷。郑康成曾说"古者君臣如朋友"，正说的是礼制下的君臣关系。大家应从这种根源的地方来了解孔子所说的"君使臣以礼"，及"齐之以礼"的用心所在。宗法中的"尊尊"，是尊血统中的尊；所以《礼记·大传》："上治祖祢，尊尊也。"这应用到政治上当然会引起严重的弊害。但《中庸》上说："亲亲之杀，尊贤之等，礼所生也。"这是在政治上把尊血统中的尊，转而为尊贤之尊；把由血统而来的亲亲尊尊的礼的骨干，转变在亲亲之中，却限制之以尊贤，以作为礼之所由生起的根据。又如《仪礼》一开始是《士冠礼》。在《士冠礼》后面的《记冠义》，引用了孔子的一段话，其中有谓："天子之元子，犹士也。天下无生而贵者也。继世以立诸侯，象贤也（此乃以贤为继世之条件）。以官爵人，德之杀也（郑注：德大者爵以大官，德小者爵以小官）。"这分明是孔子承认由这些仪节象征出了人生重要生活中的某种意义；但把封建政治中的身份制度，都彻底抽掉了。孔子此意，应贯通于儒家所说的一切礼节之中。礼在儒家手中，适应时代的要求所作的这种本质的转变，被后世言礼者完全忽略过了，所以今后应以发展转变的观点与方法，开辟研究礼的新方向。

（三）宗法向社会的移转

形成封建制度骨干的是宗法制度，促成封建制度由腐烂而崩溃的，也是宗法制度。封建制度中的身份制度与世卿制度，都是由宗法制度而来的。但封建制度崩溃以后，随封建贵族的没落，"平民家族"的逐渐扩大，宗法制度却逐渐下逮于社会，扩大于社会。汉儒以宗法仅适用于大夫以下，而不适用于诸侯、天子，此一误解，一方面是来自秦的专制政治出现以后，君臣之分，过于悬殊；另一方面正反映出宗法制度下逮于社会的实况。普遍通行的族谱、宗祠、祖产等结构，皆由此发展而来。这是中国社会结构的原则与骨干。但由这种社会结构，便不免形成中国历史上的强宗大族。于是有的人便以这种情形为社会的封建势力，非彻底加以摧毁不可；却忽略了同一事物，同一行为，在统治阶层手上，与在社会大众手上，其意义，其结果，常常是相反的。因为面对的对象，发生作用的对象，是两不相同的原故。南唐后主的词，宋徽宗的画，若出之于一般文人，意义便会完全两样。今日美国资本家蓄股票以图利，是正当的行为，但限制此种行为进入到政府之内。宗法制度，是以固定的贵族身份来统治人民的制度。于是其亲亲、尊尊，亦皆以统治人民为目的。政治上不可有固定的贵族，政治中的地位尤不可决定于固定贵族中的固定身份，否则必成为政治中的大罪恶，这是很易明了的。但宗法由政治转移到社会，统治的关系没有了，凭借统治而来的罪恶也便没有了；于是宗法中的亲亲精神，乃成为我国两千多年来，社会组成的坚韧的纽带；也成为我国能渡过历史苦难的真实力量。永嘉之难，能渡江南去的，或渡陇西去的，多是强宗大族。能立足中原，保持中国文化于夷狄之中的，依然是强宗大族。强宗大族是专制政治的敌人，但却是民族动力的保持、推进者，岂能因其中所含的流弊，便抹煞它在历史中所发生的功用。此一由宗法精神所形成的社会结构，当然会由经济的变化而日趋于瓦解，以形成新的结构。但在衡论历史时，岂能忽视宗法由政治转移于社会所发生的不同意义与结果，而一概以"封建"两字断定其罪案？我特于此发千古之覆。当然这里有一个大问题：即是上述的转变与转移，在儒家的观念上，并不曾出现显著地否定的一面，而使人容易误会儒家只是封建的继承者，这不仅容易忽视上述的转变与转移，而且容易为小儒及阿世之士，傅会、堕落到原有的封建泥沼中去，以增加我们清理的困难。

五、开放的过渡时代

封建政治社会的崩溃，在春秋末期，已经一落到底了。若以历史上之所谓战国时代开始于《史记·六国年表》之周元王元年（前四七五年），则下距秦政二十六年（前二二一年）之统一天下，正式成立专制政体，中间相隔二百五十四年。若以《资治通鉴》始于周威烈王二十三年（前四〇三年），初命晋大夫魏斯、赵籍、韩虔为诸侯，即定此为战国时代的开始，则下距秦政二十六年，中间相隔凡一百七十二年。这是由封建过渡到专制的过渡时代。过渡时代的特性，我想假借《孟子》上梁襄王问孟子"天下乌乎定"（《梁惠王上》）的话来加以界定，即是这一切是变动激烈而"未定"的时代。正因为是未定的时代，封建的束缚已经解除，大一统的专制的压制尚未开始；七雄相互间的竞争激烈，人类各种智能的活动，皆可得到尝试与鼓励。所以这又是一个大自由、大开放，民族的生命力得到空前发展的时代。所以我称之为开放的过渡时代。在此开放而未定的时代中，由封建而来的静态的社会，及在静态社会中所需要的观念，皆在激流中消失或转变，而出现空前盛况的新的观念与新的局面。但在此演变中，活跃在社会上的各种力量，皆不足以与集中的政治力量相抵抗，于是诸子百家及商业者与农民的命运，最后还是由现实政治的力量所决定，而使其在历史上，仅成为过渡的角色。

（一）国家性格的改变

首先我们应了解，进入到战国，不仅因长期兼并的关系，由周初封建而来的国家，所余无几，且终于形成七雄并立的局面。更应注意到此时形成国家骨干的，已和原有的封建国家大不相同。形成封建国家的是由宗法而来的世袭贵族。此一政治特性，一因采邑制度而形成贵族的割据，以致国家的权力分散。另一因贵族必然会一步一步地走向堕落，以致政治毫无效率可言。进入战国时代，各国政治，都摆脱了旧时封建贵族的羁绊，权力都向国王、国君集中。为了应付剧变的情势，以追求富强为目的，政治上的效率也便随之提高了。周威烈王二十三年（西纪前四〇三年）命魏斯、赵籍、韩虔为诸侯。周安王十六年（西纪前三八五年）命齐田和为诸侯。所以韩、赵、魏、齐，是以"新国家"的姿态进入战国的。秦之立国，贵族的影响，本来较弱，且可能未曾受到周室封建礼制的重大影响。根据近年来考古上的发现，自西周之末，到战国之初，墓葬的有椁无椁，葬器中礼器的等差，都与礼书上所说的，随死者身份不同，而葬礼有差异的情形，两相吻合。进入到战国后，这种由身份而来的差异，开始混淆，并渐以日用器具代替礼器。这说明了财富观念，已渐代替了身份观念。但被发掘的秦墓中，则一般都不用木椁；且无礼器作随葬品；这正证明秦国贵族势力，或者因受西戎之俗的影响，不曾完全接受周室宗法封建的身份制度；或者虽接受了，而没有得到普遍的发展。①再加以周显王八年，秦孝公用商鞅，至显王十年（西纪前三五八年）实行变法，秦更远离贵族政治的影响，而向权力集中、效率第一的方向猛进，奠定了统一天下的基础。楚虽贵族政治的基础相承未变；但在实际政治的运行上，对贵族的程事责功，与各国任用客卿的情形亦无异致。"楚之令尹，俱以亲公子为之。一有过，则必诛不赦。所以权不下替，而国本盛强。"顾栋高特举此以为春秋楚国与其他各国在政权运用上的大分别。②燕僻处北陲，春秋时代及战国之初，很少参与中原的活动。可以说是长期处于闭关状态。自燕昭王卑躬厚币以招贤，而其立国的情形稍变。然在七国中"最为弱小，几灭者数"。③总之，由封建国家的崩溃，贵族政治的变质，战国时代国家的权力，较之春秋时代远为集中。国家的性格，因而为之一变。

在春秋中期以前，贵族有固定采邑，报功报庸，率以土田行之。及春秋末期，始渐出现贵族用粟供给家臣，作为俸给的情形；及进到战国，除极少数之特殊贵族与封爵者外，赠遗间便多以金为币；而国君对臣属之给与，皆采以粟为禄之制度。《墨子·贵义》篇称他仕其弟子于魏，魏许之千盆而与之五百盆。《韩非子·定法》篇："商君之法曰，斩一首者爵一级，欲为官者为五十石之官。

---

① 请参阅《新中国的考古收获》页六九至七〇。
② 见《春秋大事表·春秋卿大夫世叙表叙》。
③《史记·燕召公世家》赞。

斩二首者爵二级，欲为官者为百石之官。"又《外储说下》记燕王哙收吏玺，令自三百石以上皆效予之。此一俸给制度之出现，在政治上说明两种意义：一为土田向国君手上的集中；二为"粟禄"制度之运用，较土田制度之运用远为自由，使人君有经常进用游士之机会，以适应政治上之需要。这样便由权力之集中，新进人才之选用，而国家的政治效率，必较春秋时代大为提高。并且自魏国李悝尽地力起，各国几皆有适应于此一变化的政治改革，而以秦国商鞅最为彻底；这便决定了七雄的最后结局。此一国家性格的改变，实为专制制度之成立，准备好了先行的条件。

（二）工商业的发展

春秋时代，住在"国中"的工商业者，进入到战国，得到更大的发展。

近年来出土的战国中、晚期的铁农器，计有辽宁、河北、山东、山西、河南、陕西、湖南、四川等八省的二十多个地方以上。由各处出土的数量，可知铁农具已在生产中居于主导的地位。[①] 从技术方面说，据判断，出土的春秋、战国之际的小型农器，还是用的"固体还原法"；但在石家庄赵国遗址出土的两件铁斧，及在兴隆古洞沟燕国遗址出土的一个铁范，经金相学和化学的考查，都是用"高温液体还原法"所制造的。由"固体还原法"到使用"高温液体还原法"的铸铁，这是冶铁技术上的一次革命。铸造铁器，一般使用"陶范"，但燕国遗址却发现了一批铁范，在形式上出现了复合范和双型范。范的外型设计了保证铸造时各部分的温

---

① 《新中国的考古收获》页六一。

度均匀。同时还采用了防止铸件变形的加强结构和金属型蕊，这是在现代也不太容易处理的工作。在石家庄赵国遗址出土的两件铁斧，经过考查，它的中心部分是铸铁的白口组织；但边缘层都经过柔和处理，可以克服一般铸铁的脆裂性。而在镀铁技术方面，西安半坡九十八号秦墓出土的一件铁凿，经考查，是经过多次加热锻打，由表层至内部，逐渐改变其含碳量而制成的。[1] 从上述冶铁技术的进步及使用的普遍情形来看，铁的使用经验，必业已经过了长期的积累和发展。所以我国对铁器的使用，不可能和《新中国的考古收获》的编者所说的，是起于春秋、战国之际，而应以《诗经》中出现的"钱"、"镈"等农器为其早期试用时期。章鸿钊《石雅》附录《中国铜器铁器时代沿革考》中有谓"考诸地质，铜与铁每并生。因铜得铁，理宜有之。予尝以此叩之上虞罗叔韫（振玉）先生，先生遗以书曰：吾家藏古铜刀，观其形制，乃三代物。柄中空虚，中实以铁。又藏古矢镞，其锋刃以铜为之，而挺则用铁。惟完全铁器则不可得。"此亦可为旁证。铁器的使用，若没有长期的经验，便不可能出现如上所述的技术上的大发展。同时由冶铁的大大发展，一方面会全面地推进了战国时代的农业生产能力；另一方面，则开辟了工商的结合，而大大提高了商业财富的积累。《史记·货殖列传》所记录的以工商致富的八人中，冶铁业者便占了四个。

战国时代，手工业的种类、技术、组织（分工）、规模，都有飞跃的进展。但主要是属于官手工业。并由大量出品的工艺品上标出"相邦"、"守相"等官职所代表的当时中央政权；及标出

---

[1]《新中国的考古收获》，页六三至六四。

"郡"、"郡守"、"县"、"县令"等所代表的地方政权；因而知道当时官手工业是按照当时的国、郡、县的三级政权所组织起来的。但因一九五六年在武安午汲赵城内发掘了一处包括十座陶窑的战国晚期窑址，在许多陶器、陶片上，印记着"文牛陶"、"栗疾已"、"陈陲"、"韩□"、"史□"、"孙□"等姓名，而断定这些不是官工业的印记，乃是一群小手工业者所作的私工业的印记。又在山东临淄调查中，发现有"某里人某"印记的陶片，这种陶片也常见于著录。印记的地名，有"陶里"、"豆里"等名称，由此可以推知，在战国时代，临淄的城郊，实分布着许多独立的小手工业者。[1]综合上述两种资料，在战国时代，可以断定已经出现了私人手工业。

至于此时商业的活跃，可由此时钱币流通的情形反映出来。代表战国中期的，在郑州杜岗第一一二韩墓，及辉县固围村第一号魏墓，发现了平首布，上面还记着地名和币值单位。它不仅已脱离了农具样式，并且币值的标明，说明这些货币，早已从商品货币，变为符号货币。一九五六年在芮城发现的窖藏，出土了四百六十块金币；铸造地名有魏、韩、赵等二十多处。一九五七年，在北京呼家楼发现的窖藏，出土的布币，其铸地达五十多处。[2]据马昂的《货布文字考》："范铜为货，乃创自商民；民以为便，便则通行，国家未有禁令，铸不为私。"由货币自身效用的演进及铸币地域的普遍，不难想见战国时期商业的高度发达。《史记·货殖列传》，记"当魏文侯时"（前四二四至前三八五年）白圭治生

---

[1]《新中国的考古收获》，页六二至六三。
[2] 同上，页六七。

之术颇详；而结之以白圭之言谓"吾治生产，犹伊尹、吕尚之谋（按言能有远见），孙吴用兵（按言能制机先），商鞅行法（按言能有信用）是也"。由白圭之言所反映出的当时商业经营情形，已与现代商业竞争之条件相合。而秦并天下后，迁天下豪富十二万家于各地。此皆可以说明战国时代商业发展之情形。

战国时代工商业的发展，也可反映到都邑的发展上。《论语》上所说到的邑，是由"十室之邑"，说到"千室之邑"。《战国策·赵策三》马服君谓："且古者……城虽大，无过三百丈者；人虽众，无过三千家者。"但《战国策·赵策一》记有韩康子、魏宣子俱致"万家之邑"于知伯的事实。《赵策三》马服君谓："今千丈之城，万家之邑相望也。"又《赵策四》虞卿有"令王能以百里之地，若万户之都，请杀范座于魏"之语。《楚策》亦有"效万户之都"之语。《齐策一》苏秦说齐王谓"临淄之中七万户"。《东周策》谓韩之宜阳"城八里，材士十万"。这种都邑的发展，一方面反映人口的增加；另一方面是说明由工商业发展而来的人口向都市的集中。其中也有各国常备兵力增加的因素在里面。

（三）士集团的扩大

至于士的阶层，进入到战国，在数量上更为扩大；并且有的以思想文化为中心，形成了许多集团的活动。孔子的一个教化集团，在他死后，还由他的弟子。分别继承下来；其中为后世所能知道的，子夏之在西河，曾子之在武城，商瞿传易而远及楚人䚟臂子弓，我们可以推见这都是士的集团。《墨子·公输》篇谓墨子弟子禽滑厘三百人，皆可赴汤蹈火；其后学更有以"钜子"为中心的集团。孟子的"后车数十乘，从者数百人"，这也是一个集团。由《孟子》中所带出的"陈良之徒陈相"的故事，可见南方也有此种集团。而许行"其徒数十人，皆衣褐"，当然是一个集团（《孟子·滕文公上》）。《庄子·德充符》说，鲁有兀者王骀，"从之游者与夫子（孔子）中分鲁；立不教，坐不议"。这虽然是寓言，但也可以反映庄子当时的士集团的情势；并且庄子心目中的王骀，是属于道家型的人物，则承老子之流的，当然也会形成若干集团。《庄子·天下》篇说到宋钘、尹文是"以此周行天下，上说下教"，这当然是一个集团。《战国策·齐策四》记有田骈"学于彭蒙"、"赀养千钟，徒百人"，这自然是一个集团。《天下》篇谓"惠施以此为大观于天下，而晓辩者，天下之辩者相与乐之"，是辩者又各有其集团。张仪"始尝与苏秦俱事鬼谷先生学术"，[1]又是一种集团。可以说，每一学派中的大师，都会形成或大或小的集团，以与当时的人主及权贵相倚为重。最突出的是齐的稷下，及燕的碣石宫；[2]和孟尝、平原、信陵、春申四君，与稍稍后起的吕不韦，皆各集客数千人；其中以吕不韦使其宾客积极向文化上发挥为最有意义。当时不以思想相号召的游说之士，似乎都是个人活动；但观苏秦之说，得行于赵时，赵王资以"饰车百乘，黄金千镒……以约诸侯"，[3]是他们一旦得势，即集聚士徒，张大声势。上述以学术思想为中心所形成的集团，当然亦与当时士脱离农耕以求禄有关系。《吕氏春秋·博志》篇，记有宁越因以耕为苦，转而勤学以求闻达的故事，乃当时许多弃农而从学的风气之一例。故墨子劝人以"姑学乎，吾将仕子"（《公孟》篇）。且他实曾仕胜绰于齐

---

[1]《史记·张仪列传》。
[2] 皆见《史记·孟子荀卿列传》。
[3]《史记·苏秦列传》。

(《鲁问》篇），仕公尚过于越（同上），仕曹公子于宋（同上）；耕柱、魏越之徒，亦皆因墨子而得禄（分见于《耕柱》篇及《鲁问》篇）；齐宣王亦欲养墨子之弟子以万钟（《孟子·公孙丑下》）。这种集团的活动，仅在东汉末期，因州牧的形成，稍可仿佛于一二，但旋为宦竖所屠戮，可知这种现象只能出现于此一开放的过渡时代。

（四）政治思想的大分野

上述由士所形成的诸子百家，若仅就政治方面而言，在思想上可以分为三大类型。第一，是为人民求解救，以仁义为政治最高规范的类型，儒、道、墨、阴阳家皆属之。道家反对世俗上之所谓仁义，而追求其"大仁""大义"，[①]故亦可列入于此类型之内。二是为统治者争权势，以富强为最高目的类型，齐鲁系统及卫晋系统的法家皆属之；而卫晋系统法家特为严酷。第三是不涉及政治的基本方向问题，而只论各国相互攻取的策术长短的阴谋家类型，纵横家属之。第一的类型，从大体上说，主张政治的基本权力应保存在人民手上，而不应集中在人君手上。儒家要求将生杀赏罚的大权操之于国人，[②]主张"民之所好好之，民之所恶恶之"，[③]固然是要把政治的基本权力保存在人民手上。老子"圣人无常心，

[①]《庄子·齐物论》"大仁，不仁"；《老子》五八章："是以圣人方而不割，廉而不刿。"实等于说"大义不义"。《史记·孟子荀卿列传》谓邹衍："然要其归，必本于仁义节俭。"

[②]《孟子·梁惠王下》："国人皆曰贤，然后察之。……国人皆曰可杀，然后察之。……故曰国人杀之也。"

[③] 见《礼记·大学》。此为儒家的通义。

以百姓之心为心",用意亦是如此。墨子的"尚同"思想,有人以为是极权思想,这是就其流弊所至,发生的误解。墨子的尚同,极其究,是诸侯上同于天子,则诸侯无权;天子上同于天,则天子亦无权。天对人民乃是"兼而爱之,兼而利之",则天子诸侯奉承天志,亦只能为人民服务。且墨子主张自天子以至诸官吏,皆由选举产生,则政治权力,自然操持在选举者的人民手上(见《尚同》上、下)。法家——尤其是商鞅、韩非,则要求把政治权力彻底集中在人君手上,要"独制四海之内"。① 人臣而能得民心,乃法家所大忌,这在《商君书》、《韩非子》中,再三再四地引为大戒。儒家以各种说法,要把人君的地位向下降;要使君臣的关系建立于互信之上。所以韩非说"卑主危国之必以仁义智能"。② 孟子认为"君之视臣如手足,则臣视君如腹心",③ 君臣的关系,是相对的关系。而法家则特须把人君神圣化,神秘化,使君臣之关系特为悬隔。所以韩非特别强调:"道不同于万物……君不同于群臣……是故明君贵独道之容;君臣不同道。"④ 又说"主上不神,下将有因。"⑤ 神术之术是:"掩其迹,匿其端,下不能原。去其智,绝其能,下不能意。"⑥ 何以要如此,因为"上下一日百战",人臣随时可以篡弑。"臣之所不杀其君者,党与不具也。"所以"有道之君,不贵其臣",⑦ 而尽量把人臣当狗看待,不使狗能变成虎。所

---

① 《韩非子·有度》。
② 同上,《说疑》。
③ 《孟子·离娄下》。
④ 《韩非子·扬权》。
⑤ 同上。
⑥ 同上,《主道》。
⑦ 皆见《韩非子·扬权》。

以说"主失其神，虎（指臣）随其后。主上不知，虎将为狗（言人君将误以虎为狗）……虎成其群，以杀其母。……主施其法，大虎将怯。主施其刑，大虎自宁。法刑狗（苟）信，虎化为人"。①《韩非子·二柄》篇谓："明主之导制其臣者，二柄而已矣。二柄者，刑德也。何谓刑德，曰，杀戮之谓刑，庆赏之谓德。"这中间没有一点道德和情感的因素。此即所谓法术之术。千言万语，不外人君把自己神秘化、绝对化起来，以刑赏劫制其臣；臣与民不是人格的存在，而只是绝对者的工具。

儒家要求统一，但统一是人民自然归向的结果，不赞成以战争为统一的手段。统一以后的政治形态，孟、荀没有明白地说出；但由《中庸》主张"继绝世，举废国"；及后来儒家常常主张政治上的封建看来，在先秦时代，可能是主张有共主的联邦政治。而后世则可能是主张负责的地方分权政治。因为一直到顾亭林为止，后来儒家所说的封建，乃是在观念上大大转化了的地方分权政治的性质。道家墨家反战争，道家更反对权力，当然更反对权力的集中。纵横家实际是主张对立中的均势。惟有法家是彻底主张武力统一，而且统一后的政治形态，是彻底的中央集权。即所谓"事在四方，要在中央。圣人执要，四方来效"。②

在经济政策方面，墨家主张强本节用。儒家的孟子主张"制民之产"，使民有恒产，而后要求有恒心。但孟子是农工商并重。荀子主张"养与欲相持而长"，而稍有抑商的倾向。但他们对生产的重视，都是以解决人民生活为目的。法家则自商鞅主张出于"一

---

① 皆见《韩非子·扬权》。
② 同上。

孔"，即抑工压商，使人民出于农耕一途；而农耕与战斗，又紧密地连结在一起。儒家重视文化，重视教化，重视人格的培养。法家则彻底反文化，反教化，反人格价值；因为不如此，人民便会显露出自由意志而不会成为人君彻底的工具。儒家虽由道德的要求而主张孝弟，主张亲亲；但"春秋讥世卿"，孔子已很明白地反对由身份的封建制度所建立的政治结构，他抱着"为东周"之志，周游列国，并谓他的学生仲雍"可使南面"，这都不是承认封建的身份制度的情形。孟子主张"国君进贤，如不得已……国人皆曰贤，然后察之，见贤焉，然后用之"（《孟子·梁惠王下》）。用人以国人的意见为基准，这不可能承认政治上的身份制度。他之向齐宣王提出"世臣"，是因为当时统治集团里的流动情形太严重，并且齐宣王用人又太轻率，"昔者所进，今日不知其亡也"（同上），所以劝其用人应特别慎重。他向滕文公提到"世禄"，实际是在"制民之产"以外，主张应制士之产，以安定士的生活。《礼记·礼运》"天下为公"，"选贤举能"的政治思想，正是儒家政治思想的集中表现。简言之，儒家及其他诸子百家，皆承认政治上由职位而来的尊卑，但决没有人承认由固定身份而来的贵贱。此种身份上的大解放，广大影响于当时知识分子（士）的阶层；甚至对于由政治地位而来的尊荣，亦加以反抗蔑视。由此而出现许由、务光等视天下为不屑受之物的故事。颜斶在齐宣王面前，居然说"生王之头，曾不若死士之垄"，结果宣王无可奈何，"愿请受为弟子"，[1]这真是在观念上，由诸子百家对封建的身份制度大加扫荡的时代。而这种观念上的扫荡，也可说是封建社会崩溃的正常反映。

---

[1]《战国策·齐策四》。

法家在政治上对封建制的身份扫荡，更为彻底，因为他们直接指向残余的贵族势力。商鞅治秦变法，太子犯法，刑其傅公子虔，是有名的故事。但商鞅扫荡了封建由血统所形成的身份制度，却另外建立了鼓励战功的身份制度，此即为汉所继承的"爵二十等"。爵二十等的基本意义，乃是表示在一般人民之上，自"公士"起，到"彻侯"止，有不同的二十等身份。《史记·商君列传》"有军功者各以率受上爵"，即指此而言。并且法家是"政治的绝对论者"，不许人生存于统治权力之外，所以他们都反对岩穴之士。

（五）在观念上政治社会的开放与封闭

把上面所概略描述的情形，可以作如下的概括：凡是站在为人民而政治的，是从已经崩溃的封建政治社会制度中，导向更为开放的政治社会；而野心的纵横之士，也助长了这一气势。此一开放的影响，在秦统一天下以后，依然成为深入到社会的一股力量。项梁避仇吴中，阴以兵法部勒大繇役及丧事中的宾客子弟。项羽观秦始皇东游，谓"彼可取而代之"。这还可以说是由于他叔侄家庭的世为楚将而来的报仇心理。但东阳少年欲立故东阳令史陈婴为王，[①]可知当时一般少年们的心理中，视平民为王，乃极寻常之事。刘邦"繇咸阳，纵观秦皇帝，喟然太息曰：呜呼，大丈夫当如此也"；且有计划地为自己造作各种神异，以为起事张本。[②]陈胜为人佣耕，曾向他的同伴说"苟富贵，毋相忘"，

---

① 以上皆见《史记·项羽本纪》。
② 见《史记·高祖本纪》。

卒与吴广有计划地造成举大事的情势；问卜时，卜者一见即窥见他们的野心。举事不久，"陈中豪杰父老"，即劝陈涉自立为王；他且能作全面之策动部署，秦卒因此而亡。[1] 彭越渔巨野泽中，少年劝其效诸豪杰叛秦。[2] 黥布为布衣，"有客相之曰，当刑而王"。[3] 韩信受饭于漂母，而谓"吾必有以重报母"[4] 凡秦楚之际，所出现的野心家，都有野心的社会群众作背景。而野心群众之所以出现，在这段历史以前，并没有可以援引的事例。因为西周的国人虽放逐了厉王，而春秋时代，出现更多的国人左右政治的现象，但国人中尚无取国君贵族而代之的野心。这完全是诸子百家，在观念上把政治、社会，从过去的封建，推向开放之途的结果。司马迁在《秦楚之际月表》序中，既惊叹于"五年之中，号令三嬗"；又对刘邦之以平民为天子，惊叹为"岂非天哉！岂非天哉！"依然是忽视了由战国这一过渡时期的政治观念大开放的巨大影响。

凡是站在统治者的立场以言政治的法家，一方面顺从封建制度崩溃之势，而彻底抛弃了封建制度，并抛弃在封建制度中所发展出的文化，以至抛弃任何文化；另一方面，则企图建立一个以神圣化的君权为中心的更闭锁的政治社会制度。申不害在韩，吴起在楚，都曾作过政治改革的短期努力，但终为封建的残余贵族所破坏。唯有秦国立国，封建贵族势力，本不若东方诸国的深厚，加以杂西戎之俗，礼制尚未深入人心，故以刑治代礼治，所

---

[1] 见《史记·陈涉世家》及《张耳陈馀列传》。
[2] 见《史记·彭越列传》。
[3] 见《史记·黥布列传》。
[4] 见《史记·淮阴侯列传》。

遇之阻碍力特少。故自商鞅变法以后，法家思想，成为秦国的立国精神。于是秦与六国的斗争，在政治、社会上，乃成为法家型的政治社会，与残余的上层封建政治，及流动而未定型的社会之间的斗争，其结果当然是秦的统一，而并且是专制政治的统一。专制政治成立的条件及其结果，都是更为封闭的政治与社会，这在后面要详细说到。秦的成功，不能看作是法家与儒家或其他诸子百家斗争的结果。儒家思想及其他诸子百家，在战国这一过渡时期，其影响乃在社会而不在政治；因为除滕文公外，没有任何国家，曾如秦国对法家样，贯彻至以某一家思想为中心的政治。

六、商鞅变法与秦之统一及典型专制政治出现的关系

（一）在流动社会中孟子言"保民而王"的根据

秦的统一，虽然得力于张仪的连横，范雎的远交近攻，及白起、王翦们的战胜攻取；但国家的力量及政治的性格，当然是由商鞅变法所奠定的基础。不过，若仅了解由宗法所形成的贵族阶级，随着历史时间的经过，而愈成为荒淫无知的情形；而不曾了解随封建制度的崩溃，自春秋之末起，各国社会已成为非常流动的社会；此种流动社会，对于一个国家的政治权力而言，是一种莫大损害的情形，依然不能完全把握到商鞅变法的背景。今仅就《孟子》一书来看当时流动社会的情形。

> 梁惠王曰：寡人之于国也，尽心焉耳矣。河内凶，则移其民于河东，移其粟于河内；河东凶亦然。察邻国之政，

无如寡人之用心者。邻国之民不加少，寡人之民不加多，何也？（《梁惠王上》）

按从上述梁惠王的口中，不仅反映出当时的统治者也知道政治的基本力量系来自人民，并反映出各国的人民正在大流动之中，因而可随各国政治的善否，可来可去。孟子说：

> 彼夺其民时，使不得耕耨，以养其父母，父母冻饿，兄弟妻子离散。彼陷溺其民，王往而征之，夫谁与王敌？故曰仁者无敌，王请勿疑。（同上）
> ……如有不嗜杀人者……民归之，由水之就下，沛然谁能御之？（同上）
> ……今王发政施仁，使天下仕者，皆欲立于王之朝。耕者皆欲耕于王之野，商贾皆欲藏于王之市，行旅皆欲出于王之途。天下之欲疾其君者，皆欲赴愬于王；其若是，孰能御之？（同上）
> ……举疾首蹙頞而相告曰……父子不相见，兄弟妻子离散……（《梁惠王下》）
> 邹与鲁哄，穆公问曰：吾有司死者三十三人，而民莫之死也。诛之则不可胜诛；不诛，则疾视其长上之死而不救，如之何则可也？"孟子对曰："凶年饥岁，君之民，老弱转乎沟壑，壮者散而之四方者，几千人矣……"（同上）

孟子所说的与上面意义相同的话还很多，在孟子的话里面，很明显地反映出农民被压迫得四出逃生，商贾也在选择关市不太烦苛的空间去活动。孟子在这种大流动的社会背景之下言王道、仁政，认为只要推行使人民有恒产而不苛暴的仁政，一方面可以招来更多的人民，选择最好的人材，并把他们安定下来，使"人民死徙无出乡；乡里同井，出入相友，守望相助，疾病相扶持"。① 另一方面，他国受压迫的人民，不会起而为暴君去抵抗能带给他们以福利的军队，有如燕民开始欢迎齐军，② 及邹与鲁哄中邹民采取观望的情形。则"仁者无敌"的话，在大流动的社会背景下，并不是没有现实的根据。否则孟子不会在齐、梁之君及其学生面前，强调毫无实现可能的政治主张。过去对孟子的政治思想，总以为不过是站在人民立场所产生的理论，乃是没有弄清楚当时的社会背景。当时人君以为"迂阔而远于事情"，主要是若如孟子的主张，则人君完全成为人民服务的工具，并且可由人民加以变更，这是与人君的权力意志相冲突的。

（二）在流动社会下，商鞅变法的消极意义

商鞅在上述大流动的社会背景之下，采取了另一条路线。他变法的情形是：

> 令民为什伍，而相牧司（《索隐》：牧司谓相纠发也）连坐。不告奸者腰斩；告奸者与斩敌首同赏，匿奸者与降敌同罚。民有二男以上不分异者，倍其赋。有军功者，各以率受上爵。为私斗者各以轻重被刑。大小僇力本业耕织，

---

① 《孟子·滕文公上》。
② 《孟子·梁惠王下》齐人伐燕。孟子在两答齐宣王之问中所反映者，必有事实根据。

致粟帛多者复其身。事末利，及怠而贫者，举以为收孥。宗室非有军功论，不得为属籍。明尊卑爵秩等级，各以差次。名田宅臣妾衣服，以家次。有功者显荣，无功者虽富无所纷华。……令民父子兄弟同室内息者为禁。而集小都乡邑聚为县，置令丞，凡三十一县。为田开阡陌封疆而赋税平。平斗桶权衡丈尺。……商君曰：始秦戎翟之教，父子无别，同室而居。今我更制其教，而为其男女之别。大筑冀阙，营如鲁卫矣。(《史记·商君列传》)

又：

夫商君为秦孝公明法令，禁奸本；尊爵必赏，有罪必罚。平权衡，调轻重。决裂阡陌，以静生民之业，而一其俗。劝民耕田利土，一室无二事。力田稸积，习战阵之事。(《史记·范雎蔡泽列传》中蔡泽说范雎之语)

在上述商鞅变法中，有消极与积极两方面的意义；而积极方面的意义，是以消极的意义为前提条件的。所谓消极方面的意义，即蔡泽口中所说出的"以静生民之业"的静。在当时，生民之业是流动的。因为是流动的，人民无久长之计，不安心于垄亩，土地必归于荒芜；所以《商君书》一再强调"去莱"、"垦草"、"田不荒"。因为人民是流动的，国力也因之不能凝聚起来，立国的基础便无法巩固。所以商鞅第一个着眼，便是要把流动的社会，使其在职业上稳定安静下来。此即所谓"以静生民之业"。当时的商业资本，尚无流入土地兼并的形迹，而商人蓄积财富的能力，远大过于农民；由商业而来的财富，同样是国家的财富。管仲治齐，因商而致富；卫文公中兴，实行通商惠工；郑以保护商人为其立国条件之一；越王勾践用计然之策，提倡商业以致富强。然则商鞅何以要抑商如此之甚？盖春秋时代之商，虽活动于四方，却定籍于一国。至商鞅时代，在流动的社会中，流动性最大的莫如商人；商人的财富，也因之是流动的，非某一国所得而有。且商人因流动而得利，即会影响到其他农民。商鞅为了要把流动的社会安静下来，所以特别要打击此一流动性最大的商人阶级，及游士的活动。《商君书》常常是把商人和游士，贬责在一起的。再加以相同连坐之法，把人民都钉住在乡土之上。所以自商鞅变法后，秦可以诱三晋之民入秦耕种，但未闻有秦国的人民向外流出，亦未见有秦士活动于山东诸国之间。这在立国的现实基础上，显较六国为巩固。由此可知，同样的抑末（商），商鞅的抑商，与西汉初年的抑商，实有不同的背景与内容。

（三）商鞅变法的积极意义

现对商鞅变法的积极意义，稍加条理。

第一，商鞅变法的所谓"法"，是规定对人臣及人民的严格要求，及为了达到此种严格要求，所使用的信赏必罚的手段。在信赏必罚中，实际是罚远超过于赏，这是由封建制度下以礼为达到政治目的之手段，转变到以刑为达到政治目的之手段的政治性格的大转变。而在刑罚中，尤以相牧司（伺）连坐，及以战时在敌前所用的刑法，普遍使用到人民寻常过失之上，最为突出，最为残酷。军法中的相司连坐，在商鞅是用以禁奸的。而当时的所谓奸，最重要者莫如逃亡。所以这里面含有秦民不得轻离乡土，而必定住于一地的重大意义在里面。本来由礼治转到刑治，在春秋末期，郑人铸刑书，[①]晋铸刑鼎，[②]已开其端。但当时刑书刑鼎上所规定的，以《左传》记载此两故事的上下文字推测，只是限于人民某些犯罪行为。商鞅则将臣民的整个生活，都控制于连坐及战时军法之下。这是商鞅政治的基本动力，及秦国政权的基本保障，这也是形成专制政治的最基本内容。

第二，彻底抛弃了封建制度中由身份而来的统治结构，代之以耕战为中心的统治结构。实际上这是当时应当有的大改革；吴起相楚，"明法审令，捐不急之官，废公族疏远者，以抚养战斗之士。"[③]这对当时各国在强弱兴亡的竞争上，有重大的意义。

第三，整理前后出现参差不齐的地方政治机构，使成为单一的以县为单位的政治组织，以便于政令的推行。

第四，以军事组织为社会组织。这是管子治齐已经实行过的。但商鞅的"令民为什伍"，除了便于战时动员外，更为了平时便于"相牧司连坐"。换言之，这一方面是军事组织，军事控制；同时又是刑法组织，刑法控制。并强制抑压家庭生活，只准有父子单一相承的家庭。一方面是防止家庭中的依赖性，另一方面也是为了人民的易于控制。李剑农对此的解释，认为由此"产生无数独立的自由小地主，完全脱出领主佃民的关系"。[④]按若农民原为领主之佃农，则一父，二子，三子同居，固然为佃农；分析而为一父一子同居，仍为领主之佃农。因为并不能因家庭之特小化而改

---

① 《左传·昭公六年》。
② 《左传·昭公二十九年》。
③ 《史记·孙子吴起列传》。
④ 见李著《先秦两汉经济史稿》页一二四。

封建政治社会的崩溃及典型专制政治的成立

变所有权之关系。且就全盘情形看，当时对土地之侵渔独占，主要是来自暴君污吏。在战国中期，尚无商业资本侵入土地之显著现象，所以《商君书》及《孟子》等书，皆未反映出领主佃农的问题。李剑农的说法，是假定先有领主佃农的关系，又把"民有二男以上不分家者倍其赋"的措施，解释为所有权转移的措施，可以说是完全没有根据的。

第五，使人民的职业出于耕织之一途，并开阡陌封疆，一方面是为了扩大耕种面积；一面是让生产能力强的，可不受传统的经界限制而可尽量发展。这是对生产的鼓励。由开阡陌而可以扩大耕地，亦可证明周代井田沟洫经划之制，确为历史上的事实。周代为了规划他们的田制，并把农民固定于分配土地之上，曾在人口稀少的条件下，不惜使用不少的土地以作道路、水利、军事防御和分别经界之用。随人口的增加，赋税剥削的加重，政治的无能，井田制在春秋时代，已开始破坏。井田制破坏后，由井田制而来的阡陌，反成为农业生产发展的障碍。并且自《左传·昭公元年》，晋魏舒"毁车以为行（步阵）"，"败无终及群狄于太原"后，一般的趋势，由车战进而采用步骑作战的方式，阡陌在军事上的交通意义也完全失掉，无保存的必要。从孟子"是故暴君污吏，必慢其经界"（《孟子·滕文公上》）的话来看，土地的私有兼并，首先乃起于政治性的侵渔。同时，因农民的大量逃亡，授田的政令废缺，对逃亡荒废的土地，会有人加以占领使用；使用久了，便自然而然地出现了社会性的土地私有。所以土地私有，并非先有政令的规定，而是因社会先有此种事实，然后再由政治加以承认。同时，对于井田制的阡陌，各国也皆在自流性的非计划性的情况下，都在开辟。只有魏文侯时的李悝，[1]及稍后的商鞅，才从政治上意识到此一问题，乃进行以政治之力，作有计划的开辟。这可以助长由人民生产力之不同所形成的私有土地间的贫富之差，但并非如传统的说法，商鞅开阡陌而井田废，乃是井田废而李悝、商鞅开阡陌。同时，在商鞅以严峻的方法监理商人和公族及官吏的情形下，社会虽有贫富之差，但尚不致发生兼并现象。并且因公族及官吏没有特殊地位，便取消了使赋税负担不平均、权衡不统一的根本原因。这都可以发生鼓励农民生产的作用。

第六，人民平时生活的组织，即采用的是军事组织，而耕与战，又完全结合在一起，甚至鼓励秦民的战争勇气，更过于农耕。《商君书·徕民》篇以"利其田宅而复之三世"的优厚条件，引诱山东之民无不西，此不仅在增加农民人口，且在使秦固有的农民多服兵役，而以新来之农民从事耕作。然李剑农遂以此为"兵农分道，农民免去封建式之兵役负担"，[2]此证以蔡泽谓商鞅治秦，"是以兵动而国广，兵休而国富"之二语。李氏的推断，完全是错误的。

第七，从《商君书》看，他是反对人民有人格独立的教养，与信奉法令以外的知识的。因为这样的人，将和商贾一样，会逃避农与战。《农战》第三：

> 今境内之民皆曰：农战可避，而官爵可得也。是故豪杰皆可变业，务学诗书，随从外权（按指游仕于他国而

---

[1]《史记·孟荀列传》谓："魏有李悝尽地力之教。"《货殖列传》又谓："当魏文侯时，李克务尽地力。"今从《索隐》，定为李悝。
[2] 见李著《先秦两汉经济史稿》页一二四。

封建政治社会的崩溃及典型专制政治的成立

言）。……要靡事商贾，为技艺；皆以避农战。具备（按指上述两者皆有于国中），国之危也。……善为国者官法明，故不任知焉。上作壹，故民不偷（偷）营，则国力抟聚也。国力抟者疆，国好言谈者削。故曰农战之民千人，而有诗书辩慧者一人焉，千人者皆怠于农战矣。农战之民百人，而有技艺者一人焉，百人皆怠于农战矣。

诗书礼乐善修仁廉辩慧，国有十者，上无使守战。

在《史记·商君列传》赵良向商鞅进言中，有"劝秦王显岩穴之士"之语，则商鞅的抑压隐士，也是必然的。因为隐士是不完全服从政令的人。但商鞅为了建立适合于富国强兵的社会秩序，在刑罚之外，也曾以某种道德强要于人民，使能形成较为合理的风俗，以补刑罚之所不及。在商鞅答复赵良的话里面说："始秦戎翟之教，父子无别，同室而居。今我更制其教，而为其男女之别。"父子间的男女关系混乱，可给社会秩序以最坏的影响，所以商鞅要加以禁止。这只是在儒家的五伦中，他采用了夫妇一伦，其他皆为商鞅及其他法家所不取。

商鞅于秦孝公元年入秦（西纪前三六一年），是年为周显王八年，梁惠王十年。孝公卒于周显王三十一年（西纪前三三八年）。孝公卒后，商鞅即为秦惠王所杀。孝公卒后之三年（西纪前三三五年），梁惠王卒，其子襄王即位。孟子曾见梁惠王与梁襄王；即是孟子与商鞅约略同时。但孟子未尝得一行其道，"虽由此霸王，不异矣"[①]的构想，徒托空言；而秦国则守商鞅之业，有明

[①]《孟子·公孙丑上》。

确的政治目标,有坚决的政治作法,有可以计日程功的效果,以此对付经常在混乱中的山东诸侯,则商鞅死后,经一百一十七年(公元前二二一年)而秦统一天下,并建立专制政体,无宁是当然之事。

(四)吕不韦的插曲

秦自孝公以后,一直沿着商鞅变法所定的基线发展。尤以秦政阴鸷狠戾,是法家型的性格。再加李斯以不世之才,怀偷合苟容之志,[1]承顺秦政法家的性格,以完成法家所追求的理想,这便是他们所成就的大一统的专制政治。但这中间我们不能忽略吕不韦的出现。《史记·吕不韦列传》:当是时,魏有信陵君,楚有春申君,赵有平原君,齐有孟尝君,皆下士,喜宾客,以相倾。吕不韦以秦之强,羞不如,亦招致士,厚遇之,至食客三千人。是时诸侯多辩士。如荀卿之徒,著书布天下。吕不韦乃使其客人人着所闻,集论以为八览六论十二纪,二十余万言,以为备天地万物古今之书,号为吕氏春秋。

吕氏春秋乃是为了秦统一天下后所用以治理天下的一部宝典。这部书,根据一种特别假定,构成一种特别系统;取诸家之长,合一炉而冶之,给汉代思想界以很大的影响,这将另作进一步的研究,此处都不讲它。而只提出里面的政治思想,乃是以儒家为主,并可谓撮取了儒家政治思想的精华。而在泛采诸子百家之说中,独没有采用法家思想;这一点是特别值得我们注意的。因此,在吕不韦的三千门客中,实际是以儒、道、阴阳三家为主干,并

---

[1]《史记·李斯列传》所记"见吏舍中鼠食不洁"的故事。即系刻画李斯的这种性格。

且是由儒家总其成的一部著作。与秦政母亲私通的嫪毒，被戮于秦政九年；吕不韦免相国是十年（西纪前二三七年），他饮酖而死是十二年（西纪前二三五年）。吕不韦与嫪毒的地位，及两人与秦政的关系，不可同日而语。吕不韦死后，秦政皆"复归嫪毒舍人迁蜀者"。①但吕不韦死时，"其舍人临者晋人也，逐出之。秦人六百石以上，夺爵迁。五百石以下，不临迁，勿夺爵"。②是对吕不韦死后的处置，远较嫪毒为严苛。盖秦政与吕不韦的冲突，不仅在权势而实在思想。李斯"从荀卿学帝王之术"，入秦为吕不韦舍人，不韦任以为郎③是其思想本与《吕氏春秋》所表现的大方向相合。及不韦以鸩死，而李斯乃完全顺承秦政之意，发展法家在秦已有的基础，遂决定了统一天下后的专制形态。但《吕氏春秋》中记有六国灭亡之事。④是吕不韦死后，其书仍在继续修补之中，则吕氏门客，在秦仍继续发生影响。亦即儒家阴阳家，由吕不韦的招致，对秦的政治意识，亦未尝不发生若干的作用。阴阳家与神仙之说相结合，其在当时的影响力，是显而易见的。我以为儒家大小《戴记》中所收各篇章，亦多成于吕氏得势，及秦政统一宇内的这一段时间。并且在战国时代，各国文化，虽然各有其地方特性，也都有其时代的共同趋向。例如秦虽抑商，而商业依然继续发展，连秦也不例外；刘邦初入关所遇到的秦将，居然是贾人，⑤由此可以窥见贾人势力在咸阳之大。这点后面还要提

---

① 《史记·吕不韦列传》。
② 《史记·秦始皇本纪》。
③ 《史记·李斯列传》。
④ 见《吕氏春秋·孟冬纪·安死》篇。
⑤ 《史记·留侯世家》。

到。秦反对游士，而秦廷依然为游士角逐之场。秦政因吕不韦事件，议逐客，卒因李斯《谏逐客书》而作罢。[①]秦国官制，多受山东诸国影响，因而与山东诸国大体相同。[②]而山东诸国官制，乃由周制长期发展演变而来。丞相或宰相之相，当自相礼之相，衍变而出。"相国"当由动词衍变而为名词，并且此重要官制，首见于《吕氏春秋·举难》篇及《韩诗外传》卷三所记的故事；及《史记·魏世家》所记魏文侯择相事，亦分别出现于韩、齐诸国。至秦惠文王十年，以张仪为相。《秦本纪》记武王二年初置丞相，此皆受山东诸国的影响，而后为秦所采用。"博士"更先见于山东诸国。[③]并从李斯《谏逐客书》中证明始皇及其宫廷的生活、服饰、音乐等，都受到各国的影响，大大改变了秦的故俗。而《说苑·至公》篇载秦政与博士议"五帝禅，三王继世，孰贤"？而有"吾将官天下"之语，虽出自一时的矫情，但彼亦未尝不是受了《吕氏春秋》中的政治思想的影响。秦统一六国后，还做了先融合，再整理的工作。《始皇本纪》："秦西破诸侯，写放其宫室，作咸阳北阪上。"又《独断》载秦谒者的高冠是齐冠，法吏的法冠是楚冠，侍中的武冠系赵灵王效胡服之冠，此虽细事，亦可由此类推其余。《史记·礼书》谓："至秦有天下，悉内（纳）六国礼仪，采择其善。"这虽然不完全是由吕不韦门客的关系；但秦统一后的立国规模，亦未尝不因吕不韦的门客而也受到儒家及其他各家思想的影响。不过，在立国精神上，实系以法家精神为骨干，

---

① 《史记·李斯列传》。
② 参阅《秦会要》卷十三至十五《职官》。
③ 《史记·循吏列传》，公仪休为鲁博士。《龟策列传》，卫平为宋博士。《说苑·尊贤》篇，淳于髡为齐博士。《汉书·贾山传》，贾祛为魏王博士弟子。按弟子二字，当为衍文。

实系以商鞅所奠定的法家政治结构为基础，则是毫无可疑的。离开了法家思想的线索，便无法了解专制政治出现的根源及其基本性格。

七、典型专制政体的成立

（一）中西专制的不同

专制一词，在先秦已出现。《国语·楚语上》："既得道，犹不敢专制。"《大戴礼·本命》："妇人者仗于人者也，是故无专制之义。"《韩非子·亡征》："大臣专制，树羁族以为党。"《史记·穰侯列传》记范睢入秦，谓太后专制。专制即不受他人牵制而独作决断的意思。但两千年中，似乎没有把秦政统一天下后所建立的政体称为专制政体的。把秦政所建立的政体称为专制，其意义乃来自与立宪政体相对立的despotism一词的翻译，或系由absolute monarch一词的翻译。与我国传统所用的专制一词，实大有出入。此一译名的引用，当由清末的维新运动而来，目前我不能判断始于何人何书。清光绪二十五年（西纪一八九九年）《清议报》中有梁启超《各国宪法异同论》一文，开首即谓："凡属国家之大典，无论其为专制政体（原注：旧译为君主之国），为立宪政体（原注：旧译为君民共主之国），为共和政体（原注：旧译为民主之国），似皆可称为宪法。"又光绪二十六年梁氏在《立宪法议》一文中谓"世界之政体有三种：一曰君主专制政体，二曰君主立宪政体，三曰民主立宪政体"。此段有小字注谓："三种政体，旧译为君主，民主，君民共主，名义不合，故更定今名。"观此，则专制政体一名之使用或即始于梁氏；而其取义则系来自西方，殆无可疑。[①]但若因此一名词，实际是来自西方，因而将西方所谓专制政体的具体情形，轻率地和中国历史中的专制政体两相比附，而不考虑历史条件有很大的不同，便会陷于极大的错误。古巴比伦和埃及的专制政治，是立基于残酷的奴隶制度之上，而且一般的社会生活状态，几乎没有自由可言，这显然与秦代专制政体成立的情况，几乎可以说是天壤悬隔。西方近代的专制政体之出现，一方面因为民族国家的形成，发生了国家统一的积极作用，另一方面，专制君主在对付贵族阶级上，得到新兴的市民阶级——在当时是商业资本家为主——的支持。贵族的势力推翻后，新兴的市民阶级又起而推翻了君主专制。这与中国的专制情形相去很远。有人把中国专制政体的出现，和商业资本之发达，连在一起，在后文里便会了解，这是由比附而来的误解。也有人把中国的专制，和水利的开发连在一起。殊不知中国水利制度，以周代的沟洫制度最为完备。而战国时期，首先讲求水利的乃起于三晋，再由郑国而启发于秦地，此皆在统一专制未出现之前。所以这更是一种猜测夸大之词。

（二）中央专制

为了把专制分梳清楚，首先应了解秦政所建立的专制政体，应分作两方面加以把握。一方面指的是对封建政治下的诸侯分权政治而言的中央专制，即是一般所谓之废封建为郡县。秦在位日浅，对他的郡县政治设施，缺少直接的材料。但若承认西汉郡县的情形是继承秦制，则可以了解秦的郡与县的政治组织，是朝廷

[①] 此段资料之查考，乃出于亡友徐高阮先生之手，念及平生，为之雪涕。

官制的具体而微；并且较之朝廷的政治组织，去掉了许多为了维护皇帝特殊地位所设立的不合理的部分，因之较朝廷的官制，远为合于实际需要。在事实与权责上，可以发挥很大的政治功能。这是与唐以后的情形大为不同的。郡县的守、令和封君不同之点在于：（一）对郡守县令的人选，直接操于朝廷，随时可以任免。（二）赋税收入，皆属朝廷；郡县的支出，等于朝廷支出的一部分。（三）秦的郡县，有主管武力的尉；但似乎实际上没有武力，更不能直接发兵。（四）职与爵分途：有职的不必有爵，有爵的不必有职。这可以说是通朝廷以至地方而言，乃废除封建后的一大特色。此事发端颇早，如管仲地位低于国、高两氏，而实执齐国之政，这也可以说是职与爵分途的见端。但在过去是特例，至此而为通例。（五）由朝廷派遣监察御史，负对地方官守监督之责。从上面这些特点说，与其称为专制，无宁称为大一统的中央集权。这应当是中国历史发展的一大进步。

上述的进步，或者可以说是合于当时大多数的社会组成分子的要求，但不能拘于西方近代民族国家成立时的社会背景，而认定是由社会某种特定势力所促成、所决定的。甚至秦的君臣，作废封建为郡县的决定时，只泛泛地反映了当时社会一般的要求，决非反映社会某一特定阶层的意志，甚至也非完全出自秦政的自私。虽大一统以后，许多知识分子感到失掉了活动的自由，但在战争扰攘不休的时候，法家固然要求一统。儒家也同样要求一统，孟子早就说"定于一"。[①]所谓"定于一"，是说天下安定于"一

[①]《孟子·梁惠王上》。

统"。孔子修《春秋》，一面是"贬天子"，①一面是尊周尊王，也是为了要求能有"礼乐征伐，自天子出"②的有力共主，也是为了一统。《吕氏春秋》的作者是赞成继续封建制度的，但同样也要求一统。《始览·谨听》篇谓"乱莫大于无天子"，即是这种意思。但当时的儒家赞成一统而不赞成中央集权，这是与法家不同之点。

再从社会阶层来说，农民是战争的直接负担者，痛苦最大，当然要求一统。但当时的农民，还没有主动地表示意见的能力与机会，因此我们很难说秦的一统，是由农民的意见意识所促成的。战国是商业大为发达的时代，《史记·货殖列传》已经很明显地说出了在政治势力以外，还有财富的势力。并且从《孟子》"古之为关也，将以御暴；今之为关也，将以为暴"（《尽心下》），及《荀子》"苛关市之征以难其事"（《富国》篇）的情形看，列国并立，关税烦苛，当时的商人阶层，当然也以一统的天下为有利。但秦统一六国的是武力，武力的组成分子，主要是农民而非商人。越王勾践曾用计然之计，振兴商业以致富强；③但秦自孝公以来，一贯实行的是抑商政策。并且出身商人而在政治上发生大影响的无如吕不韦。但在《吕氏春秋》中，依然是"上农"思想，并未特别反映出商人意识。所以把商人和秦之统一连在一起的说法，根本不能成立。总之，促成大一统的，不是社会的什么特定阶级，而只是由长期战争所造成的政治上的理由。《史记·秦始皇本纪》：

二十六年……丞相绾（王绾）等言："诸侯初破，燕、

①《史记·自序》。
②《论语·季氏》。
③《史记·货殖列传》。

封建政治社会的崩溃及典型专制政治的成立

齐、荆地远，不为置王，无以填之。请立诸子，唯上幸许。"始皇下其议于群臣，群臣皆以为便。廷尉李斯议曰："周文武所封子弟同姓甚众。然后属疏远，相攻击如仇雠，诸侯更相诛伐，周天子弗能禁止。今海内赖陛下神灵一统，皆为郡县。诸子功臣，以公赋税重赏赐之，甚足、易制；天下无异意，则安宁之术也。置诸侯不便。"始皇曰："天下共苦战斗不休，以有侯王。赖宗庙，天下初定，又复立国，是树兵也。而求其宁息，岂不难哉！廷尉议是。"分天下以为三十六郡；郡置守、尉、监。

造成大一统的中央集权的，乃是"天下共苦战斗不休"的这一重大教训。此一重大教训，可以说是反映当时一般的要求，而非反映某一特定阶级的要求。贾谊《过秦论》中谓："秦并海内，兼诸侯，南面称帝，以养四海。天下之士，斐然乡风，若是者何也？曰：近古之无王者久矣。周室衰微，五霸既没，令不行于天下。是以诸侯力攻，强侵弱，众暴寡，兵革不休，士民罢敝。今秦南面而王天下，是上有天子也。既元元之民，冀得安其性命，莫不虚心而仰止。"正说出了当时都希望能由统一以得到安定的大倾向。但当时的儒生，却继续泥古拘虚，卒以此导致三十四年焚书之祸。《史记·李斯列传》：

始皇三十四年，置酒咸阳宫，博士仆射周青臣等，颂称始皇威德。齐人淳于越进谏曰：臣闻之，殷周之王千余岁，封子弟功臣，自为支辅。今陛下有海内，而子弟为匹夫，卒（猝）有田常六卿之患，臣无辅弼，何以相救哉。

事不师古而能长久者，非所闻也……丞相（李斯）谬其说，绌其辞，乃上书曰……今陛下并有天下，辨白黑而定一尊，而私学乃相与非法教之制。闻令下，即各以其私学议之……如此不禁，则主势降乎上，党与成乎下，禁之便。臣请诸有文学《诗》《书》百家语者，蠲除去之……

因为淳于越继续主张封建而导致焚书，可见这在当时是最严重的争论。此一争论的本质，是政治权力应如何安排而始能把政权维持得长久，因而社会能得到安定的问题。此一问题，成为中国历史上无法打开的死结，乃系专制的另一事实所形成的。即是，如后所述，决定性的政治权力，远离开人民社会，而一层一层地安放在皇帝一个人的身上，其势真有如以一丝而悬千钧之重。在此一意义的专制之下，若把权力集中于朝廷，就必定有外戚宦官之祸。若分寄于地方，则不论是封建的形式，或者是州牧的形式，就必定有互相劫夺之祸。所以这一争论，是永远没有结果的。

（三）一人专制

另一方面的所谓专制，指的是就朝廷的政权运用上，最后的决定权，乃操在皇帝一个人的手上；皇帝的权力，没有任何立法的根据及具体的制度可加以限制而言。人臣可以个别地或集体向皇帝提出意见；但接受不接受，依然是决定于皇帝的意志，无任何力量可对皇帝的意志能加以强制。这才是我国所谓专制的真实内容。而郡县制的成立，加强了皇帝一人专制的程度，由此而掩盖了它的进步意义。在一人专制之下，所建立的中央制度，有丞相总庶政之成，有御史大夫作为丞相的副贰，有太尉主管军事。

在丞相之下，有合理的分工；遇有国家大事时，朝廷有大小规模的会议加以讨论；并且作为知识分子的代表者的博士，职位虽低，但能参加会议，并有随时向皇帝提供意见的机会，这都是在他们所建立的政制中所含的合理的成分。甚至可以说，就秦的官制的分工本身而言，可以认为并非完全是专制的。可是这套官制机构的总发动机，不在官制的自身，而实操之于皇帝一人之手。皇帝一念之差，及其见闻知识的限制，便可使整个机构的活动为之狂乱。而在尊无与上，富无与敌的环境中，不可能教养出一个好皇帝。所以在一人专制之下，天下的"治"都是偶然的，"乱"倒是当然的。这便不是从官制本身能得到解答。而且官制中的合理部分，也势必被其糟蹋、破坏。

八、一人专制的五种特性

为得了解一人专制的特性，便应该举出下列各点。

（一）专制皇帝的地位，是至高无上，几乎可以说是人间的至高神。但在我国，秦以前的王，及西方的专制者，他们的这种地位，是靠与神的关系建立起来的。只要大家承认他是天之所命，他便有这种崇高的地位。由秦始皇所代表的皇帝地位，不仅在秦以前的王者，不能比拟其崇高；即西方古代与近代的专制主，在规模上也不能比拟其伟大。由周初所胎动的人文精神，到了战国时期，已经把宗教性的天、帝解消尽净了。由阴阳家所重新建立起来的五帝，只可满足统治者夸张的心理，并非通过真实的信仰所肯定的。所以皇帝的地位，并非靠神权建立起来的，而是靠法家的人工的法与术所建立起来的。以人工的法与术来建立这种地位，其历程较假托于神意的更为严酷。《史记·始皇本纪·琅邪刻石》：“古之五帝三王，知教不同，法度不明，假威鬼神，以欺远方。实不称名，故不久长。”在这几句话里，即反映出始皇并无所假借于鬼神。术倡于申不害，是人君所用以控制人臣的方法。其内容是"因任而授官，循名而责实；操生杀之柄，课群臣之能"。①此一基本内容，当然由法家一直承传下去。但到了韩非，更把这种控制术，向上升进，使人君成为老子所说的道的权化。《韩非子》的《主道》第五，并非泛泛说人主之道；乃是说人主如何而能与老子之所谓道，合而为一。这在他，称之为"体道"。他开始说"道者万物之始，是非之纪也。是以明君守始以知万物之源，治纪以知善败之端"；这种话，不能轻易看过。明君的"守始"、"治纪"，即是明君的体道。道是万物的创造者，是形而上的存在。明君的体道，即是明君超越于万物之上，而成为万物的最初和最后的决定者。《琅邪刻石》之所谓"皇帝作始，端平法度，万物之纪"，正由韩非的思想而来。老子所说的道，是虚静无为的性格；在韩非手上，却成为人君隐秘自己、伺察人臣的最高权术的神秘殿堂。所以他说："寂乎其无位而处，漻乎莫得其所（按此二句言人君的威严，不能为人臣所测度），明君无为于上，群臣竦惧乎下。"②这样一来，由术所建立的人君崇高的地位，不是由神所授，而是由术的人工所制造出来的现世上的神。由商鞅所定的法，是"宪令著于官府，刑罚必于民心，赏存乎慎法，而罚加乎奸令"。③臣民在法令赏罚驱策之下，本已完全处于被动的地位。发展到了

---

① 《韩非子·定法》第四十三。
② 同上，《主道》第五。
③ 同上，《定法》第四十三。

韩非，法与术相合，对臣民的防制愈严，通过法中的严刑峻罚以抑制挫折臣民的意味更重；于是皇帝的崇高不可测度的地位，更由臣民的微末渺小而愈益在对比中彰著。法家中的上述发展，完全由秦政、李斯所继承下来。《史记·秦始皇本纪》：

> 丞相绾，御史大夫劫，廷尉斯等皆曰……今陛下兴义兵，诛残贼，平定天下，海内为郡县，法令由一统，自上古以来未尝有，五帝所不及。臣等谨与博士议曰，古有天皇、地皇、泰皇，泰皇最贵。臣等昧死上尊号，王为泰皇，命为制，令为诏，天子自称为朕。王曰：去泰著皇，号曰皇帝，制曰可。

又：

> 制曰：朕闻太古有号毋谥。中古有号，死而以行为谥。如此，则子议父，臣议君也。甚无谓，朕弗取焉。自今已来除谥法，朕为始皇帝。

又：

> 赵高说二世曰："……天子称朕，固不闻声。"又《李斯列传》记赵高之言谓："天子所以贵者，但以声闻，群臣莫得见其面，故号曰朕。"

按赵高的话，虽是玩弄胡亥，但也是来自他所学的法家思想。而

128　　　　　　　　　　　　　　　　　　　　　　　　两汉思想史（一）

由赵高的话，一直可以贯通到建立皇帝称号时的用心。为了把皇帝和人臣的地位悬绝起来，除了把"古者尊卑共之"（《独断》）的"朕"，定为皇帝的专称以外，更把皇帝的命称为制，令称为诏；而将人臣所通用之书改为奏（《御览》卷五九四引《汉书杂事》）。此种称呼上的峻别，乃秦以前之所无。此皆出自要把皇帝尽可能地向上捧，把人臣尽可能地向下抑的心理所定下来的。李斯受诬后，"囚就五刑"，其残酷亘古无比，真所谓"视臣如草芥"。这正是以人工建立的至高无上的一人专制的结果。这可以说是新建立起来的绝对化的身份制。

（二）秦代建立专制政治制度，也和周初建立封建政治制度一样，一方面是凭借历史上已经成熟的若干条件；另一方面则是根据他们所抱的一种理想而加以意识的努力。秦政与李斯所抱的理想，用简单的话表达出来，乃是继承由商鞅所要求的"则民朴壹"[①]的"朴"与"壹"。朴是质朴，诚朴。"壹"是《商君书》上所再三强调的观念；不过在《商君书》之所谓壹，指的是壹于农战。而秦政所要求的，是人民根据皇帝的法，在生活行为上能整齐划一。因为能这样，便不会因人民个性与特殊利益的发展，影响到社会的安定。并且这种社会安定的性格，实际是皇帝意志在客观世界中作普遍性的伸展。这才是专制权力的彻底实现。因儒家所提倡的孝悌思想，随战国时代的"社会家族"的逐渐出现，[②]在社会上大为流行，秦政也不能不受影响。同时，在事实上，欲求社会的安定而不把它安放在某种道德规范之内，几乎是不可能的。所以

---

① 见《商君书·农战》第三。
② 此乃对"贵族家族"而言。

在有关的秦刻石中，随着时间的经过，愈益把法的整齐划一和道德的规范，连结在一起。如：

二十八年《泰山刻石》："皇帝临位，作制明法，臣下修饬。……治道运行，诸产得宜，皆有法式。大义休明，垂于后世，顺承勿革。皇帝躬圣，既平天下，不懈于治。夙兴夜寐，建设长利，专隆教诲。训经宣达，远近毕理，咸承圣志。贵贱分明，男女礼顺，慎遵职事……"（《史记·秦始皇本纪》）。

《琅邪刻石》："维二十八年，皇帝作始。端平法度，万物之纪。以明人事，合同父子。圣智仁义，显白道理……上农除末，黔首是富。普天之下，抟心揖志。器械一量，同书文字……应时动事，是维皇帝。匡饬异俗，陵（作凌，历也）水经地……除疑定法，咸知所辟（避）。方伯分职，诸治经易。举错必当，莫不如画。皇帝之明，临察四方。尊卑贵贱，不逾次行。奸邪不容，皆务贞良。细大尽力，莫敢怠荒……六亲相保，终无寇贼。欢欣奉教，尽知法式。六合之内，皇帝之土。……人迹所至，无不臣者。"（同上）

二十九年《之罘刻石》："……作立大义，昭设备器，咸有章旗。职臣遵分，各知所行，事无嫌疑。黔首改化，远迩同度，临古绝尤。"（同上）

上面刻石里的词句，当然因歌功颂德而有夸张；但在这种夸张中，正可反映出他们所追求的目的，及在这种目的中对皇帝的专制欲望的满足。当然他们所要达到的目的，并不应一概加以抹煞，而

两汉思想史（一）

含有某种合理性。所以我便称他们所建立的专制是典型的专制。

（三）在上述的社会统制中，虽亦含有儒家道德思想之要素，但他们所用以达到目的之手段，则完全靠作为法家思想主要内容的刑，这是秦立国的基本精神，也是专制政治的最大特色。古今中外，凡专以刑来实现道德，道德成为刑治的工具时，道德便变为刑治的帮凶。关于秦的刑治的残酷，在西汉凡是有思想的知识分子，几乎每一个人都提到。现在仅引两件直接材料：

> 始皇推终始五德之传，以为周得火德。秦代周德，从所不胜。方今水德之始，改年始朝贺，皆自十月朔。……更名河曰德水。以为水德之始（南本始作治），刚毅戾深，事皆决于法。刻削毋仁恩和义，然后合五德之数。于是急法，久者不赦。（《史记·秦始皇本纪》）

按邹衍五德终始之说，[①] 经过吕不韦门客的推演，[②] 而给秦政以很大的影响。所以根据《吕氏春秋》的《应同》篇，认定秦为水德之始，由此而来一套改正朔，易服色，以与水德相应，这是新的迷信，本不足论。但儒家自孔子说了"逝者如斯夫，不舍昼夜"[③] 之后，孟子则以水比拟为道德之有本源；[④] 荀子则以其有似于九种德行。[⑤] 老子则以"上善若水"，盖特取其"善利万物而不争，处众

[①] 见《史记·孟荀列传》。
[②] 按形成《吕氏春秋》十二纪骨干的，主要由邹衍的阴阳及五德思想，推演而来。
[③] 《论语·子罕》。
[④] 《孟子·离娄下》："徐子曰，仲尼亟称于水曰，水哉，水哉，何取于水也？孟子曰，源泉混混，不舍昼夜，盈科而后进，放乎四海，有本者如是……"
[⑤] 见《荀子·宥坐》篇"孔子观于东流之水，子贡问于孔子曰"一节。

封建政治社会的崩溃及典型专制政治的成立　　　　　　*131*

人之所恶，故几于道"。① 至《庄子·秋水》篇，则特赋与以艺术的意味。而秦的君臣所看出的水德，则成为刑的象征，成为秦政性格的象征，特别成为专制政治基本性格的永恒象征。此一水的形象的创造，真是意味深长的一件事。

  侯生、卢生相与谋曰：始皇为人天性刚戾自用，起诸侯，并天下，意得欲从，以为自古莫及己。专任狱吏，狱吏得亲幸。博士虽七十人，特备员弗用。丞相诸大臣皆受成事，倚辨于上。上乐以刑杀为威，天下畏罪持禄，莫敢尽忠。上不闻过而日骄，下慑伏谩欺以取容……天下之事，无小大皆决于上，上至以衡石量书，日夜有呈，不中呈不得休息。贪于权势至如此，未可为求仙药。于是乃亡去。（《史记·秦始皇本纪》）

按侯生、卢生，把当时的任刑自专的情形，归到秦政个人的性格上面，固然不错。但秦政的性格，已客观化而为专制政治制度，于是秦政个人的性格，也即是专制政治制度自身的性格。在此制度之下，纵使皇帝不似秦政一样的刚戾自用，但由此制度必然产生的外戚、宦官、权臣，也必刚戾自用。因为顺着此一机构活动的自然结果，只能是如此。除非渗入儒家更多的因素。不过，后来刚戾自用的人，不能如始皇这样的精能罢了。

  以刑法整齐臣民，臣民势必无所措手足。所以当时犯罪者之多，可以说到了骇人听闻的程度。据《史记·秦始皇本纪》：二十八年，

---

①《老子》第八章。

始皇出巡"至湘山祠，逢大风，几不得渡。……于是始皇大怒，使刑徒三千人，皆伐湘山树，赭其山"。"三十三年，发诸尝逋亡人、赘婿、贾人，略取陆梁地，为桂林、象郡、南海、以谪遣戍。西北斥逐匈奴。自榆中并河以东，属之阴山，以为三十四县……筑亭障以逐戎人，徙谪，实之初县。"据《资治通鉴》卷七："以谪徙民五十万人戍五岭，与越杂处。"据《文献通考》一"是时北筑长城四十余万"；皆系上述《史记》上所谓罪谪之人，而徙罪谪实初县三十四县，其数目亦当在数十万人。《本纪》"作阿房宫……隐宫徒刑者七十余万人"。就上述情形估计，始皇所动用之罪人，当在二百万至三百万之间。贾山《至言》说秦时"赭衣半道，群盗满山"，殆非过言。何以如此，一方面固然因侈泰之心，赋苛税重；另一方面则是来自以严刑要人民行动的划一。陈涉起事的借口是"公等遇雨，皆已失期，失期当斩"。①刘邦起事的原因是"为县送徒郦山，徒多道亡，自度比至，皆亡之"。即是这种情形的反映。

（四）在专制政治之下，因为一切人民，皆处于服从之地位，不允许在皇帝支配之外，保有独立乃至反抗性的社会势力。所以秦政二十六年统一天下后，立即"徙天下豪富十二万户"，据《史记·货殖列传》所保存之纪录，豪富经过一徙，便立变为贫穷，这并非完全出于抑商政策，因豪富中并非都是商人。乃是因为财富的力量，常常可以抗衡政治的力量。《史记·货殖列传》："蜀卓氏之先，赵人也，用冶铁富。秦破赵，迁卓氏，卓氏见虏略，独夫妻推辇诣迁处……乃求远迁，致之临邛，大喜。倾滇浊之民，即铁山鼓铸，运筹策，富至僮千人……程郑，山东迁虏也，亦冶

---

① 《史记·陈涉世家》。

铁。……富埒卓氏，俱居临邛。宛孔氏之先，梁人也，用铁冶为业。秦伐魏，迁孔氏南阳，大鼓铸……家致富数千金。"上面三人是被徙十二万户中，贫而再富的侥幸者。三人中，没有一个人直接与六国的政治有关系。由此，亦可见其非为防止六国政治余烬而出此。此一政策，后遂为专制政治所常行的社会政策。至《史记·货殖列传》中，所记秦政对以畜牧致富的乌氏倮比封君，为以丹穴致富的寡妇清筑怀清台，乃出于他的边疆政策，并非表示他的抑商政策有所改变。

（五）因为专制政治，一切决定于皇帝的意志，便不能允许其他的人有自由意志，不能有自律性的学术思想的发展。在当时培养自由意志的是诗书及百家之言；因为诗书及百家之言的内容，可以和现实情况作对照。在对照之下，便可引发对现实情况作批评，这便违反了皇帝的意志。修诗书及百家之学的，是当时广义的儒生，所以法家自商鞅起，一直是反诗书，反儒生的。专制政治是法家的产物；所以焚书坑儒，不应当看作历史上的突出事件，而无宁应当视作在专制政治下的必然事件。在专制政治下，必然出现某种形式的焚书坑儒事件，有如"举业"、"八股"。《史记·秦始皇本纪》三十四年：

  丞相李斯曰……异时诸侯并争，厚招游学。今天下已定，法令出一。百姓当家，则力农工；士则学习法令辟（避）禁。今诸生不师今而学古，以非当世，惑乱黔首。……今皇帝并有天下，别黑白而定一尊。私学而相与非法教。人闻令下，则各以其学议之；入则心非，出则巷议。夸主以为名，异取以为高，率群下以造谤。如此弗禁，主势降乎上，党与成乎下，禁之便。臣请史官非秦记皆烧之。非博士官所职，天下敢有藏诗书百家语者，悉诣守尉杂烧之。敢有偶语诗书者弃市。以古非今，族。吏见知不举者同罪。令下三十日不烧，黥为城旦。所不去者医药、卜筮、种树之书。若欲有学法令，以吏为师。制曰：可。

李斯主张的实现，乃自商鞅以来，法家理想的实现。法令乃皇帝自由意志的客观化，同时又是完成皇帝意志的唯一手段。去掉了诗书百家之学，则人民只知有法令，亦即只知有皇帝的意志；这是专制政治在精神上必然的措施。贾谊《过秦论》："于是废先王之道，焚百家之言，以愚黔首。堕名城，杀豪俊；收天下之兵，聚之咸阳，销锋铸镰，以为金人十二，以弱黔首之民。"愚与弱的百姓，正是专制政治所要求的百姓。自此以后，在专制政治能有效运行时，必有某程度的变相的焚书工作，如清的修《四库全书》，其原因即在于此。对已有的儒生怎样呢？前面提到批评过始皇的侯生、卢生亡去后：

始皇闻亡，乃大怒曰：吾前收天下书，不中用者尽去之。悉召文学方术士甚众，欲以兴太平；方士欲练以求奇药。……卢生等吾尊赐之甚厚，今乃诽谤我，以重吾不德也。诸生在咸阳者，吾使人廉问，或为妖言以惑黔首。于是使御史悉按问诸生，诸生传相告引以自除。犯禁者四百六十余人，皆坑之咸阳，使天下知之以惩后。益发谪徙边。始皇长子扶苏谏曰：诸生皆诵法孔子。今上皆重法绳之，臣恐天下不安，唯上察之。始皇怒，使扶苏北监蒙恬于上郡。

按始皇坑儒，后人有的以为所坑者主要是方士而非真儒；然观扶苏之言，亦可知方士中亦未尝不受儒家思想的影响。郑樵以为"秦时未尝废儒；而始皇所坑者，盖一时议论不合者耳"，其言近似。秦坑儒后，仍征文学之士，作待诏博士；朝廷中亦问博士以政治，如《史记·叔孙列传》所记情形，自系事实。然其所坑者，始皇分明谓"或为妖言以惑黔首"，即是私自批评了政治，批评了始皇的人；其未批评，或批评而未被发现者，当然留下未坑。其目的正在"使天下知之惩后"，使剩下的儒生，完全成为先意承志的工具。

由秦始皇和李斯继承商鞅的余烈，以法家思想为骨干，又缘饰以阴阳家和儒家所建立的专制政治，在像始皇这种英明皇帝统治之下，是可以发挥很高的效果，很快地解决问题的。因为我们的疆域和人口，对古代而言，可以说是太大太多了。通过一个强有力的政治控制力抟集在一起，当然是一种很伟大的力量。据《秦始皇本纪》，统一天下之后，即"一法度衡石丈尺，车同轨，书同文字"，这都是了不起的工作。《汉书》贾山《至言》："秦为驰道于天下，东穷燕齐，南极吴楚。江湖之上，滨海之观毕至。道广五十步，三丈而树，厚筑其外，隐以金椎，树以青松。"这种交通上的开辟，虽然是为了适应他巡游的侈心，但为了巩固统一，也是伟大的工作，在建国上也有很大的意义。始皇三十二、三十三两年，在对外的疆土拓张上，正如贾谊《过秦论》中所说："南取百越之地，以为桂林象郡。百越之君，俯首系颈，委命下吏。乃使蒙恬北筑长城而守藩篱，却匈奴七百余里。胡人不敢南下而牧马，士不敢弯弓而报怨。"此一工作，病在一时，功在万世。假定始皇晚年不穷奢极侈；又"乡使二世有庸主之行而任忠贤"，如贾谊《过秦论》中所说，此一专制政体，是不是就可以安定下去呢？我认为依然是不可能的。第一，奢侈可以说是专制下的必然产物。由皇帝地位的神化，由神化而又有所作为时，穷奢极侈，便成为心理与事实上必然的要求。二千年的专制历史中，只有极少数的皇帝，在这种地方表现克制的力量。第二，把权力绝对化于一人之身。任何人必有"人所无法避免的弱点"，此弱点稍一暴露，立即会为他的最亲近者所乘。有如在一个巨大的机器的发动机里投下一颗小石块，转眼之间，便全部失灵，乃至被破坏。并非这一颗小石块有这么大的破坏作用，而是它凭借了全副机器得以运转的动力中心，才有这大的作用。始皇的病，及由病而死，这是任何人无法能够避免的。宦官中车府令赵高的政治地位，正如他自己所说，"高固内官之厮役也"，但他可以劫持李斯，说："定太子，在君侯与高之口耳。"李斯分明知太子扶苏之贤，且居嫡居长，始皇临死时的遗命，是要扶苏继承大统，且必如此而秦的基业乃可巩固；但终于违背自己的良心，听赵高之计，杀扶苏、蒙恬而立胡亥。①这说明李斯以丞相之尊，其一人的祸福利害，亦操在赵高之口。赵高之口何以有这样大的作用？因为他是"内官厮役"，与皇帝混在一起；皇帝发生问题，而不能直接开口时，内官厮役之口便是皇帝的口；始皇的遗诏是交在赵高手上，赵高便可利用此一间隙，于是他的口便代替了始皇的口，而成为此一庞大机器的总发动机。纵然暂时不问人民的死活，这也是专制政治自身所含的无可救药的致命伤。赵高既利用此一间隙，轻松而自然地盗窃了专制政治的最高统治权，对于皇帝的继承者，他必然要做最坏的选择，并为自己做最后的打算。陈涉未奋起以前，秦的命运，已经决定于赵高

---

① 以上见《史记·李斯列传》。

之口的一刻了。专制政治，正如《吕氏春秋·先识》篇所说的饕餮一样，"周鼎饕餮，有首无身；食人未咽，害及其身"一样的。

九、专制政治的社会基础问题

最后要谈到为什么在封建制度崩溃后，我只提出专制政治，而不涉及社会的性质，不赋予尔后的社会以某种称呼呢？难道说专制政治，没有一种社会基础吗？下面我将解答这些问题。

第一，我在前面已经提到过，封建制度解体的原因非一；其中"国人"阶级在发展中的解纽，当然是一个重要原因。而在国人阶级的发展中，当然以商人阶级及士人阶级的发展为最速。但秦之所以能并吞六国，是由商鞅变法所扶植起来的自耕农的力量。而废封建为郡县，以完成专制体制的，是长期由对立而来的惨酷战争的教训，而不是根据某一特定的社会阶级的阶级意识，尤其与商人阶级无关。这在前面已经说过了。商鞅变法，根据富强的要求，曾考虑到他们政权的社会基础问题，这即是最稳定的耕战合一的农民。秦始皇、李斯们完成了他们的专制构造后，也意识到了他们政权的社会基础问题，这即是小所有者的自耕农，加上家庭手工业者。他们不能消灭商人阶级，但他们继续采取抑商的政策。他们重视小所有者的自耕农，因为这是由商鞅所奠定的立国基础，同时也是他们并吞六国的武力基础。但他们比商鞅前进了一步是：商鞅把私人手工业与商人作同样的看待，而加以抑压；到了始皇时代，则把工人与农民作同样的看待。试从刻石中的材料来证明我的上述看法。

二十八年,《泰山刻石》:"治道运行,诸产得宜,皆有法式。"(《史记·秦始皇本纪》)

《琅邪刻石》:"上农除末,黔首是富。""皇帝之明,临察四方。尊卑贵贱,不逾次行。奸邪不容,皆务贞良。细大尽力,莫敢怠荒。远迩辟隐,专务肃庄。端直敦忠,事业有常。……节事以时,诸产繁殖。……六亲相保,终无寇贼。……欢欣奉教,尽知法式……功盖五帝,泽及牛马。莫不受德,民安其宇。"

三十二年,《碣石刻石》:"夷去险阻,地势既定,黎庶无繇,天下咸抚。男乐其畴,女修其业,事各有序。惠被诸产,久并来田,莫不安所。"(同上)

上面似乎只提到农,没有提到工。但由李斯《焚书议》中"百姓当家则力农工"之言推之,则刻石中屡有"诸产"一词,诸产中一定含有工业生产在里面。从上面刻石的文字中,可以看出他们所希望的社会,是由"端直敦忠"的农民、工人所组成的小所有者的生产社会。始皇并天下,即移天下豪富十二万户于各地,使富者变穷,并于"三十三年发诸尝逋亡人、赘婿、贾人,略取陆梁地"(《秦始皇本纪》),他们的政权,不是要建立在商人及其他豪富的身上,至为明显。此时当然有由刑罪及债务而来的奴隶;但在整个社会组织中的地位,乃居于极不重要的地位,也至为明显。因为小所有者的农民工人,不仅只是财赋与力役之所自出,形成国力的骨干;并且小所有者的农工,是最易驯服,是最缺少反抗力的阶级;法家和始皇及李斯们,认为只有把专制政治建立在这种阶级上面,才不会遇到知识与暴力的反抗,可以长治久安下去。但是不是由此而可称专

封建政治社会的崩溃及典型专制政治的成立

制下的社会，即是小所有者的农工社会呢？如后所述，不仅专制政治，在事实上并不能保护小所有者的农工；而且在专制政治之下，小所有者所受的压迫，较其他阶层为更甚。因此，使小所有者的生存，在专制之下，经常是在动摇之中，无法巩固自己生存的地位。所以秦因要求社会生活划一所来的繁刑，因侈泰之心所来的重赋，再加上胡亥、赵高的残毒，把农民逼得无路可走；起而亡秦的，依然是农民而不是商人，也不是奴隶。这不仅是始皇始料所不及；也是专制政权必然的命运。所以专制下的社会，在与全盘社会力量的现实对比之下，不能称为小所有者的农工社会。

第二，始皇、李斯们，虽然很有意识地抑压商人，要以小所有者的农民工人为其政权的社会基础。但社会愈进步，分工便愈发达。分工愈发达，商人的商业行为，便成为分工社会生活中的纽带。始皇们既不可能消灭商业行为，即不可能消灭从事商业者由物价操纵①而来的财富积聚。商人操纵物价的主要对象，亦即是剥削取利的主要对象，即是农民与工人。尤其是农民受天灾人祸的影响最大。一受到这种影响，农民的生活便赤裸裸地暴露于天灾人祸之前，一听商人操纵。从这一方面，说明了商业资本的兴起，乃社会发展中的自然趋向，不是专制政治下的政治力量所能阻止。财富是人类最大的诱惑。商人有了财富，亦即有了机会夤缘各级政府，与各级政府互相勾结。以秦的抑商，而屠者子，居然可以为秦之将，②即是此一情势的反映。更加以商人是最长于逃

---

① 从《史记·货殖列传》看，自春秋之末到汉武时代，商人资本的积累，主要来自由屯积以操纵物价。
② 《史记·留侯世家》："沛公……与良俱南攻下宛，西入武关。沛公欲以兵二万人击秦峣下军。良说曰，臣闻其将屠者子，贾人易动以利。"

避赋税力役的；赋税力役，主要是落在农民身上。商人的财富积累在都市，并可以相机转移，在战乱中不仅保存较易，且战争常为商人大量积累财富的温床。而农民的生计，固定在农村；战争所到之地，即农民生活破产之地。这说明专制政治，既不能真正保护农民，也不能真正抑制商人。虽以汉武帝的告缗与盐铁专卖，使中产以上者之家皆破，但终不能长期抑制商人的复活。[①]尤其是自秦以后，因儒家思想更多的介入，主张只抑制商人的土地兼并，并不抑制商业的其他活动。这也造成商业活动有利的条件。但是否因此而可称专制的社会为商业资本社会呢？何况在长期的历史中，常常出现商人与官吏相勾结的现象，这似乎可以说明商业活动与专制政治的一致。但为了解此一问题，首先应了解中国历史上的商业活动，和近代的商业资本，不应互相混同起来。中国历史上的商业是"土著商业"，土著商业过分的发展，必然对社会发生剥削和腐蚀的作用。他们财富的增加，是由于张三转到李四的转移关系，即谚语所说的"东家不穷，西家不富"。近代欧洲的商业，是国际性的商业；他们竞争的对象不是国内的农民，而是异国的财富。所以他们的财富，对其本国而言，是增加而不是单纯的转移，不仅东家不穷，西家也可以富，而且东家西家都可互富起来。因此，他们的商业资本，才有历史的进步性，并能产生新的观念以影响社会与政治。我国大约到了唐代，开始有了可观的海上商业活动，至宋而规模更大。但一直到鸦片战争以前，其规模还没有达到对社会、政治提供新观念，形成新势力的程度。并且在上述情形之下，商业活动，始终附着于官僚地主之间隙中以

---

① 见《史记·平准书》。

求生存，未能取得社会中之主导地位；故商业活动之本身，亦始终沾滞不前，未能顺着其本身之规律，以向前作质的蜕变。所以我觉得在长期专制下的社会，不能说是商业资本社会。

第三，汉初加入了畸形的政治封建制度以后，虽然由此所造成的政治上层的分裂危机，到汉武帝时已加以克服，但因彻侯制度的扩张，造成政治特权阶级，出现大规模的政治性的土地兼并。再加以商业资本进入农村，而出现了商业性的土地兼并。于是由这两种兼并而来的地主对佃农的剥削，又成为专制政治下极严重的问题。在汉代，政治性的土地兼并，大于商业性的土地兼并；这种土地贵族，形成汉代专制政治的一部分，也是促成专制皇朝崩溃的主要原因。但是这种地主对佃农的剥削关系，我依然认为不应把秦以后的长期专制下的社会，称为封建社会。因为如果如此，首先便与周初所实行的封建制度，引起观念上的混淆。其次，周式封建的土地制度，是公田与私田的关系，再加上力役的义务，这是后来土地关系中所绝对没有的。周室"以什一而税"为基准，后世地主则常榨取十分之四、五，远超过井田制的剥削。还有在专制下的自耕农，常沦没而为佃农；但佃农也可上升而为自耕农。这种情形，又是周代的封建制度下所不能出现的。至于地主与佃农，在一般社会构成的比重上，恐怕也不能称为封建社会。

第四，基于专制政治是以刑为骨干的政治，及上述的各种原因，在两汉，曾出现了数目相当庞大的刑事奴隶与债务奴隶。但供贵族手上使役的奴隶的数字，可能大过于社会上从事生产的数字。既未形成社会主要的劳动力，且亦不断为政府所禁止。所以说汉代是奴隶社会的，根本不能成立。

第五，最主要的一点是，任何社会势力，一旦直接使专制政治的专制者及其周围的权贵感到威胁时，将立即受到政治上的毁灭性的打击。没有任何社会势力，可以与专制的政治势力，作合理的、正面的抗衡乃至抗争；所以最后只有全面性的农民暴动。专制政治需要的是小所有者的农民工人。但此一政制的本质，并没有能力保护农民工人。因为农民工人，与最高无上的皇帝、皇室悬隔太远，又没有攀附奔走于统治集团的机会与能力；于是他们经常是穷无所告的人群，成为被层层剥削，而毫无顾忌的对象。再加以政治兼并，商业资本兼并，经常是以小所有者的农工为对象，所以小所有者的农民工人，是不断地在动荡没落之中。但是就各地的小所有者的农民来说，固然是在动荡中没落；但若就全般情形来说，则是此灭彼生，此伏彼起，小所有者在历史中始终占一重要地位。不过因为农民生活形式的散漫，经济力量因分散而薄弱，所以在社会上、政治上，不能发生出积极的作用；对专制统治集团，经常负担赋役的重大责任，而极少能得到社会政治上的权利。但若政治黑暗到由大量的政治的土地兼并（明代乡绅，也是政治的土地兼并），而使此一中间阶级，大部分都动摇崩溃时，他们的力量，便由"农民暴动"的方式表达出来，以彻底摧毁一个王朝。大部分的土地，在大变乱后开始自然性地重新分配。可是农民暴动，能摧毁一个王朝；但缺少新的观念及集体化的社会力量以另建立新的政治形式。于是一个专制王朝倒下去，另一个新专制王朝又起来。商人活动于统治集团与中间阶级之间，他们可依附（勾结）于统治集团以扩大其财富，但同样不能形成对抗政治的社会力量。他们的生命财产，是操纵在专制集团手上；舆论则是操纵在士人手上。因之，也不能形成他们自己的独立意识。可以说，商人乃以附随于专制统治集团之下，或利用，或被利用，

封建政治社会的崩溃及典型专制政治的成立

以图其生存的。由商业规模的扩大，可以引起商品生产规模的扩大，也可以刺激生产组织与技术的改进。但中国过去一遇到上述的机运时，便插入专制政治的压力而归于夭折。

总结上面的分析，可以了解在专制政治之下，有由政治兼并而来的大地主，有大小商人，有由商业资本兼并而来的大地主，有小所有者的农工阶级，有佃农，有奴隶。在专制新王朝建立之初，政治多是倾向于保护小所有者，及佃农奴隶的方面。但专制政权，在延续中必然腐化，于是便自然倾向于政治性的大地主，及附随于政治性的大地主的商人。此一倾向达到某一极限，便激起农民暴动，改朝换代，重新再来。政治是循环的，经济社会也是循环的。在此种情势之下，不能容许某一特定阶级，作直线的发展。因此，两千年来的历史，政治家、思想家，只是在专制这副大机器之下，作补偏救弊之图。补救到要突破此一专制机器时，便立刻会被此一机器轧死。一切人民，只能环绕着这副机器，作互相纠缠的活动；纠缠到与此一机器直接冲突时，便立刻被这副机器轧死。这副机器，是以法家思想为根源，以绝对化的身份、绝对化的权力为中核，以广大的领土，以广大的领土上的人民，及人民散漫的生活形式为营养，以军事与刑法为工具，所构造起来的。一切文化、经济，只能活动于此一机器之内，而不能轶出于此一机器之外，否则只有被毁灭。这是中国社会停滞不前的总根源。研究中国历史，不把握到这一大关键，我觉得很难对中国历史作正确的理解。

汉代专制政治下的封建问题

一、问题的限定

在进入到本问题讨论之前，首先应说明的一点是，汉代所继承的秦爵二十等中的列侯，[①]不在此处讨论范围之内。

二十爵中最后一级的列侯，在以一固定的税收供给被封者的特殊生活——即所食的国、邑——的这一点上，及在以此为表示其固定的身份地位。而此身份地位，乃表示进到以皇室为中心的统治集团，与皇室有密切的关系的这一点上，[②]可以说它具备有充分的封建性格。但若就周代封建最重要的意义，乃在于分封建国的分权统治，则列侯对中央政府的朝廷而言，完全没有分权统治的意义。所以秦代并不是没有少数因功被封的列侯，但对它的废封建为郡县，没有一点影响。一般史家说汉初是实行半封建半郡县的制度。所谓半封建，乃指的是被封为王的"诸侯王"而言，不是指这种列侯而言。"诸侯王"之不同于列侯，不仅在于它的身

[①] 原称为彻侯。避武帝（刘彻）讳改称列侯或通侯。
[②] 列侯原系酬德报功的性质，但外戚恩泽侯之出现，皆原于与皇室关系之特殊身份；于是以封侯显示与皇室关系之特殊身份之意义，日益昭著。故公孙弘以平民登相位，则先封侯以变更其身份；宣帝由庶人入承大统，亦先封侯以变更其身份。

份较之列侯要高一等；而系被封为王的，乃真正是分封建国，在被封的范围内，有政治上的统治权，与周代所封建的诸侯相等，故称之为"诸侯王"。《史记》有《高祖功臣侯者年表》，又有《汉兴以来诸侯王年表》，本来已把两者不同的性格都分清楚了。但《史记》、《汉书》中，对列侯亦常援古代诸侯以相比譬，这便容易引起混乱。

刘邦统一天下（前二〇二年），继承了秦代专制政治的统治机构。但在继承之中，却复活了秦政、李斯们所废除掉的封建制度——亦即是出现了上面所说的"诸侯王"，这是专制政治中的一种变局。为了要了解汉代专制政治在继承中的特殊性，也为得了解专制政治自身所包含的难以克服的矛盾，及其对学术文化所发生的窒息作用，我便首先提出了这一问题来讨论。

二、封建与楚汉兴亡之关系

周初封建，出于周公对政治的扩张、同化的要求，其中含有政治的理想。所以封建构成周室统治最重要的一环。但汉初封建，首由异姓转而为同姓，皆出于一时形势之所不容已。所以《史记·汉兴以来诸侯王年表》叙首述"周封五等"，乃出于"亲亲之义，褒有德也"。而对汉初封建，则认为完全出于一时形势所逼成，自始即与当时一统专制的政治有极大的矛盾，因而扰攘达百年之久。所以司马迁在结语中谓"形势虽强，要之以仁义为本"，是说明汉初封建，既由形势所逼成，复以形势去挽救，完全建立在"力"的控制上，其中没有一点政治的理想。

汉初封建演变大势，《史记会注考证》卷十七引明陈仁锡《史记考》谓：

> 以（汉初）天下大势言之，如高五年（前二〇二年）楚王信、淮南王布、燕王绾、赵王耳（按当为赵王敖）、梁王越、长沙王芮、韩王信，则天下之势，异姓强而同姓未封也。如高六年（前二〇一年）楚王交、齐王肥、代王喜、淮南、燕、赵、梁、长沙，异姓同姓，强弱略相当也。如高十二年（前一九五年），吴王濞、淮南王长、燕王建、赵王如意、梁王恢、淮阳王友、代王恒、齐、楚、长沙，则天下之势，同姓强，异姓绝无而仅有。

要了解刘邦之所以封异姓为诸侯王，首先应了解起而亡秦的固然是被压迫的人民，但领导人民的，却可分为两大集团：一是平民中的野心家，一是六国的残余贵族。陈胜、吴广、陈婴、张耳、陈馀、刘邦们，代表了平民的野心家。而项羽、范增们，却代表着残余的贵族。项羽对功臣的刓印不封，乃是只着眼于过去的贵族，而忽视了新起的平民野心家。他在关中戏下时，不是大封诸侯王吗？但他此后不再考虑到平民野心家的愿望。刘邦开始是徘徊于二者之间；但因韩信首先向他提醒，张良继续促成，他便知道只有满足新起的平民野心家的愿望，才可能取得天下。因为此种形势的逼成，所以他在始封之时，即藏有杀戮之意。专制与大一统本不可分，这是必然的演变。

刘邦何以能得天下，他自己既加以夸饰，后人更为其所愚。

当刘邦向他的臣下问"吾所以有天下者何？项氏之所以失天下者何？"的时候，只有王陵讲出了最主要的原因：

> 陛下慢而侮人，项羽仁而爱人。然陛下使人攻城略地，所降下者，因以与之，与天下同利也。（《史记》卷八《高祖本纪》）①
> 项羽妒贤嫉能；有功者害之，贤者疑之，战胜而不与人功，得地而不与人利，此所以失天下也。（同上）

由以下的材料，可以证明王陵的话是真实可信的。《史记》卷八十九《张耳陈馀列传》谓他们是想："因天下之力，而攻无道之君，报父兄之怨，而成割地有土之业。"这说明了平民野心家冒险犯难的动机。《史记》卷九十二《淮阴侯列传》记韩信在汉中答刘邦之问中有谓："今大王诚能反其（项羽）道，任天下武勇，何所不诛？以天下城邑封功臣，何所不服？"韩信这几句话，说出了当时平民野心家的心理，给刘邦以很大的启发。张良阻止刘邦重封六国之后的一段话中有谓："且天下游士，离其亲戚，弃坟墓，去故旧，从陛下游者，徒欲日夜望咫尺之地。"②此便坚定了刘邦的政略战略的大方向，不再在残余贵族身上发生幻想，这对刘邦取天下有决定性的意义。陈平答刘邦之问谓："项王为人，恭敬爱人，士之廉节好礼者多归之。至于行功爵邑，重之，士亦以此不附。

---

① 《史记》卷八《高祖本纪》，刘邦自谓："此三人者（张良、萧何、韩信）皆人杰也，吾能用之，此吾所以取天下也。"后人更加上"仁而爱人"，"常有大度"，"约法三章"等。
② 《史记》卷五十五《留侯世家》。

今大王慢而少礼，士廉节者不来。然大王能饶人以爵邑，士之顽钝嗜利无聊者多归汉。"① 郦食其说齐王田广谓刘邦："收天下之兵，立诸侯之后。降城，即以侯其将。得赂，即以分其士；与天下共其利。"② 都反映出刘邦此一政略战略的运用。《史记》卷七《项羽本纪》：

> 汉五年（前二〇二年），汉王乃追项羽至阳夏南，止军。与淮阴侯韩信、建成侯彭越期会而击楚军。至固陵，而信、越之兵不会。楚击汉军，大破之。汉王复入壁，深堑而自守。谓张子房曰：诸侯不从约，为之奈何？对曰：楚兵且破，信、越未有分地，其不至固宜。君王能与其分天下，今可立致也。即不能，事未可知也……汉王曰善。于是乃发使者告韩信、彭越曰：并力击楚。楚破，自陈以东傅海，与齐王（韩信）。睢阳以北至谷城，与彭相国。使者至，韩信、彭越皆报曰，请今进兵。

这样便完成了垓下的大会战的胜利，刘邦遂得有天下。所以诸侯将相在共请刘邦由汉王升为皇帝时，"大王起微细……有功者辄裂地而封为王侯"，③ 即是拥戴刘邦的最大理由。

刘邦即位后，即开始捏造"谋叛"的理由以剪除这一批异姓诸侯王，尤其是对韩信更觉得岌岌不可终日。垓下会战刚一胜利，立即入韩信壁夺其军。旋即由韩信将有三年历史的齐王改封为楚

---

① 《史记》卷五十六《陈丞相世家》。
② 《史记》卷九十《郦生列传》。
③ 《史记》卷八《高祖本纪》。

王。于次年（六年）伪游云梦，擒韩信械至洛阳，降封为淮阴侯；卒于十五年假手于吕雉，斩信于未央宫，"夷信三族"。被杀的功臣，皆先被五刑，磔尸首为菹醢。凡此，并没有其他的政治理由，只因刘邦既以天下为他一人的产业，[①]则凡有夺其产业的可能性的人，便都是罪大恶极之人，这是专制者最基本的心理状态。这批异姓诸侯王，一开始便与大一统的专制政治是势不两立的。他们的不旋踵即归于破灭，乃说明汉代大一统的专制政治，向前进了一大步。《史记》卷十七《汉兴以来诸侯王年表》叙谓："高祖末年，非刘氏而王者，若无功，上所不置而侯者，天下共诛之。"[②]这正是家天下的法制化。

三、汉代封建的三大演变

刘邦对异姓诸侯王的剪灭，除无足轻重的长沙王外，到十二年（前一九五年）已经完成。初期的同姓诸侯王的封建，至此也告一段落。这是刘邦根据他政权的现实需要，有计划地建立起来的。因为刘邦直接兵力所及，大体不出今日陇海铁路河南段的沿线左近，除关中外，广大的地区，一开始便都直接控制在异姓的诸侯王手上。一旦凭"皇帝"的政治绝对优越性，以运用其诈术，很快地便把异姓的诸侯王剪灭掉了。每剪灭一处，即形成统治上的虚脱地带。刘邦没有可以信任的异姓之臣，连萧何、樊哙等与他有特深私人关系的人，也几乎不免；而郡县的地方制度，虽然

[①] 同上，"高祖……起为太上皇寿曰：始大人常以臣无赖，不能治产业，不如仲力。今某之业所就，孰与仲多？"
[②] 又《史记》卷九《吕后本纪》王陵曰："高帝刑白马盟曰，非刘氏而王，天下共击之。"

尚在维持，但其守长的统治威望尚未能建立。换言之，朝廷的神经中枢，还没有把它的神经末梢伸入到全国，这不能不使刘邦内心有由虚脱而来的恐惧。其封同姓时封域之所以特大，并给以与朝廷相同的制度，也是为了填补此种广大的政治虚脱地域而来。《史记》卷十七《汉兴以来诸侯王年表》谓："天下初定，骨肉同姓少；故广疆庶孽，以镇抚四海，用承卫天子也。"史公的话，报道了大封同姓的真实内容，以见刘邦封建的用心，与"周封五等"的"亲亲之义，褒有德也"的用心，是大不相同的。《史记》卷五十一《荆燕世家》赞中说明刘贾之封为荆王，乃是为了"填江淮之间"；卷一百六《吴王濞列传》谓"上（刘邦）患吴会稽轻悍，无壮王以填之；诸子少，乃立濞于沛为吴王"即其显证。我所以要特别说明这一点，是在指出：（一）刘邦的同姓之封，依然是当时的现实政治形势所逼出来的，与儒家的政治思想没有任何关系。（二）也只有在这种现实形势之下，才会接受亡秦的教训。《汉书》卷十三《异姓诸侯王表》序，卷十四《诸侯王表》序，皆强调秦因废封建、二世而亡的这一点，以作为刘邦实行封建的根据，这是被后来所特别渲染过的观点。史公仅在《齐悼惠王世家》的赞中，有"以海内初定，子弟少，激秦之无尺土封，故大封同姓，以填抚万民之心"的话；而在《汉兴以来诸侯王年表》叙及《高祖功臣侯者年表》叙中，皆不提到这一观点，这说明史公了解这一观点在刘邦心目中所占的分量并不太大。在有关刘邦的直接资料中，不曾发现此一观点。此一观点之出现，我以为是受了诸吕之乱的影响。我特提破这一点，是为了说明（三），刘邦的大封同姓，系作为完成大一统专制的一种手段；而不是像周公一样，"宗周"以居于天下大宗（共主）的地位为满足。这便使汉初的封建，在基本上已经生不了根。并不如当时的策士，及后世的史家，把由此种封建所发生的问题，都归罪到封地太大的上面。

刘邦的大封同姓，不仅不是受了若干儒者把周代封建加以理想化的思想的影响，而且刘邦的自身也根本缺少周初封建的条件。周室经过长期氏族社会的积累，又加以太王、王季、文王三代的经营教养，他本身形成了一个强有力的宗族集团，及国人阶级，这是周公实行封建的本钱。刘邦的情形便完全不同，"高祖子幼，昆弟少，又不贤"。[1] 不仅昆弟少，连骨肉同姓也少。[2] 所以当他于即皇帝位之次年（六年），"废楚王信，囚之，分其地为二国……欲王同姓以镇天下"时，只好首封"不知其何属"的刘贾。[3] 这样一来，更使汉代封建，完全不曾继承周代封建的有意义的一方面，有如由亲亲精神所制出的礼，缓和了君臣间的克制性。由共主分治的法理化，增大了各地方分别发展的可能性等。而仅继承了封建的丑恶的一方面，有如身份制度，压榨、纷争等，以加强专制政治的罪恶。

汉文帝生四子，窦皇后生景帝，余皆封为王。景帝十四子，王皇后生武帝，余皆封为王。武帝六子，卫皇后生戾太子据，死于巫蛊之祸。赵婕妤生昭帝。元狩六年（前一一七年）同时策封其子闳、旦、胥为王。[4] 这三世的建封，皆系"诸侯王"的性质。但与高祖不同者：（一）汉的地方政治已渐有基础而能直接控制于中央，故无"镇抚天下"的意义。（二）所封者皆为王子，开尔

---

[1] 《史记》卷五十一《荆燕世家》。
[2] 《史记》卷十七《汉兴以来诸侯王年表》叙。
[3] 以上皆见《史记》卷五十一《荆燕世家》。
[4] 详见《汉书》卷四十七《文三王传》，卷五十三《景十三王传》，卷六十三《武五子传》。

后天子之子皆封王之局。这种演变的意义是什么呢？《汉书》卷十四《诸侯王表》叙有谓：

> 藩国大者夸州兼郡，连城数十。宫室百官，同制京师，可谓矫枉过其正矣。虽然，高祖创业，日不暇给。孝惠享国又浅，高后女主摄位，而海内晏如，亡狂狡之忧，卒折诸吕之难，成太宗（文帝）之业者，亦赖之于诸侯也。然诸侯原本已大，末流滥以致溢，小者荒淫越法，大者睽孤横逆，以害身丧国。故文帝采贾生之议，分齐、赵；景帝用晁错之计，削吴、楚；武帝施主父之策，下推恩之令。……自此以来，齐分为七，赵分为六，梁分为五，淮南分为三。皇子始立者，大国不过十余城。长沙、燕、代，虽有旧名，皆亡南北边矣。

在上面的概略叙述中，不难了解，文帝、景帝，是削灭前帝所封之封土以为己子之封土；既可以弱较疏者之权，又可以张自己之势。

这里值得注意的是：文帝、景帝封自己的儿子为王，要封便封，没有任何曲折。但武帝要封自己的三子为王，据《史记》卷六十《三王世家》，却要由大司马霍去病首先疏请。武帝还不径行允许，把霍去病的疏请"下御史"，由"丞相臣青翟"等六人表示赞成霍去病的意见，并奏请"所立国名"，但武帝又制诏谦让，"其更议以列侯家之"。其后再由"丞相臣青翟"等更大的阵容，奏请非立三子为王不可，武帝又谦让一番，"丞相臣青翟"等又恳切奏请，武帝将他们的奏请"留中不下"。于是"丞相臣青翟"等又

汉代专制政治下的封建问题

"昧死"上奏，才得到"制曰可"。史公（或系褚先生）所记的这种曲折，不仅为汉室过去所无，亦并非周室封建所有。这到底为了什么呢？原来元朔二年（前一二七年）春已开始采用主父偃的建策，诏诸侯王得分国邑封子弟为列侯，以彻底削弱由高、文、景三帝所封的诸侯王。汉家旧制，诸侯王的体制与朝廷相准。虽自景帝起已开始"减削其官"，①但诸侯王之母称太后，诸侯王之妻称王后，子称太子，仍与朝廷无异。由元朔二年开始分封诸侯的子弟为"列侯"，到封三王的元狩六年，十年之间，以谋反的罪名杀掉了淮南王安、衡山王衡（元狩元年），主父偃的政策已经完全实现。正逼迫文景所封的诸侯王分国邑给他们的子弟为列侯，而却要把自己的儿子封为王，这使武帝在表面上不能不做作一番。

由这一番做作，而西汉封建的意义，发生了第三次的大演变。如前所述，高祖同姓诸侯王之封，是为了填抚异姓诸侯王被剪灭后的政治虚脱；这对异姓诸侯王之封而言，是第一次的演变。文景诸子之封，是为了排挤削弱前帝之所封，以巩固自己的地位；这可以说是第二次演变。这两次演变，都可以说是由客观的形势所逼成，所以史公在《汉兴以来诸侯王年表》叙中，特以"形势"二字贯穿全文。但至武帝，再没有客观的形势，要求他封子为王；而他仍须封子为王，乃出于为了维护皇帝绝对崇高的身份地位。这是第三次的大演变。此一大演变，遂构成尔后专制政治的节目中永不可缺的一部分。

《汉书》卷十五上《王子侯年表》序："至于孝武，以诸侯王疆土过制，或僭差失轨，而子弟为匹夫，轻重不相准。于是制诏

---

① 《史记》卷十四《诸侯王表》叙。

御史，诸侯王或欲推私恩分子弟邑者，令各条上，朕且临定其号名。"这是元朔二年的事。武帝推恩分封的根本动机，当然在于诸侯王的"疆土过制"；所谓"子弟为匹夫，轻重不相准"，不过是一种借口。但由此，亦可窥见在他的心目中，"匹夫"的身份是不应与诸侯王的身份平放在一起的。所以议立武帝三子为王的时候，群臣反对立三子为列侯而必立为王的理由，一则曰"而家皇子为列侯，则尊卑相逾，列位失序，不可以垂统于万世"。再则曰"今诸侯支子，封至诸侯王。而家皇子为列侯……皆以为尊卑失序，使天下失望，不可"。三则曰"……昧死请立皇子臣闳等为诸侯王……陛下固辞弗许。家皇子为列侯，臣青翟……等二十七人议，皆曰以为尊卑失序。高皇帝建天下，为汉太祖。王子孙，广支辅。先帝法则弗改，所以宣至尊也"。他们完全是从"身份"上立论，皇帝的子弟若与其他诸侯王的子弟同为列侯，则无形中影响到皇帝的"至尊"的地位，使天下感到皇帝与诸侯王的地位没有什么大分别，致使皇帝"至尊"的身份不显；而皇帝的身份是"至尊"的这一观念，在专制政治中，是一个非常重要的基本要求。为了维护皇帝的"至尊"的身份，便非把皇帝的子弟封为诸侯王不可，并将此观念，上推及于高祖的封建，遂使尔后皇子封王，成为专制政治为了将皇帝身份加以绝对化的不可缺少的重大条件之一。皇帝的子弟必封王，皇后的父兄便应封侯，侍奉皇帝或女主的宦官，也可以封侯，于是在汉代政治结构中，便有大量"恩泽侯"的出现。[1]这都是由"身份"的观念演变出来的。班固在《诸侯王表》叙论中责秦始皇"窃自

----

[1] 请参阅《汉书》卷十八《外戚恩泽侯表》。

号为皇帝，而子弟为匹夫"。班固所责的，正是秦始皇非常可取的地方。自汉武转变封建为维护专制的绝对身份的作用以后，便扩大了专制政治的榨取压迫的集团，增加了专制政治内部无穷的混乱，把秦政、李斯们建立此一政制所含的一点理想性，完全破坏了。

四、专制对封建的克制过程

汉室封建，在先是为了完成大一统专制的事实上的需要，最后则为了维护大一统专制的皇帝身份的需要；所以一方面在演变，另一方面在形式上却始终加以保持。但尽管如此，封建的存在，尤其属于诸侯王这一系统的存在，始终对专制政治的自身，成为一最大的矛盾。因为专制的最高权力，乃属于皇帝一人。而谁人能获得此最高权力，汉代因女宠而皇后的地位并不巩固的关系，所以一开始便未能守宗法中立嫡立长之制。高祖原想立赵王如意，吕后则立一不知所出的少帝；文帝之得以嗣立，乃因当时大臣鉴于吕后之凶残，"莫自坚其命"；而文帝"太后家薄氏谨良"，各大臣对其猜嫌较少。① 景帝、武帝，皆以"中子"得立。昭帝则以幼子得立。所以有汉一代，在皇位继承上，因皇帝的爱憎无常，并未能建立一种客观制度，而系决定于皇帝一念的爱憎，及皇帝死时的形势。因此，凡是皇子被封为诸侯王的，便都有继承大统的可能，便都在皇帝的猜嫌之列。这种在权力根源之地的矛盾，当

---

① 俱见《史记》卷九《吕后本纪》。

时是借"强干弱枝"的口号叫了出来的。[①] 有干则必有枝；在常情说，干枝本是一体，干强者枝茂，枝茂者亦可增加干之强，这是周初封建的信念，齐桓、晋文的霸业，也证明了这一点。汉代则为了强干而必须弱枝，强弱的衡量，全在权力根源之地——皇帝及其左右——的一念，这便难乎为"枝"了。从文帝起，他们所作的强干弱枝的过程，《汉书》卷十四《诸侯王表》叙有简括的叙述。

> 故文帝采贾生之议，分齐、赵。景帝用晁错之计，削吴楚。武帝施主父之策，下推恩之令，使诸侯王得分户邑以封子弟，不行黜陟而藩国自析……景遭七国之难，抑损诸侯，减黜其官。武有衡山、淮南之谋，作左官之律，设附益之法。诸侯惟得衣食税租，不与政事。至于哀、平之际，皆继体苗裔，亲属疏远；生于帷墙之中，不为士民所尊，势与富室亡异。而本朝短世，国统三绝。是故王莽知汉中外殚微，本末俱弱，亡所忌惮，生其奸心……不降阶序而运天下……

到了汉武帝，诸侯王已与列侯无异。但他们的际遇，并赶不上列侯。到了哀平之际，他们已与富室无异，但他们更赶不上富室。因为他们没有列侯所能保有的生活自由，更没有一般富室所保有的生活自由。

[①] 此意当首发于贾谊《陈政事疏》，自后遂成一固定政策。《史记》卷十七《汉兴以来诸侯王年表》叙："强本干，弱枝叶之势也。"卷十八《高祖功臣侯者年表》叙："始未尝不欲固其根本，而枝叶稍陵夷衰微也。"即指出当时此政策。

汉代专制政治下的封建问题

历史的政治表面，常常是由统治者所编造的材料写成的。尤其关于最高权力斗争中的机微之际，对失败者不利的材料，必定被夸张；对成功者不利的材料，必定被隐没。著史和读史者能不受此种情势所欺瞒的实在很少。有关两汉朝廷与诸侯王发生重大关系的材料，使我痛切感到这一点。

　　首先我得指明，从政治以人民为主的基本观点来说，假使高祖安于异姓诸侯王之封；再退一步，假使文帝安于高祖之所封，景帝安于文帝之所封，朝廷只维持纪纲，课责政绩，则在互相牵制，互相竞争的情势下，政治可能比之于把权力集中于朝廷尺寸之地，集中于不肖者绝多而贤者绝少的一人之身，更为有利。而所谓反叛问题，完全是由猜嫌心理所逼出，甚至是伪造出来的。《史记》卷一百六《吴王濞列传》："会孝惠高后时，天下初定，郡国诸侯，各务自拊循其民。"这几句话中所透露出的，可以作我上面假设的根据。七国之叛的祸首吴王濞"招致天下亡命者，益铸钱，煮海水为盐，以故无赋，国用富饶"。"然其居国以铜盐故，百姓无赋。卒、践、一更，辄与平贾。岁时问茂材，赏赐闾里。"这在政治上不是很有成绩吗？《史记》这里所说的"益铸钱"，《汉书》上改为"盗铸钱"，这是后来故意加上去的罪名，因为当时无所谓盗铸。[①] 其中"招致天下亡命"一语，汉时常以为大罪，后人更为所欺。不知所谓"亡命"，指的是无户籍的人民。当时因征人头税（口算），及实行义务兵役制度，穷苦人民因逃避而流亡，以致无名籍者不可胜数。加以悬属于朝廷的郡县，据《汉书》卷

―――――――――――――
① 《汉书》改为"盗铸钱"，将"益"字改为"盗"字。《汉书》卷二十四下《食货志》载孝文五年"使民放铸"，贾谊谏不听。故邓通以中大夫之位而得铸钱。则吴之铸钱，乃当时法令所许，何盗之有？此即当时朝廷存心诬枉，而班氏为其所欺之一例。

四八《贾谊传》所载贾谊之言，谓其吏民因徭役往来长安者，苦不堪言，"逋逃而归诸侯者已不少矣"。在正常情形下，郡守县令的政治清明，常为流民（亡命）所归，即可列为好的政绩。但在诸侯王则视为图谋不轨的证据，因为怕他们的人口增加了。当诸吕之乱时，是诸侯王谋叛的最好机会，而当时最有资格继承帝位的无过于齐王，且已发兵"并将之而西"。但大臣卒立代王恒——文帝，而齐兵遂罢。吴王濞与朝廷之隙，起自"皇太子（后为景帝）引博局，提吴太子杀之"；文帝不仅未让责自己的皇太子，且不断系治吴使。及文帝"赦吴使者归之，而赐吴王几杖，老不朝，吴得释其罪，谋亦益解"。是吴王濞原并无反意。景帝削吴两郡令下，"吴王濞恐削地无已，因此发谋"。可知若削地而与以明令保障，亦无七国之变。汉室君臣，假定不以权力集中于皇帝一人为推行政治的先行条件，而只以在统一下允许合理的地方分权，则汉初百年间扰攘不安的政治问题，可不致发生，而由秦所建立的专制政体，及由此政体所必然发生的毒害，将会得到若干缓和，对社会的生机，也将会得到培育。但他们完全站在一人专制的立场来处理这一问题，想尽各种方法所达到的目的，只是大一统的专制政治。

首先他们在有关的官制上着实下了一番功夫。

诸侯的官制，据《史记》卷五十九《五宗世家》："太史公曰，高祖时，诸侯皆赋，得自除内史以下。汉独为置丞相，黄金印。诸侯自除御史、廷尉正、博士，拟于天子。自吴楚反后，五宗王世，汉为置二千石，去丞相曰相，银印。诸侯独得食租税，夺之权。其后诸侯贫者或乘牛车也。"《汉书》卷十九上《百官公卿表》上曰："诸侯王，高帝初置，金玺盭绶。掌治其国。有太傅辅王，内史治国民，中尉掌武职，丞相统众官。群卿大夫都官如汉

汉代专制政治下的封建问题

朝。景帝中五年，令诸侯王不得复治国，天子为置吏。改丞相曰相，省御史大夫、廷尉、少府、宗正、博士官。大夫、谒者、郎、诸官长丞，皆损其员。武帝改汉内史为京兆尹，中尉为执金吾，郎中令为光禄勋，诸王国如故。损其郎中令秩千石，改太仆曰仆，秩亦千石。成帝绥和元年省内史，更令相治民，如郡太守。中尉如郡都尉。"而《汉书》卷九《元帝纪》，"初元三年春，令诸侯相位在郡守下"，则是使诸侯侪于郡守。

除了官制上的防制外，更加以人事上的防制。汉初诸侯王的丞相可入朝廷为丞相，如曹参由齐的丞相而入继萧何为相国。但以后做了诸侯王的官，等于犯了某种罪恶。《汉书》卷七十二《王吉传》："吉坐昌邑王被刑后，戒子孙毋为王国吏。"又同卷《两龚传》载龚舍曾被楚王聘为常侍，固辞去。后"三举孝廉，以王国人不得宿卫"。卷七十一《彭宣传》，载宣以博士"迁东平太傅"。后因张禹推荐而"入为右扶风，迁廷尉。以王国人出为太原太守"（注引李奇曰："初汉制，王国人不得在（仕）京师。"）"数年复入为大司农、光禄勋、右将军。哀帝即位，徙为左将军……乃策宣曰：有司数奏言，诸侯国人不得宿卫，将军不宜典兵马，处大位。朕唯将军任汉将之重，而子又前取淮阳王女，婚姻不绝……非国之制……其上左将军印绶。"实则武帝晚期之王，已侪于列侯。而哀帝时之王，已侪于富室，做到使他们有名无实。但在官制上所应有的官，尚以罪人视之，当然更不许他们交通宾客。又《汉书》卷八十《宣元六王传》载谏大夫王骏谕指淮阳王钦有谓："王幸受诏策，通经术，知诸侯名誉，不当出竟（境）。"这些出乎情理之外的措施，无非要把诸侯王彻底孤立起来，不使其有任何社会关系，而成为"监狱中的豪富"。

当时防制关东诸侯，实与防制匈奴无异。《汉书》卷七《昭帝纪》始元五年（前八十二年）："夏，罢天下亭母马及马弩关。"孟康曰："旧马高五尺六寸，齿未平，弩十石以上，皆不得出关。今不禁也。"《汉书补注》引："沈钦韩曰，《新书·壹通》篇，禁游宦诸侯，及无得出马关者，岂不曰诸侯国众车骑，则力益多。……苏舆曰：禁马无出关，在孝景中四年。"（前一四六年，见《景帝纪》）这种防制，出于心理的因素，远大于事实的要求。由这种心理因素，造成当时对诸侯王最大的精神虐待。现引两个例子，以概其余。

据《史记》一百十八《淮南衡山列传》，淮南厉王长，与文帝为兄弟，卒以"欲以有为"的死罪，蒙赦，在徙蜀途中不食而死。"欲以有为"的罪名，正是"莫须有"的罪名。《汉书》卷四十四《淮南厉王长传》载文帝的母舅薄昭与淮南王长书中有谓"法二千石缺辄言汉补。大王逐汉所置，而请自置相二千石……大王欲属国为布衣，守冢真定（按长母死葬真定），皇帝不许。……且夫贪让国土之名，轻废先帝之业，不可以言孝。父（指高祖）为之基，而不能守，不贤……言节行以高兄（按指文帝），无礼。贱王侯之位，不知……此八者危亡之路也。"在文帝时，除诸侯王的丞相出自朝廷外，其余秩二千石的，本应由王自置。但汉廷亦数为罪名。而淮南王长宁愿放弃王位，以布衣守冢真定，由此不难推想文帝所加给他的不能忍受的压迫。

《汉书》卷四十七《梁怀王揖传》，载哀帝建平中，梁王立因杀人，天子遣廷尉及大鸿胪持节讯问，立对谓："大臣皆尚苛刻，刺求微密。谗臣在其间，左右弄口，积使上下不和，更相眄伺。宫殿之里，毛氂过失，亡不暴陈……"由此可知诸侯王左右的职

汉代专制政治下的封建问题　　　　　　　　　　　　　　　　　　　161

官，皆成为朝廷的特务。此时早已全无实权的诸侯王，仍置于严密特务控制之下，连私生活也严密监视。因此可以了解一个问题：为什么两汉诸侯王的"禽兽行"特为昭著？[①]因为（一）在监狱中的富豪，自然容易走上这样的一条路。（二）如后所述，诸侯王的良好行为所招来的罪患，远过于禽兽行所招来的罪患。（三）他们的隐秘都被朝廷所掌握、夸张、宣扬。而皇帝的"禽兽行"，实际较之诸侯王，有过之无不及。但常在由严刑峻罚所构成的铁幕的保护之中。《汉书》卷五十三《景十三王传》载中山王胜闻乐对：

……今臣心结日久，每闻幼眇之声，不知涕泣之横集也。夫众口铄漂山，聚蚊成靁……今群臣非有葭莩之亲，鸿毛之重。群居党议，朋友相为。使夫宗室摈却，骨肉冰释，斯伯奇所以流离，比干所以横分也……

上面的话，是借机会说出了他们一般悲惨的心境。

五、在克制过程中对学术发展的重大影响

在专制下对诸侯王的特别猜嫌禁制，不仅足以反映出专制主为达到一人专制的目的，即使牺牲其子弟宗支亦在所不惜的心理状态；并对知识分子及学术发展，发生了莫大的窒息作用。这才是研究中国思想史者所不能不注意到的问题。

两汉承先秦余绪，游士之风尚盛。此即诸侯王及富贵者门下

[①] 可参阅《二十二史劄记》卷三《汉诸王荒乱》条。"禽兽行"是称诸王荒淫的专用名词。

162　　两汉思想史（一）

的宾客。宾客之品类不齐，多随主人之所好而类集。但有一共同特点，他们都是社会上比较富有活力的一群。诸侯王中若有好学自修之人，则其所集者多在学术上有某种成就之士；于是宾客之所集，常成为某种学术的活动中心，亦为名誉流布之集中点。这对知识分子及学术的发展而言，常可以发生很大的鼓励作用。但却触犯了专制者的大忌。景帝时代，朝廷猜防的重点在诸侯王的领土与职权。至武帝，则诸侯的领土与职权已不成问题；于是猜防的重点特转向到诸王的宾客上面，尤其是转向到有学术意义的宾客上面。而能招致才智及在学术上有所成就之士的诸侯王，其本身也相当的才智，在学术上也有相当的修养；而其生活行为，也多能奋发向上，可以承受名誉。这更触犯了专制者的大忌。换言之，专制皇帝，只允许有腐败堕落的诸侯王，而决不允许有奋发向上的诸侯王。附丽在专制皇帝的周围，以反映专制皇帝神圣身份的诸侯王，只准其坏，不准其好；"禽兽行"的罪恶，绝对轻于能束身自好而被人所称道的罪恶，这是专制政体中的一大特色。

《史记》卷一百十一《卫将军骠骑列传》赞：

太史公曰：苏建语余曰，吾尝责大将军卫青至尊重，而天下之贤士大夫无称焉。愿将军观古名将所招，选择贤者，勉之哉。大将军曰，自魏其武安之厚宾客，天子常切齿。彼亲附士大夫，招贤绌不肖者，人主之柄也。人臣奉法遵职而已，何与招士？骠骑亦放此意，其为将如此。

按卫青、霍去病，以佞幸而为大将，用兵并非其所长；伐匈奴的战功，实系得不偿失。但他们自身可以不受到猜忌，而又能揣摩武帝的猜嫌心理，因以猎取富贵，此一秘辛，只有司马迁能看得清楚，故在《史记》中以"微言"的方式，反复与以发明；而后世缺乏有识的史学家，故常被历史的表面所欺骗。此处所记，盖亦所以揭发当时君臣间的奥秘。魏其武安皆列侯，以外戚的关系，而先后当政，其权势决非当时的诸侯王可比。但诸侯王因为血缘关系而有窥伺神器的可能，所以诸侯王足以招致名誉的生活方式，及与其生活方式有关联的宾客，更成为专制者的大忌讳。

汉初诸侯王大抵皆有宾客，而第一个引起注意的是景帝的同母弟梁孝王武。梁孝王武在七国之变时立有大功，又得其母窦太后的宠爱，骄贵异常。《史记》卷五十八《梁孝王世家》："于是孝王筑东苑。方三百余里……招延四方豪杰。自山以东游说之士，莫不毕至。"《史记索隐》谓方广三百余里，"盖言其奢，非实辞"。《正义》引《括地志》云："兔园在宋州宋城县东南十里"，盖即所谓东苑。《汉书》卷五十一《贾邹枚路传》："是时景帝少弟梁孝王贵盛，亦待士；于是邹阳、枚乘、严忌，知吴不可说，皆去之梁，从孝王游。"此外，羊胜、公孙诡，亦有文采；司马相如亦曾舍朝廷之郎而为梁园宾客；这是当时文学活动的中心，其文学气氛，远非朝廷所能企及。因景帝对梁孝王是先利用，后猜嫌，卒至不明不白以死，此一文学活动的中心，遂归于消灭。后来武帝广招文学之士，我以为是受了梁孝王的影响。

汉代诸侯王，发生过与学术有密切关联的两大冤狱，一为淮南王安，另一为东汉的楚王英。他们之死，都是因为宾客与学术、名誉，三者结合在一起所造成的。

《汉书》卷四十四《淮南王传》：

> 淮南王安为人好书，鼓琴，不喜弋猎狗马驰骋。亦欲以行阴德拊循百姓，流名誉，招致宾客方术之士数千人，作为内书二十一篇，外书甚众。又有中篇八卷，言神仙黄白之术，亦二十余万言……初，安入朝，献所作内篇，新出，上爱秘之。

按：所谓"作为内书二十一篇"，即现行的《淮南子》。作为《淮南子》自叙的《要略》篇谓：

> 若刘氏之书，观天地之象，通古今之事。权事而立制，度形而施宜。原道之心，合三王之风……弃其畛挈，斟其淑静，以统天下，理万物，应变化，通殊类。非循一迹之路，守一隅之指，拘系牵连之（于）物，而不与世推移也。故置之寻常而不塞，布之天下而不窕。

淮南王安要他的门客造为内篇二十一篇，盖受《吕氏春秋》的影响，欲为汉室的大一统政权提出包罗万象的政治宝典。书的内容将另文研究。此处只指出由此可以看出，当时的淮南，乃汇合儒道方术的一大学术中心。而其最重要的成果，则献之皇帝，可见其志只在学术的研究，并想以其研究充实汉家鸿业的内容。但武帝虽表面对这位多才好学的叔父"甚尊重之"，而内心特为忌毒。左右承其意旨，便诬构成一大冤狱。《史记》、《汉书》两传中，充满了当时诬构的"官文书"。

狱事之起，是因为淮南王刘安的太子刘迁，与其郎中雷被"比剑，误中太子"。雷被怕太子由此生出误会，愿赴长安，奋击匈奴，刘安便免了雷被的郎中，这是一件很寻常的措施。但元朔五年（前一二五年）雷被到了长安，"上书自明"，"事下廷尉河南，河南治，逮淮南太子"。因为这种细故而逮捕淮南太子，这分明是只要稍能有所借口，便要实现蓄之已久的预谋。中间穿插淮南门客伍被[1]的供词，陈述刘安想谋反的经过，把刘安写成了一个童呆愚稚之辈，其出自严刑逼供，再加以缘饰的情形，甚为昭著。而最后由胶西王端议曰："安废法度、行邪辟，有诈伪心，以乱天下，营惑百姓，背畔宗庙，妄作妖言。《春秋》曰：臣无将，将而诛。安罪重于将，谋反形已定。臣端所见其书印图，及它逆亡道，事验明白，当伏法。"这真是毫无事实根据的定谳。其所谓"以乱天下"，"妄作妖言"，分明系诬指其宾客的学术活动而言。但这样的冤狱，除淮南王安自杀外，竟"坐死者数万人"。[2]《史记·平准书》谓其明年（元狩元年，前一二二年），"淮南、衡山、江都王，谋反迹见，而公卿寻端治之，竟其党与，而坐死者数万人"。由"寻端治之，竟其党与"八字，可知当时的朝廷官吏，顺着专制者阴刻之私，竟不惜成为一个谋杀几万人的大阴谋集团，而其根源则来自淮南宾客的学术活动。几万人的大屠杀，不仅摧毁了此一学术中心，并且也阻吓消灭了知识分子在思想上、在生活上一切带有一点选择自由的可能性。

当时另一学术中心，是以河间献王刘德为中心而展开的。《汉书》卷五十三《景十三王传》：[3]

---

[1] 伍被供词，《史记》并入《淮南王列传》中；《汉书》则另立有《伍被传》。
[2] 见《史记》卷三十《平准书》，及《汉书》卷二十七中之下《五行志》第七中之下。
[3]《史记》在卷五十九《五宗世家》中，过于简略。

河间献王德，以孝景前二年（前一五五年）立。修学好古，实事求是。从民得善书，必为好写与之，留其真，加金帛赐，以招之。繇是四方道术之人，不远千里，或有先祖旧书，多奉以奏献王者，故得书多，与汉朝等。是时，淮南王安亦好书，所招致率多浮辩。献王所得书，皆古文先秦旧书，《周官》、①《尚书》、《礼》、《礼记》、《孟子》、《老子》之属，皆经、传、说、记，七十子之徒所论。其学举六艺，立《毛氏诗》、《左氏春秋》博士。修礼乐，被服儒术，造次必于儒者。山东诸儒者（多）从而游。武帝时，献王来朝，献雅乐，对三雍宫，及诏策所问，三十余事。其对，推道术而言，得事之中，文约指明。立二十六年薨。②

这是以儒术为主的学术活动中心，与淮南王安的学术中心大异其趣。而刘德的生活非常谨敕，也与刘安的才子型的人格不同。所以刘德在学术上及在生活上，应当很适合于汉廷的口味，而不应对他引起危险的感觉的。但《史记》裴骃《集解》：

《汉名臣奏》：杜业奏曰，河间献王经术通明，积德累行，天下雄俊众儒皆归之。孝武帝时，献王朝，被服造次，必于仁义。问以五策，献王辄对无穷。孝武帝艴然难之，谓献王曰，汤以七十里，文王百里，王其勉之。王知其意，归即纵酒听乐，因以终。

---

① 此所记有问题，另有专文论究。
② 据《汉书》卷六《武帝纪》，刘德死于元光五年春正月（前一三〇年）。

据《汉书》卷六十《杜周传》：杜周乃武帝时的酷吏，官至御史大夫。杜业乃周之曾孙。周子延年，以助霍光诛上官桀等封为建平侯；又劝霍光立宣帝，以其功比朱虚侯刘章。延年子缓嗣侯位，官至太常。缓卒，子业嗣；成帝初，尚帝妹颖邑公主。以忧恐发病死于王莽秉政之时。我所以在这里略述杜业的家世，是想说明杜业是有资格知道汉廷的内幕，故其所言刘德的故事为可信。但《史记会注考证》引"何焯曰：《汉书》云，献王薨，中尉常丽以闻，曰：王身端行治，温仁恭俭，笃敬爱下，明知深察，惠于鳏寡。大行令奏谥法曰，聪明睿知曰献，宜谥曰献王。褒崇若此，知杜业语为无稽。"按刘德非以罪死，而系以猜嫌忧愤而死。既死则猜嫌消而猜嫌之迹可泯。死后赐谥，乃当时之常例。而政治上表里异致，实古今之所同；猜嫌者其里，死后褒崇者其表。此在今日犹随处可以举例。何焯小儒，对政治全无了解，其言至可鄙笑。《汉书》卷六十三记昌邑王贺被废，宣帝心内忌贺；张敞奏贺"终不见仁义"，遂得保全性命，可作反证。我再引一例，以证明杜业之言，为能得当时之实。

《后汉书》卷十四《宗室四王三侯列传》，载北海靖王兴死后：

子敬王睦嗣。睦少好学，博通书传，光武爱之，数被延纳。显宗（明帝）之在东宫，尤见幸待，入侍讽诵，出则执辔。中兴初，禁网尚阔，而睦性谦恭好士，千里交结；自名儒宿德，莫不造门，由是声价益广。永平中（五十八至七十五年），法宪颇峻，睦乃谢绝宾客，放心音乐。然性好读书，常为爱玩。岁终，遣中大夫奉璧朝贺，召而谓之曰：

朝廷设问寡人，大夫将何辞以对？使者曰：大王忠孝慈仁，敬贤乐士。臣虽蝼蚁，敢不以实。睦曰：吁！子危我哉！此乃孤幼时进趣之行也。大夫其对以孤袭爵以来，志意衰惰，声色是娱，犬马是好。使者受命以行。其能屈申若此。

东汉诸王，更完全不能与闻地方政治。而刘睦为明帝之侄，夙见亲幸；犹且以个人可延致名誉的行谊为取祸之源。刘德的河间，乃当时一学术中心之地；而他本人则系其领导人物，其声势远非刘睦所能比拟，则武帝的猜嫌逼迫，乃自然之事，有何可疑。

由此一猜嫌逼迫，而影响到学术上的另一大问题，即是经学中对古文经学的压迫问题。

一直到武帝时为止，经学上并无今古文之争。孔安国事鲁申公治鲁诗为今文学，与鲁周霸，洛阳贾嘉等治《尚书》，亦为今文尚书。然"孔氏有古文《尚书》，而安国以今文读之，因以起其家"，①并无害其为博士，即其明证。陆贾《新语》，韩婴《韩诗外传》，司马迁《史记》，刘向《新序》、《说苑》，皆广采《左氏传》。而《史记》中称"春秋"者，有指经文而言，有指《公羊》、《穀梁》二传言；更多的则是指《左氏传》而言。三家诗多傅合时事，而《毛诗》多傅古义，何以立五经博士而不及《左氏传》及《毛诗》？《穀梁传》犹有江公与董仲舒辩论于朝廷；何以竟无一人道及《左氏传》与《毛诗》？若谓无师法，则刘德所立之博士从何而来？我的推测，是因为河间献王搜集所得的多属古文，而又特为《毛诗》及《左氏传》立博士，于是古文经学遂为当时的大讳；尔后遂为鄙陋之儒，

---

① 以上皆见《史记》卷一百二十一《儒林列传》。

为保持其学术上之特权所借口，以专擅利禄之途。《汉书》卷三十《艺文志》："汉兴，鲁申公为诗训故，而齐辕固，燕韩生，皆为之传。或取《春秋》（按指《左氏传》而言）、杂说，咸非其本义。与不得已，鲁最为近之。三家皆列于学官。又有毛公之学，自谓子夏所传，而河间献王好之，未得立。"三家诗"咸非其本义"，比较得其本义者惟《毛诗》。《韩诗》在东汉最盛，郑康成先治《韩诗》，后由《韩诗》转主《毛诗》，其原因在此。《毛诗》之所以不得立，刘氏父子已露出一点秘辛，只是因为"河间献王好之"。《后汉书》卷三十六《范升列传》载，建武四年（二十八年），光武在云台召群臣议为《费氏易》与《左氏春秋》立博士事，范升反对立左氏的最初理由为"非先帝所存"；这完全是政治上的理由。而汉代经学，各家是否得立博士，除了当时一般学术情势外，决定于政治的因素甚大。《京氏易》的得立，是因为他的再受命的预言，与宣帝的起自民间偶然相合。《春秋穀梁传》的得立，是因为戾太子习《穀梁》；宣帝乃戾太子之孙，所以在民间时也习《穀梁》。武帝时立《公羊》不立《穀梁》，并非定于董仲舒与江公的争论，乃系《公羊》中"人臣无将"四字，可作杀戮大臣的借口。凡此，我将另有专文讨论。言中国学术史而忘记了这一巨大无比的政治阴影的作用，便很难把握到学术发展的真实情况。后世鄙陋之儒，盲目自陷于这一政治陷阱中，勇为今古文之辨，甚至出于诬妄而不辞，此乃学术中上了二千年专制之阴毒而竟不能自觉的一例。

武帝对诸侯王学术活动的忌毒，对他自己亲生的儿子也不例外。武帝有五子，长子戾太子受巫蛊之祸，次子齐怀王又早薨，按次序，太子应立三子燕王旦。但"旦为人辨略，博学经书杂说，好星历数术、倡优射猎之事，招致游士。……旦自以次第当立，上书，求入

170　　两汉思想史（一）

宿卫。上怒，下其使狱。后坐藏匿亡命，削良乡、安次、文安三县。武帝由是恶旦。后遂立少子为太子"。①星历数术，在两汉为"前科学性"的一大学术系统，非好学深思者不能学。"倡优射猎"，乃汉家的寻常生活，李延年兄妹即皆出自倡优，值不得提出来渲染。巫蛊之祸，京师死者数万人，朝廷动摇；"上书求入宿卫"，乃人子应有之义。且之所以不得立的最深根源，乃在其博学经书杂说及招致游士而已。

由专制政治所形成的专制心理，为了保护他们的专制地位，对学术传播的刻毒，可谓达到了心理变态的程度。《汉书》卷八十《宣元六王传》载东平王来朝，上疏求诸子及《太史公书》（按即《史记》）。成帝问大将军王凤，王凤的答复是："诸子书或反经术，非圣人；或明鬼神，信物怪。《太史公书》有战国纵横权谲之谋，汉兴之初，谋臣奇策，天官灾异，地形阨塞。皆不宜在诸侯王，不可予。……"这话很合成帝的心理，遂不与。而此时的诸侯王，正如班固所说，与一个社会的富人没有分别。由此可知专制者只要感到某种知识有窥破专制黑暗的可能时，即会神经过敏地加以阻塞。

专制政治及抱专制政治思想的人，在其本质上，和知识与人格是不能相容的。史公在《史记》中对当时朝廷的提倡儒术，常用一个"饰"字，即是不过以儒术来作专制政治的装饰之用，这揭破了武帝对学术的基本用心，也揭破了古今中外一切专制者对学术的用心。由装饰进一步而加以歪曲利用，乃自然之势，应有之义。在专制政治之下，不可能允许知识分子有独立的人格，不

---

①《汉书》卷六十三《武五子传》。

可能允许知识分子有自由的学术活动，不可能让学术作自由的发展。这即使是属于专制者的血统，在专制者的一个固定统治集团之内，依然非加以残酷地消灭不可，还能允许社会上存在有独立自由的学术势力吗？两汉的民间教授，弟子常多至数千百人，这只有在专制者心目中认为他们在社会上没有发生一点积极的反抗性的可能时，才能消极地承认他们的存在。

六、学术史中董仲舒的冤狱

我在这里应顺便为我国学术史揭破一件冤狱。

《汉书》卷五十六《董仲舒传》："自武帝初立，魏其、武安侯为相，而隆儒矣。及仲舒对策，推明孔氏，抑黜百家，立学校之官，州郡举茂才孝廉，皆自仲舒发之。"近百年来，一般人认定我国学术的不发达，皆应由董氏将学术定于一尊，负其全责。其实，董氏在对策中说"诸不在六艺之科，孔子之术者，皆绝其道，勿使并进"的话，实际是指当时流行的纵横家及法家之术而言。他的反纵横家，是为了求政治上的安定。他的反法家，是为了反对当时以严刑峻罚为治。他的推明孔氏，是想以德治转移当时的刑治，为政治树立大经大法。而他的所谓"皆绝其道，勿使并进"，指的是不为六艺以外的学说立博士而言。汉初承秦之旧，立博士并无标准。汉文时有博士七十余人，方士亦在其列；而六艺中仅有《诗经》博士。董氏的意见，并不是要禁止诸子百家在社会上的流通。董氏这一建议，只考虑到当时的政治问题，立论诚然容易被统治者所利用，而发生很大的流弊。但即使在两汉的经学盛时，也不曾影响到知识分子在学术上的态度。要由此而把两千年学术不发达的罪过一起加在他身上，这把一个书生所能发生的影响力，估计得太高，有点近于神话了。

要窥两汉学术的大势，及当时知识分子对学术的态度，应当由《汉书·艺文志》着眼。《艺文志》本于刘歆的《七略》；而刘歆的《七略》，则来自以刘向为首的校雠之业，及刘向"每一书已，辄条其篇目，撮其指意，录而奏之"。① 因此，可以说《艺文志》乃出自刘氏父子之手，而得到班氏父子的承认，这是久有定论的。刘向的思想趋向保守，刘歆则较为通达。但他父子都是最推尊董氏的人。《汉书·董仲舒传》赞，即引了他父子两人的话以作对仲舒的评价。

> 赞曰：刘向称，董仲舒有王佐之材，虽伊、吕无以加。管、晏之属，伯者之佐，殆不及也。至向子歆，以为伊、吕乃圣人之耦，王者不得则不兴。故颜渊死，孔子曰："噫，天丧予。"唯此一人为能当之。自宰我、子贡、子游、子夏不与焉。仲舒遭汉承秦灭学之后，六经离析，下帷发愤，潜心大业，令后学者有所统一，为群儒首。然考其师友渊源所渐，犹未及乎游、夏，而曰管、晏弗及，伊、吕不加，过矣。至向曾孙龚，笃论君子也，以歆之言为然。

刘歆虽以其父推许董氏太过，但依然认其"为群儒首"。班氏引之，遂为汉代对董氏的定论。《汉书·艺文志》，总录百家，校其长短。其《诸子略》，不仅将儒家与诸家并列，且总叙谓：

---

① 以上皆见《汉书》卷三十《艺文志》。

> 诸子十家，其可观者九家而已（按除小说家）。皆起于王道既微，诸侯力政。时君世主，好恶殊方。是以九家之说，蜂出并作。各引一端，崇其所善。以此驰说，取合诸侯。其言虽殊，譬犹水火，相灭亦相生也；仁之与义，敬之与和，相反而皆相成也。易曰：天下同归而殊途，一致而百虑。今异家者，各推所长，穷知究虑，以明其指；虽有蔽短，合其要归，亦六经之支与流裔。使其人遭明王圣主，得其所折中，皆股肱之材已。仲尼有言，礼失而求诸野。方今去圣久远，道术缺废，无所更索。彼九家者不犹愈于野乎。若能修六艺之术而观此九家之言，舍短取长，则可以通万方之略矣。

上面对诸子百家的开明态度，与司马谈《论六家要旨》的精神是一致的。而与前面所引王凤对诸子的观点，可以形成统治者与学者间的极为鲜明的对照。纵使此种开明态度，不能直接推其出于董仲舒；但最低限度，刘氏父子及班固等，亦丝毫未因董氏"皆绝其道"的话，而发生误解；更未因此影响到他们对学术的全般态度。董氏的话，既未曾影响于汉代最崇拜他的人们，而谓其有力量能决定以后两千年学术发展的趋向，岂非神话？阻碍学术发展的，是专制政治；决定学术发展方向的是专制政治下的社会动态与要求。百年来的学者，不肯深求我国学术发展长期停滞的基本原因，而简单地归罪于董氏一人，这未免把董氏一人的力量估计得太高，而把学术上的大问题，作过于轻松的交代了。魏晋的思想，以玄学为主；南北朝及隋唐的思想，以佛学为主；董仲舒的影响到什么地方去了呢？学术之弊，极于经义八股，这还是出于专制者的要求？还是出于董氏的明崇孔氏的影响呢？

七、东汉专制政治的继续压迫

光武（刘秀）是一个精明而阴狠的人物。他在打天下的过程中，惩刘邦大封异姓所引起的问题，一开始便把地方政权的基础，安放在太守与令长身上。对功臣，大量封侯；先是虚封，以后再斟酌情形实封。即使实封，实际上侯者的地位，并不及太守。封侯而可为太守的，仅出于暂时的权宜，决不使他的功臣与地方政权发生关系。对皇子封王，给以非常优厚的俸给。至明帝减为二千万，①生活上仍不可不谓为养尊处优。但不仅不关与实际政治，且在实际政治中也毫无地位。《后汉书》卷十四《宗室四王三侯列传》载光武建武二年（二十六年）封其兄伯升之长子章为太原王，兴为鲁王。"章少孤，光武感伯升功业不就，抚育恩爱甚笃。以其少贵，欲令亲吏事，故使试守平阴令。"此足可反映出当时所封之王，全系虚衔，地位上与西汉末期的王亦大异其趣。

西汉末期，"宾客"的这一社会特别阶层，遍及于全社会，及王莽之乱，地方豪杰，多凭宾客以起事，这将另作研究。此处所应指出者，养宾客既为东汉初期的社会风气，则当时生活富厚的诸王，既与现实政治全不相干，则在人情上追随时代风气而养些

---

① 《后汉书》卷十上《皇后纪》："帝（明帝）曰，我子岂宜与先帝（光武）子等乎？岁给二千万足矣！"卷五十《孝明八王列传》："明年（永平四年，西纪六十一年）按舆地图，令诸国户口皆等；租入岁备八千万。"据此则明帝之所谓"二千万"，并未实行。而光武所封之俸给，当更厚于此。

宾客，以破除生活上的寂寞，这应当没有什么关系。《后汉书》卷四十二《光武十王列传》："时禁网尚疏，诸王皆在京师，竞修名誉，争礼四方宾客。"正是这种情形。但马援便最先看出了这里面的危机。《后汉书》卷二十四《马援列传》：

> 援谓司马吕种曰，建武之元，名为天下重开。自今以往，海内日当安耳。但忧国家诸子并壮，而旧防未立。若多通宾客，则大狱起矣。卿曹戒慎之。及郭后薨，有上书者，以为肃等受诛之家，客因事生乱，虑致贯高、任章之变。帝（光武）怒，乃下郡县收捕诸王宾客，更相牵引，死者以千数。吕种亦与其祸。临命叹曰："马将军诚神人也。"

马援的所谓"旧防未立"的旧防，卒于建武二十四年"诏有司申明旧制阿附蕃王法"，而把它恢复起来了，且实行得更为严酷。

按《后汉书》卷一下《光武帝纪》，建武二十八年，"夏六月丁卯，沛太后郭氏薨，因诏郡县捕王侯宾客，坐死者数千人。"《集解》："案广陵思王传，与东海王疆书曰，太后尸柩在堂，洛阳吏以次捕斩宾客，至有一家三尸伏堂者，痛甚矣。"这些死得不明不白的宾客，真可谓千古奇冤。

因对诸王的猜嫌心理，东汉把王侯与"妖恶"作一样的看待。《汉宫仪》记有推荐博士的举状，其中有一项是"世六属，不与妖恶交通，王侯赏赐"。家族一得了王侯的赏赐，便失掉博士候补的资格；因为"受王侯赏赐"，是和"与妖恶交通"同科的。这真是太严重了。

在上述的猜妨心理中，便出现了楚王英的大冤狱。《后汉书》卷四十二《光武十王列传》：

> 楚王英以建武十五年封为楚公，十七年进爵为王。……自显宗（明帝）为太子时，英常独归附太子，太子特亲爱之。及即位，数受赏赐……英少时好游侠，交通宾客；晚节更喜黄老学，为浮屠斋戒祭祀。八年（永平八年，六十五年），诏令天下死罪皆入缣赎。英遣郎中令奉黄缣白纨三十匹，诣国相曰，托在蕃辅，过恶累积；欢喜大恩，奉送缣帛，以赎愆罪。国相以闻。诏报曰，楚王诵黄老之微言，尚浮屠之仁祠；洁斋三月，与神为誓。何嫌何疑，当有悔吝？其还赎以助伊蒲塞桑门之盛馔……英后遂大交通方士，作金龟玉鹤，刻文字以为符瑞。十三年，男子燕广告英与渔阳王平、颜忠等，造作图书，有逆谋，事下案验。有司奏英招集奸猾，造作图谶，擅相官秩，置诸侯王公将军二千石，大逆不道，请诛之。帝以亲亲不忍，乃废英徙丹阳泾县。……明年，英至丹阳自杀。

楚王英向其相赎罪，可知相即是平时监督他的特务。说他所招集的"奸猾"，乃当时佛道混合的"信徒"；造作图书，乃其宗教中的仪式。擅相官秩，英无一兵一卒，岂非儿戏？此皆诬妄之辞。但楚王英自杀后，竟兴起残酷的大狱。同传："楚狱遂至累年，其辞语相连，自京师亲戚诸侯、州郡豪杰，及考案吏阿附相陷，坐死徙者以千数。"《后汉书》卷四十五《袁张韩周列传》："永平十三年（七十年）楚王英谋为逆，事下郡覆考。明年，三府举安（袁安）能理剧，

汉代专制政治下的封建问题　　　　　　　　　　　　　　　　　　　*177*

拜楚郡太守。是时英辞所连及系者数千人，显宗（明帝）怒甚，吏案之急，迫痛自诬，死者甚众。安到郡，不入府，先往案狱，理其无明验者，条上出之。府丞掾史皆叩头争，以为阿附反虏，法与同罪，不可。安曰：如有不合，太守自当坐之，不以相及也。遂分别具奏。帝感悟，即报许，得出者四百余家。"但明帝及当时的人臣，并不是不知道这是冤狱。明帝宁愿把社会稍有活力的人，如前所谓"州郡豪杰"，借机锄杀尽净，而人臣莫敢争。《后汉书》卷二十九《申屠刚鲍永郅恽列传》："建初元年（七十六年），大旱谷贵，肃宗（章帝）召昱（鲍昱）问……对曰……臣前在汝南，典理楚事（楚狱之事），系者千余人，恐未能尽当其罪。先帝（明帝）诏言，大狱一起，冤者过半。又诸徙者骨肉离分，孤魂不祀。一人呼嗟，王政为亏。宜一切还诸徙家属，蠲除禁锢，兴灭继绝，死生获所；如此，和气可致。帝纳其言。"章帝在两汉诸帝中，是天资最为敦厚的人，楚狱经过六年，至此乃得稍告一段落。大狱的进行，完全是用酷刑逼供的方法。《后汉书》卷八十一《独行列传》："是时楚王英谋反，阴疏（通）天下善士。及楚事觉，显宗（明帝）得其录，有尹兴（时为会稽太守）名，乃征兴诣廷尉狱。续（陆续）与主簿梁宏、功曹史驷勋，及掾史五百余人，诣洛阳诏狱就考。诸吏不堪痛楚，死者大半。唯续、宏、勋掠考五毒，肌肉消烂，终无异辞。"即此可以推见一般。

但与楚王英为同父异母兄弟的济南安王康，被人告上与楚王英相同的罪名，却得到完全不同的结果。《后汉书》卷四十二《光武十王列传》：

济南安王康……在国不循法度，交通宾客。其后，人上书告康招来州郡奸猾渔阳颜忠、刘子产等；又多遗其缯帛，案图书，谋议不轨。事下考，有司奏举之。显宗以亲亲故，不忍穷竟其事。

济南安王康犯上了同一的罪名，而仍得以保全，以情理推之，殆其人较楚王英为凡庸，不足以引起明帝的猜忌。并且康后来"多殖财货，大修宫室，奴婢至千四百人，厩马千二百匹，私田八百顷，奢侈恣欲，游观无节"。他的国傅何敞上疏力谏，要他"修恭俭，遵古制……以礼起居"，康置之不理。结果他是"立五十九年薨"。他的荒淫腐化，正是他能"立五十九年薨"的重要条件。

通过专制政治中的封建情形的分析，应当可以了解专制政治的基本性格，及在这种性格下所形成的专制主的心理状态，是决不能容许社会上存在有使他感到压力的任何力量；哪怕这种压力，绝对多数只是专制主的心理上的存在，而不是事实上的存在，也必加以残酷的摧毁。对于与他们血肉相连，并由他们自身的需要所建立起来的"诸侯王"及"诸王"，也毫不例外，更何有于一般社会势力。专制政治既决不允许出现一种与它两不相容的进步力量，而历史上，又不可能有能与专制政治并行不悖的进步力量，于是中国历史中的学术文化，只有长期在此一死巷中纠缠挣扎，很难打开一条顺应学术文化的自律性所要求的康庄坦途，因而一直走的是崎岖曲折而又艰险的小径。中国历史中的知识分子，常常是在生死之间的选择中来考验自己的良心，进行自己的学术活动。所以两千多年来中国的学术情况，除了极少数的特出人物以外，思想的夹杂性，言行的游离性，成为一个最大的特色。逻辑的不能发达，此亦为重要原因之一。[①]而知识分子自身，由先秦两汉的任气敢死，因在长期专制折磨之下，逐渐变为软懦卑怯。一直到现代，即使是在外国学科学而能有所成就的人，一在国内住下以后，绝对多数的，也会变成在行为上是反科学的乡愿人物。不能了解此种历史背景，便很难了解中国文化学术及担当文化学术的知识分子，何以出现这种独特的形态。

[①] 台湾大学教授殷海光先生，一九六九年夏，胃癌复发，已无生望，而其求知之欲愈强。一日余往省视，于其病榻，偶言及此，则大笑，喜以为得未曾有之卓见，欲余为此专写一文，迄今未曾着笔，而殷君骨灰，闻已扬尘沧海。追念一时论学之欢，渺难再得。为之感恸。

汉代一人专制政治下的官制演变

一、官制系以宰相制度为骨干

官制是政治运作中的一套机器。从另一角度说，也是知识分子在政治上发挥能力所凭借的基本条件。它的形成，在理论上说，是适应治理天下的客观情势上的需要。因此，它的演变，应当是出于由客观情势变化的要求。所以官制的本身，应当具有客观独立的性格。但一人专制政治的特质，首须将皇帝个人的身份地位绝对化、神圣化；这一点，除了秦始皇通过礼仪加以实现，并由叔孙通为汉家制朝仪时所继承外，且如后所述，也须通过官制而加以实现。其次，一人专制政治，是秦国长期在法家思想培育之下所形成的。法家思想特点之一，是君臣关系的紧张，因而在心理上所引起的非常尖锐的猜防作用。一人专制者的皇帝地位，已如我在《封建制度的崩溃及典型专制政治的成立》一文中所述，并不借助于神权，而主要是运用法术的箝制与威吓，这便更助长了法家所提出的君臣间的紧张关系和猜防心理。《史记》卷五十三《萧相国世家》："于是乃令萧何赐带剑履上殿。"《会注考证》引朱锦绶曰："案《贾子》，古者天子二十而冠带剑，诸侯三十而冠带剑……，可见有事带剑，古礼之常。臣上君殿，其事尤大，当必以带剑为礼矣。……见君之礼，立而不坐，恐必不以不履为敬也。自秦法群臣侍殿上者，不得持尺寸之兵，适与古制相反。汉沿其法，故特赐萧何以宠之。其实剑履上殿，秦汉以前，不以为异，请约举经传以证之……"此即由猜防心理所引起的君臣关系变化的一例。这种情形，也必然在官制上发生重大的作用。

一人专制下的官制，是由秦政、李斯们所建立起来的。他们正紧接着战国过渡性的开放时代。由诸子百家，尤其是由其中的儒家所提出的政治理想，也浸透到政治制度的构想中去，甚至将理想伪托为古代官制之名以求其实现，这不能不渐渐形成一种"观念的力量"。这种观念的力量，也会通过吕不韦的门客而给秦的君臣以影响。尤其李斯本是荀卿的学生，也未尝不深通儒术。所以在他们形成这副大一统的统治大机器时，除了在基本上顺应一人专制的要求以外，其势也必须受到山东诸国的事实上与观念上的若干影响。于是在他们的官制中，我们应当承认实包含有若干合理的成分，最显著的是宰相制度的确立。① 春秋时代，各国政治的好坏，常随一个"为政"、"当政"、"当国"者为转移，不过那都是各国封建体制内的贵族。孔子则以平民而抱"吾其为东周乎"②之志，这实际是假定他可以获得代替人君行使职权的官位。这一官位，一方面由事实的要求而演变出战国时的丞相；同时也是抱有政治理想的知识分子，在对官制的构想中所寄托的理想。《荀子·王霸》篇："相者论列百官之长，要百事之听，以饰朝廷臣下百吏之分，度其功劳，论其赏庆，岁终奉其成功，以效于君。当

---

① 宰相制度，在秦称丞相与相国。山东诸国的魏赵燕，皆有丞相，秦则悼武王二年始置丞相。
②《论语·阳货》。

则可，不当则废。"《吕氏春秋·举难》篇："相也者，百官之长也。"《管子·君臣上》："是故主画之，相守之。相画之，官守之。"[①]在这类的话里面，不仅是对相权作现实的描述，而实也含有对相权作理想的期待。宰相的出现，是在战国斗争激烈的现实政治要求中所逐渐形成的。但它在现实要求中，可以容许政治的理想。人君不必皆贤，但宰相则可选天下之大贤；人君可以继业垂统的不变，但宰相则可因其贤否及成效而变动。御史大夫以监察为宰相之副，太尉主军政，由县尉及郡的都尉与县令长及郡守的关系，可以推知太尉也是属于宰相。宰相制度，是整个官制中的领袖与骨干。宰相地位合理化，则宰相以下的百官皆可以合理化，而将整个政治机器推向合理的方向；这是家天下、私天下中所含的一点公天下的成分。所以宰相制度，可以说是现实与理想合一的制度；知识分子的政治抱负，在宰相制度之下，应当可以得到合理的机遇与合理的发挥，极其致，也可以跻身相位，取得治天下之实。当然这里不考虑到用宰相之权，是操在人君手上；宰相的好坏，还是决定于人君的好坏的这一种人的因素。正因为如此，宰相制度，一方面为大一统的专制政治所必需；另一方面，却又为一人专制下所不容。于是专制政治的发展，在官制上最重要的演变，便是宰相制度的破坏。官制中其他的演变，主要是环绕此一演变所引发出来的。由宰相制度在演变中的破坏，自汉武帝后，中国历史上便无名实相符的宰相；而担任变相宰相的人，也常受到最大的挫折与屈辱。这便影响到知识分子整个的命运，并挫折学术的正常发展。

[①]《管子》此篇之时间，我以为不会出现在《吕氏春秋》之前。

秦享国日浅，它所建立的官制的效用，我们不能完全明了。二世胡亥任赵高为"中丞相"，[1]这是宰相制度破坏的开始。但破坏的情形也不太彰著。大一统的一人专制之局，是由汉所继承、所稳定下来的。由汉代官制的演变，以了解一人专制的性格及其对汉代政治社会与学术的影响，这应当是一条重要的门径。

二、三公九卿在历史官制中的澄清

在未进入到本问题之前，我应当首先指出汉人所流行的三公九卿的官制的说法，不是唐虞三代的政治史上的官制，也不是秦及西汉初年所曾实行过的官制。我要先把这一点澄清，也便可以澄清我国两千年来官制中的若干纠结。

卜辞中有"三公"一辞，指的是先王先公而非爵位名称。[2]传统的说法，最先出现三公一辞的是《尚书》中的《周官》"立太师、太傅、太保，兹惟三公，论道经邦，燮理阴阳"的几句话。按现行《尚书》中的《周官》系伪古文，今日已成定论。而"燮理阴阳"的观念，决非战国末期以前所有，恐亦不须多论。故此不足为"三公"之制在周初已有之证。惟《郑志》"赵商问曰：按成王《周官》立太师、太傅、太保，兹惟三公"云云，遂有以《郑志》所引，乃真古文《周官》之文，[3]则是以太师太傅太保为三公，乃周初所固有。但皮锡瑞谓"案郑君述古文逸书二四篇目，见于孔冲远书疏，内无《周官》。而赵商云云者，惠栋《古文尚书考》

---

[1] 见《史记·秦始皇本纪》及《李斯列传》。
[2] 见《甲骨文字集释》二·二三〇六。
[3] 屈万里氏著《尚书释义》附录三页一八八，即以此为真古文《周官》之文。

曰：'孔氏逸书无《周官》。赵商据以为说，此必见《纬书》及《书大传》，梅氏即用之以入《周官》。'其说是也。"①是《郑志》赵商所引之周官，仍非真古文《周官》，则"兹惟三公"之语，仍为后出之语。周初有公爵，但并无以三为限定而称为"三公"的官制。《尚书》中的《牧誓》、《酒诰》、《立政》、《顾命》，皆出有周初较详的官制，皆无三公之名。《金縢》有"二公曰"，《传》谓二公乃召公、太公，再加上周公本人，此似为三公。但此三人乃公侯伯子男五等爵中之公，而非周王左右另成一固定官制的"三公"之公。所以在《顾命》中又出现有毕公、毛公。周代爵位世袭，则其公之不限以三，甚为明显。《五礼通考》卷二百十五引叶氏时曰："以三公言之，召公为保，周公为师，而太傅无有焉，召公实兼之也。周公既没，召公为保，而太师太傅无有焉，召公实兼之也。"此乃傅会三公之说而不可得，故以"兼之"作弥缝，而不知本无所谓三公。《诗·小雅·雨无正》的"三事大夫"，郑《笺》即以三公释之。但诗人分明称为"大夫"，何得以大夫为公？是《诗》、《书》中未见有三公的名辞。《春秋左氏》、《穀梁》两传，皆无三公的名称，是春秋二百四十二年中，未出现所谓三公之制。《公羊传》有"天子三公"的说法，但这都是由"初献六羽"（隐五年）、"祭公来"（桓八年）、"周公出奔晋"（成十二年）等经文傅会而成，这是在景帝时胡毋生等写定时所傅会上去的。②在经文原文中，没有可以解释为三公的任何根据。正因为如此，所以二千年来的传注家对先秦典籍作三公的解释时，不仅都是采用"拼

---

① 见皮锡瑞《郑志疏证》四。
② 见《春秋公羊传·隐公二年》："纪子伯者何，无闻焉耳。"传注。

汉代一人专制政治下的官制演变   *185*

七巧板"的方式,并且对三公的内容也各不相同。《汉书》卷十九上《百官公卿表》七上,既以太师、太傅、太保为三公,但又"或说司马主天,司徒主人,司空主地,是为三公。"此处之"或说",盖出于《韩诗外传》八:"三公者何,曰司空、司马、司徒也。司马主天,司空主土,司徒主人。"其于古史为无稽,更不待论。

就我目前所能找到的可靠线索来说,三公这一名辞的出现,应在春秋之末,或即由墨子这一学派的政治理想所造出来的。《尚同上》:"是故选天下之贤可者立以为天子。天子立,以其力为未足,又选择天下之贤可者置立之以为三公。天下三公既已立,以天下为博大,远国异土之民,是非利害之辨,不可一二而明知,故画分万国,立诸侯国君。诸侯国君既已立,以其力为未足,又选择其国之贤可者置立之以为正长。"《尚同中》、《尚同下》都有这一段大体相同的话;《天志》里也有与这相同的政治制度。假定《墨子》一书的主要部分,乃成立于战国中期以前,则这应当是在可信的材料中最早提出三公观念的;最低限度,是最早把三公的观念很明显而有力地镶入到整个的官制中间去,而成为完整系统中的重要一环的。《老子》卷六十二也有"置天子、立三公"的话,由这种话所代表的政治意义,在《老子》一书里的分量,没有在《墨子》一书里的分量重。而《老子》一书,若如我所考证,这是由老子这一派的学徒辗转记录增补而成,其主要部分,也是写定于战国中期之前;[①]则《老子》一书的这两句话,是受到墨子一派的直接或间接的影响,是可以讲得通的。至于孟子曾说柳下惠"不

[①] 详见拙著《老子其人其书的再考查》,收入《中国思想史论集续篇》。

以三公易其介"(《尽心章上》),这可证明此一观念在战国中期已经传播开了。

然则何以能说这三公不是历史的事实,而是出自墨子这一学派的政治理想呢?第一,从天子起,一直到地方的正长,皆出自选举,这是被过去研究墨子的人所忽略了的伟大政治理想。第二,墨子引作三公职位的历史证据,都出于历史的傅会,由此可知在历史中并不曾真正出现过三公。《尚贤中》:"傅说被褐带索……武丁得之,举以为三公。"《尚贤下》:"昔伊尹为莘氏女师仆,使为庖人,汤得而举之,以为三公。"在历史的传说中,也没有傅说、伊尹所作的是三公的职位任何痕迹;可知墨子或墨子的学徒,在历史中找不到三公这一职位。然则何以称为三公呢?公的爵位在周初是有的,公而冠以三,或取"数成于三",① 或取天地人三才之义,则无法确定。②

在《墨子》的官制系统中,天子之下是三公,三公之下是诸侯,由此可以推知他们所说的三公,实际指的是卿大夫,最低限度是概括了卿大夫,所以便略去这一环节。周的官制中有卿,这是不容怀疑的。《左传·成公三年》"晋作六军,韩厥、赵括、巩朔、韩穿、荀骓、赵旃皆为卿"。是晋有六卿。《左传·襄公八年》郑子展谓晋"八卿和睦",是晋又有八卿。或八卿之八,乃六字之讹。《左传·襄公十九年》"公享晋六卿于蒲圃,赐之三命之服。军尉司马司空舆尉候奄皆受一命之服"。可知晋之所谓卿,以受命将佐上中下军为准;有兼司马、司空诸职的,但司马、司空等并

---

① 《史记·律书》:"数始于一,终于十,成于三。"故古人好以"三"称物。
② 服虔《左传注》"三者,天、地、人之数",此说在战国初期即盛行。

非卿位。《左传·文公七年》宋国"公子成为右师，公孙友为左师，乐豫为司马，鳞矔为司徒，公子荡为司城，华御事为司寇，六卿和公室"。是宋六卿之名位，与晋不同。《左传·僖公九年》公子目夷"为左师以听政"。《左传》鲁文时期，华元以右师为政。《左传·襄公九年》"乐喜为司城以为政"。是六卿中无固定为政之规定。而司马、司徒、司空[①]皆卿位而非公位。此外郑有六卿，而司马、司空、司徒皆卿。[②]齐、楚、秦诸大国，则皆无六卿之名。

至于"九卿"，则自周初以迄战国，未曾发现此一官制的痕迹。独《国语·鲁语下》记公父文伯之母有"是故天子大采朝日，与三公九卿，祖识地德"的话，果尔，则在春秋定、哀之际，已有九卿一辞，且与"三公"连在一起。但不特自春秋之末以迄战国，除下述《吕氏春秋》外，其他可信赖的文献，并未见到九卿一辞。并且《国语》中除此处外，只有六卿的名称，再找不到九卿的名称。依我的推测，刘向编《列女传》时，三公九卿的名称，甚为流行。他将《鲁语》有关公父文伯的材料，改编成《列女传》中的《鲁季敬姜》，为求文字适合当时皇室的要求，便将《鲁语》中此处其他的官制名称，改为"三公九卿"。并将下句的"祖识地德"，改为"组织施德"（此句也可能是传抄中因字形近似而来的讹误）；后人再将《列女传》中的"三公九卿"，误校到《鲁语》中去了。因此，我以为"九卿"一辞，恐以《吕氏春秋》十二纪为最早而可信。吕不韦聚门客作《吕氏春秋》以作秦统一天下后政治的宝典。在十二纪中，开始把三公九卿组合在一起；而九卿

---

① 《左传·桓公六年》："宋以武公废司空。"杜注："武公名司空，废为司城。"是宋之司城即司空。
② 见《左传·襄公九年》及《左传·襄公十年》。

的官制，可能即是他的门客构造出来的。《孟春纪》："立春之日，天子亲率三公九卿诸侯大夫，以迎春于东郊。"以后各纪中，大都有三公九卿的出现。他们所以将春秋时代流行的六卿改为九卿，或者因为晋、宋等国既已有六卿，则作为大一统的秦帝国，自应比他们要多出一些。而由六升到九，或者是因为《左传·文公七年》有"六府三事，谓之九功"的话而来；或者是出自他们特殊的数字衍化，由三公衍化而为九卿（见后），则不易断定。《吕氏春秋》的十二纪，给了汉代思想与政治以可惊的影响，此将另有专文论述。这里只指出，由汉文帝令博士诸生所作的王制[①]中，"天子三公九卿，二十七大夫，八十一元士"的几句话，是承《吕氏春秋》十二纪的三公九卿演化出来的。这种以三的倍数所形成的官制，或者与《宋书·律志》"黄钟之律长九寸，物以三生。三三见九，三九二十七，故幅广二尺七寸，古之制也"的这几句话有关系。因此，八十一元士之八十一，乃由三乘二十七大夫而来。董仲舒《春秋繁露·官制象天》第二十四，对此一官制，以"圣王所取仪金（于）天之大经，三起而成（按指每三月而成一季），四转而终（按指四季而成岁。以四季比此官制之四级）"作解释，恐亦非博士之本意。郑康成不知道这种官制是出自文帝的博士们的凭空演化，但又于古无征，所以只好说"此夏制也"，当然郑说是完全没有根据的。因此，凡是把秦以前的官制，向三公九卿去比傅，汉人比傅得没有办法，又造出三孤之说以为补缀，皆是曲解历史。除了增加混乱外，更无半丝半毫意义。

　　三公的名称，虽出现得较早，而九卿的名称，虽出自吕不韦

[①] 关于现行《礼记》中之《王制》，清今文学家另立异说，但绝对不能成立，将另文讨论。

的门客，对秦可以发生影响；但秦的实际官制，并没有受到这两个名词的影响。《通典》卷二十《职官二》："秦置丞相，省司徒。"又谓"秦无司空，置御史大夫"，此误以成帝绥和元年（前八年）之改建三公，为古代所固有。汉承秦制，由西汉有九卿之名而不拘于九卿之数，即可推知秦无九卿之说；凡谓秦有九卿者，皆出自后人之傅会。

三公九卿之名，在西汉颇为流行。但在绥和元年以前，皆只作象征性的使用，而未尝以此作官制的规准。成帝绥和元年，因何武之言，将御史大夫改为司空，连同原有之丞相及武帝时所设之大司马，修改丞相制为三公制。在此以前，太尉并不常设，故《史记·将相年表》于高帝五年、文帝三年、景帝七年、武帝建元二年，皆云罢太尉官，是汉廷从无以太尉为三公之观念。而武帝之设大司马，乃是为了"以冠将军之号"[①]来宠异卫青及霍去病，亦与三公无涉，甚至与原设的太尉亦无涉。因为此时之大司马是虚衔，且直属于天子；而太尉则系主管军政的实职，为丞相的助手。《汉书》卷八十九《循吏传》黄霸荐史高可为太尉："天子（宣帝）使尚书召问霸，太尉官罢久矣，丞相兼之，所以偃武兴文也。"按自霍光以大司马大将军辅政，卒于地节二年（前六十八年），经张安世、韩增、许延寿，至甘露元年（前五十三年）许延寿之死，大司马未尝无人。若在绥和元年以前，大司马系由武

[①] 按《汉书·百官公卿表》谓"元狩四年（前一一九年）初置大司马，以冠将军之号"，是说在卫青的大将军及霍去病的骠骑将军上面，各加一大司马的头衔。将军是实职，而大司马是荣衔。但《大陆杂志》三八卷一期郑君钦仁译镰田重雄著《汉代的尚书》一文中有"大司马原为太尉的官，武帝时设置，冠以将军号"，这便由一字的颠倒而成为与原来意思的颠倒，不知是否系郑君误译。"大司马原为太尉的官"亦谬。

两汉思想史（一）

帝改太尉而来，则宣帝不会说"太尉官罢久矣"的话。以大司马作太尉，乃成帝绥和元年改置三公以后的观念。这一点，汉人也常常弄混淆了。《汉官仪》谓武帝改太尉曰大司马，此与元狩四年诏卫青、霍去病皆为大司马的情形完全不合。且三公的地位是平等的，故绥和元年改三公制时，即"益大司马大司空（御史大夫）奉（俸）如丞相"。在此之前，则御史大夫"掌副丞相"，丞相奉钱月六万，而御史大夫月四万；是绥和以前由高帝五年至元延四年，凡一百九十三年间，汉无三公的官制，彰彰明甚。然《史记》卷一〇二《张释之列传》有"三公九卿尽会"之语，卷一一二《平津侯列传》汲黯谓公孙弘"位在三公"，而公孙弘亦自称"夫以三公为布被"。此时弘为御史大夫；又"致位三公"，则弘已为丞相。卷一二二《酷吏列传》张汤自谓"陛下幸致为三公"，又"杜周初征为廷史……及身久任事至三公列"。张汤、杜周实皆为御史大夫。由此可知武帝时并无三公之实，而率称丞相、御史大夫为三公；可断言三公一辞，西汉时已在观念上发生影响，故当时即作象征性之使用。成、哀之后，乃渐趋向现实官制上的使用，至东汉而始在官制上完全确定。

九卿一辞的情形，也和三公一辞的情形一样。《续汉志》标明"太常（原名奉常）卿一人"、"光禄勋（原名郎中令）卿一人"、"卫尉卿一人"、"太仆卿一人"、"廷尉卿一人"、"大鸿胪（原名典客）卿一人"、"宗正卿一人"、"大司农（原名治粟内史）卿一人"、"少府卿一人"。以后韦昭《辨释名》，[1]张守节《史记正义》

---

[1] 见《太平御览》卷二百二十八《职官部》二十六。宋徐天麟《西汉会要》卷三十一《职官》所引略同。

及《通典》、《通志》、《通考》，皆以此为两汉的九卿。而《通典》特加"九寺大卿"之名，此在两汉为无据。然《史记》卷一一二《平津侯主父列传》公孙弘谓"夫九卿与臣善者无过黯"，时汲黯为主爵都尉。卷一二〇《汲郑列传》"召（汲黯）以为主爵都尉，列于九卿"。又同卷郑庄"至九卿为右内史"。卷一二二《酷吏列传》宁成"徙为内史，外戚多毁成之短，抵罪髡钳。是时九卿罪死即死。少被刑，而成极刑"。"杨仆者……稍迁至主爵都尉，列九卿。"卷一二三《大宛列传》："军正赵始成为光禄大夫，上官桀为少府，李哆为上党太守，军官吏为九卿者三人，诸侯相郡守二千石者百余人。"由上文观之，少府固为九卿，光禄大夫秩比二千石，但《汉书》卷三十六《楚元王传》载元帝征周堪，"拜为光禄大夫，秩中二千石"，与卿秩相同，是此职之地位，可高可下。故"毗亮论道，献可替否"（荀绰《晋百官表》），当时亦可能视为九卿。《汉书》卷七十六《张敞传》：敞"诣公车上书曰，臣前幸得备位列卿，待罪京兆。"又同卷《王尊传》，尊为京兆尹，御史大夫奏尊"不宜备位九卿"。主爵都尉（后改为右扶风）、内史（后改为京兆尹）、右内史，在当时皆称为九卿，远非《续汉志》所举之九卿可得而范围。今人求其说而不得，乃有人将"九卿"与"列卿"加以分别，[①] 此似因前有"列于九卿"、"列九卿"等字句而来。但汲黯为主爵都尉，称之为"列于九卿"。《史记》卷一二〇记汲黯"过大行李息曰……公列九卿"。按大行令后改为大鸿胪，正在《续汉志》九卿之内，亦称为"列九卿"。而《晋

[①] 中华文化出版事业委员会出版之《中国政治思想与制度史论集》中有曾繁康《中国历代官制》一文页十五"三、九卿之官（列卿附）"以执金吾、典属国、与水衡都尉等为列卿。

书》卷二十四《职官志》："太常、光禄勋、卫尉、太仆、廷尉、大鸿胪、宗正、大司农、少府、将作大匠、太后三卿、大长秋，皆为列卿。"此处所举自少府以上，正系一般所谓之九卿。但连同将作大匠等同称为列卿，则九卿与列卿之别，是毫无根据的。何况《汉书·百官公卿表》，实际是举出了十卿。因为在"中尉、秦官"这一条的下面说："自太常至执金吾（武帝太初元年改中尉为执金吾），皆中二千石，丞皆千石。"这是班氏视执金吾与由太常至少府等九官，皆系同等秩位；由太常至少府等九官是卿，执金吾也当然是卿。《汉书》卷七十七《毋将隆传》，隆为执金吾，诏即称其"位隆九卿"。所以韦昭辨正刘熙《释名》谓"执金吾本是中尉，掌徼巡宫外，司执奸。至武帝更执金吾为外卿，不在九列"的说法，认其对西汉而言，是不能成立的。执金吾因"徼巡宫外"，即为外卿，则廷尉掌理天下之狱，大司农掌理天下之财，岂非更应列为外卿吗？"外卿"之说，为两京所无，此亦系求其故而不得，故从而为之辞。而班固在《百官公卿表》中，列有奉常（太常）、郎中令（光禄勋）、卫尉、太仆、廷尉、典客（大行令、大鸿胪）、宗正、治粟内史（大司农）、中尉（执金吾）、少府、水衡都尉、主爵都尉（右扶风）、左内史（左冯翊）、右内史（京兆尹），共十四官，皆西京之卿，皆可称为九卿。此无他，九卿开始时乃一观念上之官制；西京对于本不止于九而称九卿，与本不足为三而称三公一样，乃象征性之使用，并未尝为"九"之数字所拘。成、哀而后，直至东汉，始将观念上之九卿，坐实而为事实上之九卿。此与三公的情形相同，乃官制上由观念演向事实的显著的一例。明乎此，则过去由西汉以上对三公九卿的种种拼七巧板式的说法，皆应廓而清之，不为其所迷惑。而十二卿

汉代一人专制政治下的官制演变

（刘熙《释名》）、十三卿[①]之说，皆不如从《汉书·百官公卿表》之为得其实了。

三、汉代官制的一般特性

由汉所继承的秦代官制，首先可以看出在设定之初，即含有一个特性，乃在于以官制中的大部分来表现并维护皇帝的绝对身份，而非出自客观政治治理上的需要。因此，所以在理论上尽可以说丞相助理万机，无所不统。太尉统军，御史大夫掌副丞相监察内外，这一官制的高层构造可以说是相当地合理；但因为其中坚构造的大部分是为了维护皇帝的绝对身份，所以一开始便成为丞相在法理上可以管，而在事实上则丞相不必管也不能管之局面。兹先作一概略观察如下。

列卿之首的太常掌宗庙礼仪，这可以说是由古代重视祭祀的传统而来。因其中有太史、太医及博士，这便成为半宗教半学术的机构。而博士"秩比六百石"，其地位不及太乐、太祝、太宰等令；但常有参议朝政，巡察地方的机会，这是以"通古今"的知识，得到政治发言权，是专制政治构造中最有意义的部分。

在列卿中地位特殊而组织庞大，在实质上可以说是居列卿的第一位的，无过于由先称郎中令，后改名为光禄勋的职位。光禄勋府在宫中，它是为皇帝看门的。正因为它是为皇帝看门，主管安全，并是通向内外的管钥，所以它的组织庞大，除为皇帝看门外，并兼尽储备人才的责任。《汉书·百官公卿表》：

[①]《五礼通考》卷二百十七之说。

郎中令，秦官，掌宫殿掖门户，有丞。武帝太初元年（前一○四年）更名光禄勋。属官有大夫、郎、谒者，皆秦官。又期门、羽林，皆属焉。大夫掌论议。有太中大夫、中大夫、谏大夫，皆无员，多至数十人。武帝元狩五年（前一○八年），初置谏大夫，秩比八百石。太初元年，更名中大夫为光禄大夫，秩比二千石。太中大夫秩比千石如故。郎掌守门户，出充车骑。有议郎、中郎、侍郎、郎中，皆无员，多至千人。议郎、中郎，秩比六百石。侍郎秩比四百石。郎中秩比三百石。中郎有五官、左、右三将，秩皆比二千石。郎中有车、户、骑三将，秩皆比千石。谒者掌宾赞、受事，员七十人，秩比六百石。有仆射，秩比千石。期门掌执兵送从，武帝建元三年（前一三八年）初置，比郎，无员，多至千人。有仆射，秩比千石。平帝元始元年，更名虎贲郎，置中郎将，秩比二千石。羽林掌送从，次期门，武帝太初元年初置，名曰建章营骑，后更名羽林骑。又取从军死事之子孙养羽林官（馆）教以五兵，号曰羽林孤儿。羽林有令丞。宣帝令中郎将骑都尉监羽林，秩比二千石。

此一庞大机构，是武帝把它发展起来的。它的特点：第一，组织庞大，而内部享受高级待遇的，较任何机构为多。例如丞相府有两长史，秩千石；武帝元狩五年又加了一个司直，秩比二千石。但光禄勋府则光禄大夫秩比二千石，太中大夫秩比千石。这两种大夫，可以多到几十人。中郎五官、左、右三将及骑都尉皆秩比二千石。车、户、骑三将及谒者仆射，期门仆射，秩皆比千石。谏大夫秩比八百石，这在汉廷官制中可以说是很特出的。秩

汉代一人专制政治下的官制演变

比六百石的可以多到几百人。比三百石到四百石的可以多到几千人。第二，掌议论的三种大夫，可以直接参与朝议。而谏大夫虽秩比八百石，但武帝常用以诘难丞相等大臣，使之折服，以伸张皇帝的意志。若以今日的名词来说，实际成为皇帝的智囊团及一批御用学者，以加强皇帝对大臣及政策的控制。第三，几千个郎的构成分子，最初多选自有功勋的中下级武人。高祖得天下后，为了安置这一批人，一方面养在这里，一方面又由这里选出去充任中央政府及地方政府的各种正式职位，这是军事复员善后的一种方法，大概是沿自秦始皇。接着选择才武之士，及二千石以上和有功勋者的子弟为郎。还有以纳赀进入仕途的，及选出的孝廉，乃至由四科所取的士，都要先在这里为郎，作更直执戟宿卫诸殿门，出充车骑[①]等职务，在这里熬资历，等机会。于是这一个皇帝的警备室，又成了吸收人才、储备人才的总站。其中的议郎常以处特突出之士；《续汉志》说"议郎不在直中"，即是说他可以不当班，要算是一种特例。仕进之途，由皇帝的警备室握其咽喉；一切臣工，皆出自皇帝的卫士。这样才可以保证他的忠诚，这样才更可以显出皇帝地位的崇高伟大，以摧抑由知识、人格而来的志气，使其非先接受这一专制模型的陶范不可。鼎盛期的大一统一人专制的形象，通过光禄勋这一机构而始完全刻画了出来。这要算是汉武的一大杰作。

卫尉是主管皇帝宫门的卫屯兵的，太仆是掌皇帝的车马的。主掌全国马政的职务，也是由汉武时扩充而来。大鸿胪是为皇帝作司仪。宗正是管皇帝的家谱。少府是皇帝的私账房，因为与皇

---

① 见《续汉志》。

帝更接近，所以其内容的丰富，仅次于光禄勋；而以后在政治上所发生的作用，更为过之。执金吾是管宫门以外的警卫及维持京师治安的。他出巡时的威风，令光武年少时望而生羡。中二千石的十卿，仅有廷尉是治狱，大司农是理财，不是直接为皇帝当差，太常可以说是半当差，其余的都是直接为皇帝当差的。仅凭为皇帝当差，即有政治上的崇高地位，愈与皇帝接近，便愈有政治上的权力，这是由一人专制所必然出现的现象。这是专制政治下的官制演变、政治演变的两个基本契机。不了解这一点，便不足以言专制政治下的官制问题。而宰相制度的破坏，也只有先把握到这一点，才能了解这是由专制政治内部矛盾所必定循环出现的现象。

四、武帝在官制演变中的关键性的地位

宰相一职，最先在刘邦的心目中，只是把它当作一个临时性的荣誉头衔，而不一定把它当作实际政治中所不可缺少的重要职位。洪迈谓："汉初诸将所领官，多为丞相。如韩信初拜大将军，后为左丞相击魏，又拜相国击齐；周勃以将军迁太尉，后以相国代樊哙击燕；樊哙以将军攻韩王信，迁为左丞相，以相国击燕；郦商为将军，以右丞相击陈狶，以丞相击黥布；尹恢以右丞相备守淮阳，陈涓以丞相定齐地。然《百官公卿表》皆不载。盖萧何已居相位，诸人者未尝在朝廷，特使假其名以为重耳。后世使相之官本诸此也。"[①] 同时，汉初政治上的猜忌之心，首先是集中到

---

① 《容斋续笔》卷十"汉初诸将"条。

"诸侯王"身上；一直到景帝剪平七国，武帝分封子弟，而专制者心理上的这一重大政治压力，始大体解除。在官制上，他们的猜忌心理，则是首先安放在太尉一职之上，因为这是主管军事的。高祖六年（前二〇一年）以卢绾为太尉，旋立绾为燕王，省太尉。十一年以周勃为太尉，攻代，旋省。惠帝六年（前一八九年）复以周勃为太尉；文帝元年（前一七九年），勃迁丞相，灌婴继之，至文帝三年省。景帝三年（前一五七年），以周亚夫为太尉，击吴楚，七年又省。武帝建元元年（前一四〇年），以田蚡为太尉，至二年省。[①]可以说在特殊情形下（如用兵）才立太尉；在恢复常态时，即将之罢省。至于元狩四年（前一一九年），武帝立大司马以冠大将军及骠骑将军之号，如前所述，并不同于将太尉改为大司马。因为此时将军才是他们的实职，而大司马则系虚衔；太尉亦系实职。更重要的是太尉乃助理丞相，在丞相这一系统之内；故太尉省时，其经常业务即并入丞相。而以冠将军之号的大司马则直属于皇帝。《汉书》卷六十九《辛庆忌传》："丞相司直何武上封事曰……是以先帝（按指武帝）建列将之官，近戚主内，异姓距外，故奸轨不得萌动而破灭，诚万世之长策也。"卫青、霍去病等将军，正是"近戚主内"，加上去的大司马的头衔，是跟着将军走的，与丞相无职务上直接的关系。后来将大司马与太尉，视为一官之异名，乃起于成帝绥和元年为了拼凑成三公之数的原故。

西汉初期，虽视丞相不及太尉的重要，但丞相在法理上的职权，仍不能加以抹煞。陈平答文帝丞相所主何事之问谓："宰相者，上佐天子，理阴阳，顺四时；下育万物之宜，外镇抚四夷诸侯。

[①] 参阅万斯同《汉将相大臣年表》，收入开明《二十五史补编》第二册。

内亲附百姓，使卿大夫各得其职者也。"①申屠嘉为丞相，邓通以太中大夫得幸于文帝。嘉入朝，"通居上傍，有怠慢之礼……罢朝坐府中，嘉为檄召邓通诣丞相府，不来，且斩通……通至丞相府……通顿首，首尽出血，不解。文帝度丞相已困通，使使者持节召通而谢丞相曰：此吾弄臣，君释之。"②此固由文帝之能忍，然亦可见相权之尚尊。丞相府的组织，也相当庞大。《汉旧仪》卷上："丞相典天下诛讨赐夺，吏劳职烦，故吏众。""丞相初置吏员十五人，皆六百石，分东西曹。东曹九人出督州为刺史。西曹六人，其五人往来白事东厢为侍中。一人留府曰西曹，领百官奏事。""武帝元狩六年，丞相吏员三百八十二人。史二十人，秩四百石。少史八十人，秩三百石。属百人，秩二百石。属史百六十二人，秩百石。"正因为如此，汉初用相，除陈平一开始以护军中尉为汉高作军中特务，出计为其剪除功臣，③而又济以阴柔之术，得为丞相，并以善终外，此外皆自其故乡与其有特深私人关系，并椎鲁无能之人，亦即史公所谓"鄙朴人"。萧何之功，在刘邦未得天下以前。刘邦得天下以后，则救死惟恐不暇，且几不免于死，此在《史记·萧相国世家》中记之甚详。曹参则一事不作，一士不举，④竟为汉名相。《史记》卷九十六《张丞相列传》："自汉兴，至孝文二十余年，会天下初定，将相公卿皆军吏。"王陵以戆免。周勃"为人木强敦厚，高帝以为可属大事"，且有安刘、迎立之大功，

---

① 《史记》卷五十六《陈丞相世家》。
② 《史记》卷九十六《张丞相列传》。
③ 刘邦伪游云梦欺骗韩信之计，固出于陈平。又《史记·陈丞相世家》："吕媭常以前陈平为高帝谋执樊哙。"以此推之，其计率多此类。故史公谓："奇计或颇秘，世莫能闻也。"而陈平亦自谓："我多阴谋。"
④ 《容斋续笔》卷十有"曹参不荐士"条。

但终"知狱吏之贵"。其子亚夫以"欲反地下"的理由,下狱呕血死。①申屠嘉以晁错之故,亦呕血死。晁错则以其才锐峭直刻深死于东市。②申屠嘉死之后,继其为相者益不堪。《史记》卷九十六《张丞相列传》:"自申屠嘉死之后,景帝时,开封侯陶青、桃侯刘舍为丞相。及今上(武帝)时,柏至侯许昌、平棘侯薛泽、武强侯庄青翟、高陵侯赵周等为丞相,皆以列侯继嗣,娖娖廉谨,为丞相备员而已,无所能发明功名,有著于当世者。"文、景、武三世,正汉室盛时,独对丞相及副丞相的御史大夫,中间除张苍明律历外,皆特选无能之辈。盖专制君主的内心,欲以无能者对特别恩遇的感激,换取居此种职位者的忠诚;并以无能来抵消、抑制此一重大职位所能发生的作用,藉得减轻内心的疑忌。

由秦皇所建立的大一统的一人专制,顺此一政制的基本性格,至汉武而发展完成。他发挥了大一统的一人专制下的很大效能,也暴露出大一统的一人专制下的残酷黑暗。他之所以能如此,一方面是他凭借了七十年安定中社会所滋生的力量;一方面也是凭借了他个人强大的欲望与生命力。在学术与人才方面,他一方面阻滞了社会上的自由发展;但一方面也可以说是牢笼万有,而又缘饰以儒术。《史记》卷一百二十八《龟策列传》:"至今上即位,博开艺文之路,悉延百端之学。通一伎之士,咸得自效。绝伦超奇者为右,无所阿私。"这反映出了当时一方面的情况。《史记》卷一一二《平津侯列传》:"于是天子察其(公孙弘)行敦厚,辩论有余,习文法吏事,而又缘饰以儒术,上大悦之。"武帝喜悦公

---

① 皆见《史记》卷五十七《绛侯周勃世家》。
② 杀晁错之不足以止七国之兵,景帝岂不知之?盖亦借此以除心中之所忌耳。细读《史记·晁错列传》自知之。

孙弘能缘饰以儒术，正因他自己喜缘饰以儒术。《汉书》卷五十八《公孙弘卜式儿宽传》赞，备称武帝得人之盛，虽有所夸张掩饰，要亦可以窥知当时多方吸引的情形。至其征讨四夷，特以将相不得其人，得不偿失；[1] 然痛苦在一时，而功效特著于昭、宣、元、成之世。至其开辟交通水利、提倡农器技术上的改良，这都可以说是发挥了效能的一方面。

但由大一统的一人专制所很易引起个人的穷奢极欲，汉武较之秦皇，有过之而无不及。在这种穷奢极欲的发展中，直接影响到官制上的，是与皇帝有直接关系的职位及后宫，作了大量的扩充。《续汉志》："及至武帝，多所改作，然而奢广，民用匮乏。"这即可作概略性的说明。《汉书》卷七十五《眭两夏侯京翼李传》，记宣帝初即位，"欲褒先帝（武帝）"，想为其立庙乐。"长信少府胜（夏侯胜）独曰：武帝虽有攘四夷，广土斥境之功，然多杀士众，竭民财力，奢泰无度，天下虚耗，百姓流离，物故者过半，蝗虫大起，赤地数千里，或人民相食，畜积至今未复，亡德泽于民，不宜为立庙乐。"这是冒大不韪的重要批评。但我在这里要特别指出的是，武力与刑罚，是一人专制政治的两大骨干；此两大骨干，到武帝特别得到了高度的发展。关于武帝是以刑为治，及刑法在他手上的发展，我们只要读《史记》的《酷吏列传》及《汉书》的《刑法志》，已经很清楚。而在官制上，据《汉旧仪》卷上："武帝时，御史中丞督司隶，司隶督司直，司直督刺史二千石以下至墨绶。"建立了一套严酷的督责系统。关于武力方面，他首先是在官制上把军事脱离宰相的系统，使其直属于他自己。再便

---

[1]《史记·匈奴列传》赞特深刻地指出此点。

是在当时由征召制度而来的军事力量外，扩充他周围的常备性的武力。据《汉书·百官志》，武帝除在光禄勋内增设期门（平帝元始元年改虎贲郎），羽林及羽林孤儿外，更增设城门校尉及中垒、屯骑、步兵、越骑、长水、胡骑、射声、虎贲等八校尉。并把不常设的将军，到他手上多成为常设的官职。如大将军、骠骑将军、卫将军、前后左右将军等，且提高他们的地位。这些可以说是武帝政治措施上的另一面。而与上述这些发展密切关连在一起，并影响到以后的政治最大的，无过于对宰相制度作进一步的破坏。而这种破坏，乃是顺着高祖以来对宰相一职如前所述的态度而来的发展，也即是一人专制自身所必然有的发展。

五、武帝对宰相制度的破坏

武帝即位的建元元年（前一四〇年）六月窦婴为丞相，这是立有大功而又相当贤能的外戚；到二年十月免。更因田蚡说他"日夜招集天下豪杰壮士与论议"，弃市于渭城。继窦婴为相的是高祖功臣许温之孙的许昌，至六年六月免，这是史公所说的"娖娖廉谨"之一。接着是武帝的母舅田蚡为相，"蚡以肺腑为京师相，非痛折节以礼诎之，①天下不肃。当是时，丞相入奏事，坐语移日，所言皆听。荐人或起家至二千石，权移主上。上乃曰：君除吏已尽未？吾亦欲除吏。"②好像田蚡做了真宰相；但这是因为

---

① 《索隐》对此语之解释谓为"欲令士折节屈下于己"，非是。上文有："又以为诸侯王多长，上初即位，富于春秋，蚡以肺腑为京师相。"则知蚡所痛折节以礼诎之者，乃指诸侯王而言。
② 皆见《史记》卷一百七《魏其武安侯列传》。

他具有三个条件：（一）他是武帝的舅父，有武帝的母亲全力支持。故史公谓："上自魏其（窦婴）时，不直武安，特为太后故耳。"（二）武帝要借他来折诎诸侯王以尊朝廷。（三）他"所好音乐狗马田宅，所爱倡优巧匠之属"。① 可以减少武帝的猜嫌。但在他执行宰相职权时，武帝已不能忍耐。他死后（死于元光四年三月）九年，因淮南王安之事，武帝曰："使武安侯在者，族矣。"继田盼为相的是与许昌同出身、同类型的薛泽，一直到元朔五年（前一二三年）十一月，公孙弘为丞相。公孙弘于元光五年（前一三〇年）征为文学博士，其为人"恢奇多闻……每朝会议，开陈其端，令人主自择，不肯面折廷争。于是天子察其行敦厚，辩论有余，习文法吏事，而又缘饰以儒术，上大悦之"。② 七年之间，起布衣为宰相，这是他多闻而面谀，行文法而饰儒术，太适合了武帝夸大自尊的心理。他的性格是叔孙通这一类型的。元狩二年（前一二一年）三月公孙弘卒，李蔡以从大将军卫青有功封侯为丞相，至五年（前一一八年）因罪自杀；以与许昌同出身同类型的庄青翟为丞相；此时"丞相取充位，天下事皆决于汤（张汤）"。③ 但至元鼎二年（前一一五年）三月，又因罪自杀，以与许昌同类型的赵周为丞相，至五年（前一一二年）下狱死。三年之间，杀了三个宰相。大概武帝觉得不好意思起来，便特选"上问车中几马，庆以策数马毕，举手曰六马"的石庆为丞相。"是时汉方南诛两越，东击朝鲜，北逐匈奴，西伐大宛，中国多事。天子巡狩海内，修上古神祠，封禅，兴礼乐，公家用少。桑弘羊等致利，王

---

① 皆见《史记》卷一百七《魏其武安侯列传》。
② 《史记》卷一百十二《平津侯列传》。
③ 《史记》卷一百二十二《酷吏列传》。

温舒之属峻法，兒宽等推文学至九卿，更进用事，事不关决于丞相。丞相醇谨而已。在位九岁，无能有所匡言。尝欲请治上近臣所忠、九卿咸宣罪，不能服，反受其过，赎罪"。①连朝廷有大事要开廷议时，也不使他参与，石庆惭愧要归丞相侯印，武帝骂他"君欲安归难乎"；石庆只好挨到大初二年（前一○三年）死去，武帝才失掉了这一可以玩弄而又可以信赖的工具。继石庆当丞相的是公孙贺。他是胡种，义渠人。武帝为太子时，他曾经为舍人，他的妻是卫皇后之姊，所以"由是有宠"。"七为将军，出击匈奴，无大功，而再侯。"但他由太仆"引拜为丞相，不受印绶，顿首涕泣曰：臣本边鄙，以鞍马骑射为官，材诚不任宰相。上与左右见贺悲哀，感动下泣曰：扶起丞相。贺不肯起，上乃起去。贺不得已，拜出。左右问其故，贺曰：主上贤明，臣不足以称，恐负重责，从是殆矣"。②由此可知作武帝的宰相，是如何的危险。公孙贺虽以临深履薄的心情来做他所不愿做的丞相，但终于征和二年（前九十一年）四月下狱死，且以灭其族。公孙贺死后，于是年五月，以宗室刘屈氂由涿郡太守为丞相，于次年（三年）遇巫蛊之变，屈氂兼将与太子战长安中，死者数万人。六月，以其妻有诅祝事，腰斩，妻子枭首华阳街；年余无相；四年（前八十九年），高寝郎（师古曰：高庙卫寝之郎）车千秋上急变讼太子冤，立拜为大鸿胪，六月拜为丞相。③再过二十个月，是后元二年（前八十七年）二月，武帝死了，他这一代的宰相的悲剧，暂告一结束。

---

① 皆见《史记》卷一百三《万石张叔列传》。
② 以上参阅《史记》卷一百十一《卫将军及骠骑列传》及《汉书》卷六十六《公孙贺传》。
③ 以上皆见《汉书》卷六十六《刘屈氂车千秋传》。

本来执法监察之权，是归御史大夫的。但武帝在剥夺丞相职权的过程中，突于元狩五年，增设一比二千石的司直，名为佐丞相举不法，实际乃所以侦伺丞相，故丞相多死于阴私的琐事。又据前引卫宏《汉旧仪》，丞相有侍中五人。但到了汉武帝，则改为加官之一，脱离了丞相，入侍禁中，分掌乘舆服物，"掌侍左右，赞导众事，顾问应对"。至东汉遂改隶少府。又据前引《汉旧仪》，出督州为刺史，乃丞相府东曹所主管。但到元封五年，分十三州刺史，假印绶，便把丞相对郡县的监督权剥夺了。此种官属系统及职务的改变，即意味着丞相实权的缩小。

武帝不仅从人事的选择，及以常情之外的严刑峻罚，来使宰相的职位，归于名存实亡；更从任用的程序上，压低丞相在传统官制中的地位。按御史大夫，位列诸卿之上，为上卿，掌副丞相。故秦汉相承，率以御史大夫进为丞相，盖亦所以确定丞相总领百官的地位，不是侥幸越级可以猎取。所以《汉书》卷八十三《朱博传》，载朱博奏请复置御史大夫疏中有谓："故事，选郡国守相高第为中二千石，选中二千石为御史大夫，任职者为丞相。位次有序，所以尊圣德，重国相也。今中二千石未更（经历）御史大夫，而为丞相，权轻，非所以重国政也。"按郡守为二千石，列卿为中（中乃足之义）二千石，御史大夫则月俸四万，丞相六万。武帝早期用相，犹按朱博所述程序。但到了晚期，则公孙贺以太仆为相，太仆是中二千石，未更御史大夫。公孙贺下狱死后，刘屈氂以涿郡太守为相，且未更中二千石。刘屈氂腰斩后，车千秋以大约是三百石郎立拜为中二千石的大鸿胪，更由大鸿胪拜为丞相。一人专制者的心理，即使是自己所建立、所承认的客观性的官制乃至任何制度，皆可由他一时的便宜而弃之如遗。而武帝所以要破坏秦汉相承的拜相的程序，其目的即在使宰相的权轻，使宰相成为无足轻重的职位。

武帝所以要破坏宰相制度，一方面是出于由一人专制自然而然所产生的猜嫌心理。一人专制，需要有人分担他的权力，但又最害怕有人分担他的权力。这便使宰相首遭其殃。另一方面，则是出于由一人专制自然而然所产生的狂妄心理，以为自己的地位既是君临于兆民之上，便幻想着自己的才智也是超出于兆人之上。这种无可伦比的才智自我陶醉的幻想，便要求他突破一切制度的限制，作直接的自我表现。限制一人专制者作直接自我表现的便是宰相制度。他向自我表现的这一方向突进，因即破坏了宰相制度，大体可以分作三个阶段的发展。第一阶段是把当时具有纵横才智口辩之士，收罗在他的大门房里——光禄勋里，挟"天子宾客"之势，奉天子之命，诘难大臣，折服大臣，使大臣通过这种诘难、折服，而感到皇帝的允文允武，不可测度，只有彻底地服从，在政策上完全处于被动的地位；同时皇帝即可直接地掌握政策。《汉书》卷六十四《严朱吾丘主父徐严终王贾传》：

> 郡举贤良对策百余人（在建元元年），武帝善助对，繇是独擢助为中大夫。后得朱买臣、吾丘寿王、司马相如、主父偃、徐乐、严安、东方朔、枚皋、胶仓、终军、严葱奇等，并在左右。是时征伐四夷，开置边部，军旅数发。内改制度，朝廷多事，娄（屡）举贤良文学之士。公孙弘起徒步，数年至丞相，开东阁，延贤人与谋议。朝觐奏事，因言国家便宜。上令助等与大臣辩论，中外相应以义理之文，大臣数诎。

武帝当时最强的意志，是指向征伐四夷。而引起天下穷困骚动，因而引起当时最大反感的也是征伐四夷。所以武帝利用他门房里的宾客，主要是指向这一方面。建元三年（前一三八年）闽越举兵围东瓯，东瓯告急于汉，故太尉田蚡反对派兵前往救援，于是"助（严助）诘问田蚡。上曰：田蚡不足与计。乃遣助以节发兵会稽。淮南王安上书谏伐闽越，又遣严助前往谕意，于是淮南王谢曰：虽汤伐桀，文王伐崇，诚不过此。""是时方筑朔方，丞相公孙弘数谏。于是天子乃使朱买臣等难弘，置朔方之便发十策，弘不得一。弘乃谢曰：山东鄙人，不知其便若是。"①公孙弘奏民不得挟弓矢，吾丘寿王对以为"大不便，书奏上，以难丞相弘，弘诎服焉。"朱买臣难公孙弘，乃主父偃之计，大臣皆畏主父偃一张嘴的利害，"赂遗累千金"。博士徐偃使行风俗，接受人民的要求"使胶东鲁国鼓铸盐铁"，御史大夫张汤欲治以矫制之罪，徐偃援《春秋》之义，大夫出疆，有可以安社稷、存万民，颛之可也"的话作辩护，汤"不能诎其义"。于是"诏终军加以诘问"，"使偃穷诎服罪"。"上善其诘，有诏示御史大夫"。蜀长老及大臣多反对通西南夷，有名的司马相如《难蜀父老书》，即为此而发，以竟武帝通西南夷之功，也正是此一风气下的作品。其中惟徐乐与严安，守正不阿，没有作这一类的诘难工作，所以在这批宾客中最为淹滞。

上面这些受意诘难诎抑大臣的人，一面是有纵横才辩，一面

---

① 此段皆取材于《汉书》六十四卷《严朱吾丘主父徐严终王贾传》。惟此处朱买臣难公孙弘，系取材于《史记》卷一百十二《平津侯列传》。

是有皇帝在后面作护符。但武帝只是一时利用他们，而在利用之中，要他们以纵横之术钳制公卿，却嫌忌他们可能用这一套来对付自己。所以制诏严助，要他"具以《春秋》对，毋以苏秦纵横"。并且严助、朱买臣、吾丘寿王、主父偃等皆以诛死或族灭。司马相如之得以善终，乃得力于他"常称疾避事"。并且他知道死后武帝必不放心他的著作，乃遗札言封禅事，我以为这是他为了保全妻子之计。终军之得以善终，因为他二十多岁的时候就死了。班固在《汉书·公孙弘卜式儿宽传》赞中极言武帝得人之盛，实则其中除外戚佞幸以外，多系广为收罗，巧为利用，而终之以屠戮。这是生命力较强、野心较大的一人专制者对人才处理的一套公式。

　　武帝为了贯彻他的主张，直接处理重要的问题，又特别提出了一种加官制度。《汉书·百官公卿表》："侍中、左右曹、诸吏、散骑、中常侍，皆加官。所加或列侯、将军、卿大夫、将、都尉、尚书、太医、太官令，至郎中，亡员。"所加各官，皆内廷为皇帝执役的小臣。把小臣的官衔，加在地位高的官员身上，使其有与皇帝接近的机会，因而增加了他们的权力，这便完全是以由私人关系所发生的权力，代替由客观官制所发生的权力。所加各官，为武帝以前所固有。但把它作加官之用，乃始于武帝。

　　宰相制度破坏的第二阶段，是尚书的抬头，乃至中尚书的出现。此一阶段，若在时间上来说，尚书的抬头，应当和第一阶段相权的抑制，是同时开始的。第三阶段则由武帝临死时对霍光们的遗诏辅政而开启了"中朝"专政的变局。相权被剥夺、废弃的总结果，则是外戚、宦官、藩镇[①]三者成为中国两千年一人专制中必然无可避免的循环倚伏的灾祸。

六、尚书、中书的问题

应劭《汉官仪》："初，秦代少府，遣吏四；一在殿中主发书，故号尚书。尚犹主也。"沈约《宋书》卷三十九《百官志》："汉初有尚冠、尚衣、尚食、尚浴、尚席、尚书，谓之六尚。"故尚书的本职，用现代的语言说，只是主管收发文书并保管文书的人。《汉官解诂》："尚书出纳诏令，齐众口舌。"《汉官仪》："凡制书皆称玺封，尚书令重封。"这依然保有早期收发文书职务的痕迹。在汉武帝以前，不仅没有尚书参与政治的情形，并且在记载上也没有出现尚书的官名。因为官职微末，无可记载的原故。所以《史记》一书中，除《三王世家》有"三月乙亥，御史臣光，守尚书令奏未央宫，制曰：下御史。六年三月戊申朔乙亥，御史臣光守尚书令、丞非，下御史书到，言。"及《魏其武安侯列传》提到尚书外，此外全书恐未曾提到尚书一职。上面提到尚书的，皆武帝时代。但霍光以大司马受遗诏辅政，则必以"与金日磾、上官桀共领尚书事"为一重要条件，可知此时尚书在政治上已居于极重要的地位。按立三子为王，乃元狩六年，即西纪前一一七年。霍光受遗诏辅政为后元二年，即西纪前八十七年。在《三王世家》中之御史，当为御史中丞所领之侍御史，此时受公卿奏事，仍在侍

[①] 我在此处对藩镇一辞，系作广义的使用，凡以武力为政治资本者皆包括在内。

御史；①尚书令及尚书令丞，其职权仍依附于御史。但由霍光们受遗诏辅政，共领尚书事的情形来说，即可证明尚书已掌握到政治的枢要。由元狩六年到后元二年，经过了三十年；在这三十年中，尚书职权的伸张，即是相权的被剥夺。

卫宏《汉旧仪》卷上："尚书四人为四曹。常侍曹尚书，主丞相御史事。二千石曹尚书，主刺史二千石事。民曹尚书，主庶民上书事。主客曹尚书，主外国四夷事。成帝初，置尚书五人，有三公曹主断狱事。"②应劭《汉官仪》卷上："尚书四员，武帝置。成帝加一为五。有侍曹尚书，主丞相御史事。二千石尚书，主刺史二千石事。户曹尚书，主人庶上书事。主客尚书，主外国四夷事。成帝加三公尚书，主断狱事。"两者文字小有出入，《汉旧仪》之民曹，在《汉官仪》为户曹。按《续百官志》太尉下有户曹，但所掌不同，似应以《汉旧仪》为正。而四人分曹办事，应自武帝时已然。《北堂书钞·设官部》、《太平御览·职官部》又引《汉官仪》："尚书郎四人，一人主匈奴单于营部，一人主羌夷吏民，一人主天下户口土田垦作，一人主钱帛贡纳委输。"此条亦见《汉旧仪》，与前引《汉旧仪》及《汉官仪》，又有出入。按大司农、少府之官职，很少变更，尚书似无"主钱帛贡纳委输"之必要。故《北堂书钞》所引，似钞录时由简略而误。《续汉志》："尚书令一人，千石。""尚书仆射一人，六百石。""尚书六人，六百石。"本注曰："成帝初，置尚书四人，分为四曹。常侍曹尚书，主公卿事。二千石曹尚书，主郡国二千石事。民曹尚书，主民吏上书

---

① 参阅《汉书》卷十九《百官公卿表》"御史大夫"条下。
② 此篇所引《汉旧仪》及《汉官仪》，皆用中华书局《四部备要·汉官六种》孙星衍校本。

事。客曹尚书，主外国夷狄事。世祖承遵。后分二千石曹，又分客曹为南主客曹、北主客曹，凡六曹。"按《续汉志》出自司马彪之《续汉书》。刘昭《注补序》谓"百官就乎故簿"，而所谓故簿，乃"世祖（光武）节约之制，宜为常宪，故依其官簿"，[①]乃东汉的官簿。"本注"乃刘昭以前之旧注。上面所说的尚书六人，乃光武时代承成帝五人而来的发展。本注所说的"成帝初置尚书四人"，未上溯到武帝，故不能推翻《汉官仪》武帝置尚书四人，成帝加一为五的说法。由武帝的置尚书四人。分四曹办事，则尚书已由公文的收发机关，进而为公文的处理机关，甚为明显。尚书处理公文的结果，并不经过丞相，而系直接送到皇帝。但皇帝怎能对尚书的处理加以审核呢？《汉书·百官公卿表》"皆加官"下"晋灼曰：《汉仪注》，诸吏、给事中，日上朝谒，平尚书奏事，分为左右曹。"这即是《百官公卿表》所说的"诸曹受尚书事"。《汉书补注》引"沈钦韩曰：《汉官仪》，左右曹日上朝请，案武帝后始见。亦如尚书五曹，而总于领尚书事者。"又《汉旧仪》卷上："诏书以朱钩施行。诏书下，有违法令，施行之不便，曹史白封还尚书，对不便状。"按《汉书》卷十九《百官公卿表》："侍中、左右曹、诸吏、散骑、中常侍皆加官……诸吏得举法……给事中亦加官……掌顾问应对。"由此可知，开始是由在皇帝左右的加官，代皇帝看尚书所处理的公事，并得由曹吏加以封驳的。上引《汉旧仪》"曹史白封还诏书"的"曹史"，应系"曹吏"之误，指的即是加官中的左右曹与诸吏。而由《汉书》卷六十八《霍光传》：霍光死后，"时霍山自若领尚书，上（宣帝）令吏民得奏封事，不关

[①]《续汉志》。

汉代一人专制政治下的官制演变

尚书。"这是为了要剥夺霍氏的权柄。可知在一般情况下，一切封奏事，都要经过尚书的。由上所述，军国大事，都是通过尚书这一关卡以上达于皇帝，下达于吏民；只有加官在皇帝左右的顾问，可以参加一点意见。《汉官仪》卷上："尚书令主赞奏，总典纲纪，无所不统，秩千石，故公为之。"这说的虽是东汉时的情形，但实已具体而微地开始于武帝之世。所谓"故公为之"，乃是说尚书的"无所不统"的职务，本来是由三公负责的；就西汉说，本来是宰相做的。但在武帝时，已宰相其名，而尚书其实了。

然则武帝何以要把处理政务的实权，由宰相转移到尚书手上呢？除了由猜防宰相，必须剥夺相权的基本原因外，尚可分为四点。第一，尚书收发、保管文书，便会熟习日常政治处理的情形，及熟习各种政治问题的来龙去脉与惯例。所以武帝认为这种人，有处理实际政治的能力。第二，因为他们地位很低，可以减轻盗权窃柄的顾虑，并容易贯彻自己的主张，不致受到宰相的牵制。第三，汉代对宰相还保持有一番礼貌。《汉旧仪》"皇帝在道，丞相迎谒，谒者赞称曰：皇帝为丞相下舆；立，乃升车。皇帝见丞相起，谒者赞称曰：皇帝为丞相起；立，乃坐。"所以皇帝和丞相见面是一件很麻烦的事；见尚书，便没有这种麻烦。后来东汉的光武、明帝，还常常动手打尚书。第四，尚书属少府，与皇帝的日常生活较为接近。上述四种原因中，当然以第二种最为主要。

这中间又插入中书的问题，对以后官制的影响很大。先把有关的材料录在下面。《汉旧仪》卷上：

尚书令主赞奏封下书。仆射主闭封。……汉置中书官，领尚书事。中书谒者令一人。成帝建始四年罢中书官，以中书为中谒者令。

又《汉旧仪补遗》：

中书令领赞尚书，出入奏事，秩千石。
中书掌诏诰答表，皆机密之事。

《汉书》卷十九《百官公卿表》少府下：

又中书谒者……七官令丞。

《续汉志》：

尚书令一人，千石。本注曰：承秦所置。武帝用宦者，更为中书谒者令。成帝用士人，复故。掌凡选署及奏下尚书文书众事。

沈约《宋书》卷四十《百官志》下：

汉武帝游宴后廷，始使宦者典尚书事，谓之中书谒者，置令、仆射。元帝时，令弘恭、仆射石显，乘势用事，权倾中外。成帝改中书谒者令曰中谒者令，罢仆射。汉东京省中谒者令，而有中官谒者令，非其职也。

《晋书》卷二十四《职官志》：

> 案尚书本汉承秦置。及武帝游宴后廷，始用宦者主中书，以司马迁为之。中间遂罢其官，以为中书之职。
> 案汉武帝游宴后廷，始使宦者典事尚书，谓之中书谒者，置令、仆射。成帝改中书谒者令曰中谒者令，罢仆射。

引了上面的材料，先应对名词加以解释。《汉书》卷九十三《佞幸传》：

> 石显……弘恭……皆少坐法腐刑，为中黄门，以选为中尚书。宣帝时，任中尚书官。[①] 恭明习法令故事，善为奏请，能称其职，恭为令，显为仆射。

按上文，石显、弘恭之为中尚书，似在宣帝以前；到了宣帝时，始一为令，一为仆射。因为他两人是宦官，原来的官职是中黄门，即是内黄门，"中"即是"内"；所以他两人选为尚书，即称中尚书。他们是在皇帝左右办事的尚书，对原有的尚书而言，他们是供职后廷的中尚书，亦即是内尚书。由此可以了解，"中尚书"是全称，所有仅称"中书"的皆是简称。武帝游宴后廷，懒于在平日正式听政治事的地方，受由加官所平的尚书呈进的公文，所以便用可以出入后廷的宦官，执行尚书职务，这即所谓中尚书。中尚书依然是尚书。它之所以加一个"中"字，只是因为由侍奉

[①] 依宋祁"中"字下补"尚"字。

皇帝左右的宦官所担任。等于赵高以宦官为丞相而称"中丞相"；并非于官制中的丞相之外，另有一种"中丞相"，完全是一样的道理。至于所谓"中书谒者"，全称应为"中尚书谒者"。谒者的官，属于光禄勋；中黄门属内廷，而谒者不一定属内廷。中黄门用宦官，谒者并不用宦官。所以弘恭、石显，都是由中黄门选中尚书，而非由谒者选中尚书。我的推测，武帝从宦官中选用了中尚书——可以由中黄门来，可以不从中黄门来——便又加上一个"谒者"的官衔；谒者"掌宾赞受事"；有了这个兼差，就便于和朝廷其他有关的人作公务上的联络。因此，中书、中书令是本职，而中书谒者，中书谒者令，是把兼差连在一起的称呼。故"谒者"可以省掉，而中书不能省掉。司马迁、石显、弘恭，便都只称中书令，而不必称中书谒者令。

其次是尚书与中书的办公处所，是一处还是二处的问题。《五礼通考》卷二百十七《设官分职》：

马氏端临曰："中书尚书之名始于汉。《通典》言汉武帝游宴后庭，始令宦者典事尚书，谓之中书谒者；则中书尚书，只是一所。"然考《霍光传》，光薨，霍山以奉车都尉领尚书事。故事，诸上书者皆为二封，署其一曰副，领尚书者先发之。所言不善，屏去不奏。魏相请去副封以防壅蔽。而光夫人显，及禹、山、云等言，上书者益黠，尽奏封事，辄下中书令出取之，不关尚书，则其时中书尚书，似已分而为二。

按马端临以中书尚书办公的地方只是一所，固然错误。《五礼通考》著者秦蕙田的说法，也有些模糊。原因是《续汉志》"武帝用宦者，更为中书谒者令"的"更"字，若读平声，则作"改"字解，其意遂成"改为中书谒者令"。《晋书》的著者由此而遂误以为有中书之后，遂罢掉了尚书（见前引"中间遂罢其官"）。更由此遂以为有中书即无尚书，中书便在尚书的原地办公。而《通典》卷二十一《职官》三"因武帝游宴后廷，始以宦者典事尚书，谓之中书谒者"的说法，也容易引起此种误解，这便自然而然地认为中书、尚书办公的地方只是一所。实则前引《汉旧仪》"汉置中书官，领尚书事"，又"中书令领赞尚书"，说得清清楚楚。在武帝未设中书以前，是由左右曹、诸吏，平尚书奏事（见前）。左右曹、诸吏，是加官，被加这种官的人，虽然成为内臣，但究不若宦官之可以随侍皇帝游宴的方便。于是设中书官，代替了左右曹、诸吏的任务，使尚书的赞奏，直接由中书到皇帝手上；皇帝太忙或精神不济时，便由中书代皇帝处理了，这是左右曹、诸吏所做不到的。中书是直接于皇帝的尚书，而原来的尚书未尝不存在。所以《续汉志》"更为中书谒者令"的"更"字，应读去声；即是说在尚书令之外，再（更）设一个中书令，这实际上是一种叠床架屋的官职。《汉书》卷七十五《眭两夏侯京翼李传》载"是时中书令石显颛权，显友人五鹿充宗为尚书令"。两令同时并存，其政治地位本是相等；但中书令是直接于皇帝的，所以"中书官领尚书事"。霍光以大将军领尚书事，不过在形式上是把中书令所领的接过来，而一直到成帝建始四年（纪前二十九年），中书、中书令之存在如故。把上面这种情形弄清楚了，则中书与尚书，官职是一，而担任者的身份不同，因而有内外之分；其办公地方并非一所，又何待言。这里附带要一提的是，《汉书》卷七十八《萧望之传》:"望之以为中书政本,宜以贤明之选。自武帝游宴后庭,故用宦者,非国旧制……"卷九十三《佞幸传》也载有望之的同一内容的话,而将"中书政本",记为"尚书百官之本";后来引这段话的人,有的根据前者称"中书",有的根据后者称"尚书"。其实,望之的话,是反对用刑余的宦官,"中书"是由用宦官而来的名称,所以萧望之不会说"中书政本"这种话。《佞幸传》称"尚书百官之本"是对的。同时望之此时是以前将军领尚书事,但石显为中书令,所领的也是尚书事;因他是直接于皇帝,这便使望之的领尚书事是有名无实。由此我们可以了解,尚书、中书,除了生活上与皇帝有远近不同之外,实际是由武帝一时的方便所形成的叠床架屋的官职。《汉书》卷九十三《佞幸传》:"是时元帝被疾,不亲政事,方隆好于音乐。以显(中书令石显)久典事,中人无外党,精专可信任,遂委以政。事无小大,因显白决,贵幸倾朝。"这不仅说明了元帝的心理,也说明了所有一人专制者的心理。中书之所以出现,所以继续发展,皆由此而可以得到解答。与一人专制不可分的宦官之祸,也由此而可以得到解答。

此处更想附带解决一个两千年的疑案。《汉旧仪补遗》卷上:

> 太史公,武帝置,位在丞相上。天下计书先上太史公,副上丞相;序事如古春秋。司马迁死后,宣帝以其官为令,行太史文书而已。

按上面这段话,无一语合事实。《汉书·百官公卿表》奉常下:"属官有太乐、太祝、太宰、太史、太卜、太医六令丞。"故《史记·自序》:"卒三岁而迁为太史令。"由此可知武帝时无"太史公"之称。而太史令之非由宣帝"以其官为令"可知。太史令系奉常的属官，不能位在丞相上。史公《自序》："太史公既掌天官，不治民。"则可知无天下计书先上太史公之事。汉代太史属太常，不著史，故司马迁著书，只能"成一家之言"。班固为兰台令史，秩百石，属少府，不属太常。《汉官仪》谓"掌书劾奏"，即掌钞录之事，也不著史。班固继父业而修《汉书》，乃着手于兰台令史之前，其本传记之甚明。今人犹有谓"班氏父子，世为史官"云云，乃望文生义。汉世著史者，无一出自太史，自无所谓"序事如春秋"。这一段记载，我的推测，是因司马迁本为太史令，后又为中书令，因而传写有所讹夺。若把"太史公"改成中书令，而把后人由太史令所发生的联想去掉，大体上便可以说通了。

七、中（内）朝问题的澄清

这里便要谈到中朝，或称内朝的问题。按《礼记·玉藻》："朝服以日视朝于内朝。"注："天子诸侯皆三朝。"然三朝之说，率多牵附。惟《国语·鲁语下》公父文伯之母的一段话，说得比较明白。原文是："天子及诸侯，合民事于外朝，合神事于内朝。自卿以下，合官职于外朝，合家事于内朝。"内外朝之分，或古已有之，而为秦汉所因袭。然听政必于外朝，外朝即一般之所谓朝廷。而内朝乃燕私之地，故其称不显。但汉代之所谓中朝或内朝，有下述几个特点，第一，汉代中朝之所以为中朝，并非指的是管宫廷以内的事，也非指的仅是参加议论的事，更不同于"燕朝"。而指的是政治决策与执行的事。第二，中朝是由中臣，或称内臣、近臣所构成的。① 但并非有中臣、内臣即有此种中朝、内朝。甚至"中朝臣"、"内朝臣"，有时亦仅为习惯性，或带政治运用性之称呼，并非即因此而可断定有实际中朝之存在。第三，皇帝自己处理政治，不能说这是中朝。第四，西汉的尚书决不是中臣、内臣（见后），所以尚书的活动不是代表中朝的活动。第五，凡宰相能实行其职权时，固然无所谓中朝；若内臣而可完全置宰相于不顾，径行以皇帝之名专政时，亦无所谓中朝。故东汉多为内臣专政之局，但东汉无中朝之称。所以总结上面的观点，汉代所谓中朝之出现，乃出于霍光为了把持权势所特别制造出来的；霍光以后，只是因皇帝或有势力的中臣，一时运用的便利，或者小人借辞挑拨，临时摆出来以抑压宰相的权位，并没有一种固定的组织与经常的政治活动。而站在官制的立场，宰相在理论上可以，并且也应当统辖中臣、内臣的。今人劳榦在《论汉代的内朝与外朝》一文②中，已犯有重大的错误。而在《汉代的政制》③一文中，把"内朝"一章，放在宰相一章的前面，这便把汉代经常的官制，更完全弄乱了。其错误的根本原因，在于把西汉的尚书列在内臣、中臣里面去，误把尚书在政治上的经常工作，当作内朝在政治上的经常工作。下面将逐步加以论究。

《汉书》卷六十八《霍光传》载霍光将废昌邑王贺时，"王入朝太后还，乘辇欲归温室……王入，门闭，昌邑群臣不得入……令故昭帝侍中中臣侍守王"。《补注》"钱大昕曰：侍中为中朝官，故称中臣。朱一新曰：臣当作常。先谦曰：云守王，不须言侍字。

---

① 此等处之"中"字即作"内"字解。故中朝亦称内朝，中臣亦称内臣。
② 见中研院《历史语言研究所集刊》第十三本。
③ 见中华文化出版事业委员会出版之《中国政治思想史与制度史论集》。

中臣二字，史亦罕见。据《百官表》，侍中、中常侍皆加官得入禁中，则朱说是也。"按此时皇太后尚未正式宣布废立，昌邑王还是皇帝，则王先谦谓"守王不须言侍"是错误的。《汉旧仪》卷上："中官私官尚食，用白银扣器。"又："中官小儿官及门户四尚、中黄门，持兵三百人侍宿。"又："中臣在省中皆白请。其宦者不白请。尚书郎宿留台，中官给青缣白绫被……"《汉官仪》卷上："侍中……舆（当作与）中官俱止禁中。"则"中臣"、"中官"乃当时常辞，不得谓为"史亦罕见"。所以朱一新的说法，并不可信。在关涉到政治时，始称"中朝臣"。可以说"中臣"是常称，他们是在内廷日常生活上当差，及当皇帝侍从的大小臣工。"中朝臣"是特称，指的是在内廷处理政治的一般人。而钱大昕及有不少的人，一见到"中臣"、"中官"，立即认定是中朝臣、中朝官，这也是容易引起混乱的。所谓中臣中官，最低限度，随专制政治之成立，即已存在；而加官中的中臣中官的本官，钱大昕亦认为其中有的汉初已有；[①]中朝、外朝之分，钱大昕亦认为汉初所未有（见后）。东汉之有中臣中官如故，而东汉则很少见有中朝内朝之名。则后世注史家必将中臣、内臣，与中朝、内朝连在一起，于是以为凡是中臣内臣，即与闻政事，我觉得是应当澄清的。

《汉书》卷七十七《刘辅传》，成帝欲立赵婕妤为后，刘辅上书极谏。"书奏，上使侍御史收缚辅，系掖庭秘狱，群臣莫知其故。

[①]《汉书·百官公卿表》侍中下左右曹条下《补注》引钱大昕谓"是汉初已有侍中"。侍中乃中臣或中官。但钱氏认为其他加官的官名，则出于武帝之后。实则贾山《至言》，已提到常侍，诸吏；由此推之，加官的本官，早及秦汉所有。特以地位微末，有的未入记载。

于是中朝左将军辛庆忌、右将军廉褒、光禄勋师丹、大中大夫谷永，俱上书。……"注：

  孟康曰："中朝，内朝也。大司马、左右前后将军、侍中、常侍、散骑、诸吏，为中朝。丞相以下至六百石为外朝也。"《补注》：刘奉世曰，"案文，则丹、永皆中朝臣也，盖时为给事中、侍中、诸吏之类。"钱大昕曰："《汉书》称中朝官或称中朝者，其文非一，唯孟康此注，最为分明。"《萧望之传》，诏遣中朝大司马车骑将军韩增、诸吏富平侯张延寿、光禄勋杨恽、太仆戴长乐问望之计策。《王嘉传》，事下将军中朝者光禄大夫孔光、左将军公孙禄、右将军王安、光禄勋马宫、光禄大夫龚胜（《龚胜传》又有司隶鲍宣）。光禄大夫非内朝官，而孔光、龚胜得与议者，加给事中故也。此传太中大夫谷永，亦以给事中故得与朝者之列，则给事中亦中朝官，孟康所举，不无遗漏矣。光禄勋掌宫殿掖门户，在九卿中最为亲近。昭、宣以后，张安世、萧望之、冯奉世、辛庆忌皆以列侯将军兼领光禄勋。而杨恽为光禄勋，亦加诸吏，故其与孙会宗书，自称与闻政事也。然中外朝之分，汉初盖未之有。武帝始以严助、主父偃辈入直承明，与参谋议，而其秩尚卑。卫青、霍去病虽贵幸，亦未干丞相御史职事。至昭、宣之世，大将军权兼中外，又置前后左右将军，在内朝预闻政事，而由庶僚加侍中给事者，皆自托为腹心之臣矣。此西京朝局之变，史家未明言之，读者可推验而得也。

汉代一人专制政治下的官制演变

按钱氏上面的一段话，是认为中朝臣与闻政事，实始于昭、宣之世。但劳榦在《论汉代的内朝与外朝》一文中说：

> 中朝的起源，是见于《汉书·严助传》说："擢助为中大夫……上令助等与大臣辩论，中外相应以义理之文，大臣数诎。"师古注曰："中谓天子之宾客，若严助之辈是也。外谓公卿大夫也。"……这便是汉代内朝与外朝的起源。《汉书·司马迁传·报任安书》："向者仆亦尝厕下大夫之列，陪外廷末议。"所谓外廷，也就是外朝。可见武帝时候不惟有此事实，而且有此称谓了。①

据我的看法，武帝使他的左右诘难公卿，乃以内臣干预外廷政治之萌芽，但不能称为中朝的起源。因为这种诘难，并非把公卿召集到中朝来诘难，而系到外廷去诘难。更重要的是：他们止于诘难，使公卿能符合武帝的意旨；但处理之权，仍是在公卿手上，而不在这班中臣、内臣手上。所以说"中外相应以义理之文"，并未直接干涉到行政权。因而此处的中外，乃中臣、外臣之意。若如劳氏之说，当时内朝已经存在，并有此称谓，则司马迁以宦人为中书令，应当是"陪内廷末议"，为什么他仍然是"陪外廷末议"呢？他之所谓外廷，乃与宫禁相对而言。不应由此望文生义。

中朝之起，乃起于武帝临死前的遗诏辅政。《汉书》卷六十八《霍光传》：

---

① 《历史语言研究所集刊》第十三本页二三〇至二三一。

是时上（武帝）年老，宠姬钩弋赵婕妤有男，上心欲以为嗣，命大臣辅之。察群臣唯光（霍光）任大重，可属社稷。上乃使黄门画者画周公负成王朝诸侯以赐光。后元二年春，上游五柞宫，病笃……以光为大司马大将军，日䃅为车骑将军，及太仆上官桀为左将军，搜粟都尉桑弘羊为御史大夫，皆拜卧内床下，受遗诏辅少主。明日武帝崩，太子袭尊号，是为孝昭皇帝。帝年八岁，政事壹决于光。

在武帝所设立的将军，皆直属于他自己，而脱离了宰相的系统，故此后即谓之中臣或内臣。此时田千秋为宰相。受武帝遗诏的人，据《霍光传》，在宰相系统中的仅有御史大夫。这便把宰相放置在政治核心之外，自然由霍光以大司马大将军专政（《田千秋传》中列有田千秋名，但次序在御史大夫桑弘羊之下，此殆后来因顾虑体制所补记，非当时之实）。但和后来不同的是，后来若由大将军这一职位的人专政，他的地位便会摆在宰相或三公的上面，有如东汉的大将军窦宪、梁商、梁冀等皆是。这样便由内治外，没有内外的对立，所以也不出现中朝外朝的问题。但霍光虽然专政，法理上的地位依然是在丞相之下，于是形成名与实的对立，也即形成中外朝的对立，而中朝外朝之分，在对立中特显。霍光以后，无不如此。① 故中朝实由霍光而始出现；在霍光以后，才时时发生作用。

按《霍光传》赞，谓"光不学无术"，而实则他为了巩固自己的权力，乃是一个不学而有术的人。他的成功，乃在于"承孝武

---

① 以上可参阅万斯同《西汉将相年表》、《东汉将相年表》。

奢侈余敝，师旅之后，海内虚耗，户口减半；光知时务之要，轻繇薄赋，与民休息"。他之所以被汉人歌颂，因为援立宣帝于士庶之中，宣帝又是一个比较贤明的皇帝。但他对于自己权力的安排，却用尽了各种手段。昌邑之废，主要原因是因为昌邑即位后没有表示对他的信任，而只信任昌邑的旧人。二十七日而被举发昌邑的过失凡"千一百二十七事"，善读史者不难看出绝对多数是出于诬妄。武帝留下的丞相车千秋，其地位本出自偶然，当然完全成为霍光的傀儡。《汉书》卷六十六《车千秋传》："昭帝初即位，未任听政，政事一决大将军光。千秋居丞相位，谨厚有重德。每公卿朝会，光谓千秋曰，始与君侯俱受先帝遗诏，①今光治内，君侯治外，宜有以教督，使光无负天下。千秋曰，唯将军留意，即天下幸甚。终不肯有所言。"这里所说的"治内"、"治外"，才真正指的是内廷（朝）、外廷（朝）。所谓治内，是治理政事于内朝。霍光本是由内朝总摄朝政，但在名分上，仍不能不承认丞相为"百僚首"的传统地位，所以勉强作此划分，以敷衍丞相的面子。实则从正常的官制上说，只有所谓"朝廷"的一个系统，有什么内朝外朝可言呢？并且等到丞相真正要以外朝相抗时，霍光便顾不得这种假面子了。《汉书》卷六十《杜周传》载千秋想为侯史吴之狱讲话，"恐光不听，千秋即召中二千石、博士，会公车门议问吴法……明日，千秋封上众议。光于是以千秋擅召中二千石以下，外内异言，遂下廷尉平、少府仁狱，朝廷皆恐丞相坐之。延年（杜延年）乃奏记光争……而不以及丞相。"车千秋以丞相召集会议，

---

① 按霍光此语甚妙。对车千秋而言，本未受遗诏，而亦谓其受遗诏，这是给他的颜面，而主要则系挟遗诏以自重。

这是政治运行上的常轨，但几以此丧命。故中朝之出现，一方面固说明仍为丞相留有余地，实则是对正常官制职权的一种篡夺。不过因为丞相传统的地位还存，所以当蔡义为相，"议者或言光置宰相不选贤，苟用可颛制者。光闻之，谓侍中左右及官属曰……此语不可使天下闻也。"这说明他还存有若干顾虑。宰相所代表的是整个的"朝廷"。霍光因掩饰其篡夺，乃强为中朝外朝之分。现在把霍光死后所出现的若干有关中朝的材料，简录在下面：

宣帝时：

《汉书》卷六十六《杨恽传》："又中书谒者令宣，持单于使者语，视诸将军、中朝二千石。"

成帝时：

《汉书》卷八十二《王商传》："太中大夫蜀郡张匡，其人巧佞，上书愿将近臣陈日蚀咎，下朝者（孟康曰：中朝臣也）左将军丹等问匡。对曰，窃见丞相商，作威作福，从外制中，取必于上。"

《汉书》卷八十四《翟方进传》："司隶校尉涓勋奏言，春秋之义，王人微者，序乎诸侯之上，尊王命也。臣幸得奉使以督察公卿以下为职。今丞相宣（薛宣）请遣掾史，以宰士（宰相之士）督察天子奉使命大夫，甚悖逆顺之理……愿下中朝特进列侯将军以下，正国法度。议者以为丞相掾不宜移书督趣司隶。"

哀帝时：

> 《汉书》卷七十二《两龚传》："后岁余，丞相王嘉上书荐故廷尉梁相等。尚书劾奏嘉言事恣意迷国，罔上不道，下将军中朝者议。"
>
> 又卷八十六《王嘉传》："后二十余日，嘉封还益董贤户事，上乃发怒，召嘉诣尚书责问……嘉免官谢罪，事下将军中朝者。"

把上面的材料加以检讨，宣帝时的一条，不关政治。成帝时张匡的一条，是张匡想用"从外制中"这种话，即是说丞相王商，想由丞相的外朝地位控制中朝，并捏造王商一些阴私和危言耸听的事情以构陷王商。"上素重商，知匡言多险，制曰弗治。"因王凤与王商争权而力争，才免其爵位。在此一故事中，只能看出"中朝"成为构陷丞相的借口，并看不出中朝是一个有组织性的政治活动的官制系统。而王商的免除爵位，也根本与"从外制中"这一点无关。

成帝时的第二个故事，涓勋把丞相和皇帝的关系，比之于周代封建的诸侯与王室的关系，而自比于王人，这可以说是荒谬。他之"愿下中朝……"，这也是挟中朝之名以为在政治上构陷丞相的借口。在此一故事中，也看不出中朝是一个有组织性的政治活动的官制系统。并且此一故事继续发展下去，便是翟方进以丞相司直的身份，奏免了这位以"王人"自居的涓勋的司隶校尉职位。这证明只要丞相这一系统能振作起来，而不受皇帝的打击，依然可以发挥朝廷官制上的正常作用。

哀帝时的两个故事，实际是一个故事分写在两处，起源于哀帝对于丞相王嘉封还了益封他的嬖臣董贤的户邑，惹起了他的脾气，但不好直接开口，所以便授意给在他左右的"中朝者"加以陷害。陷害的目的虽然达到了，但由此一陷害，也可以证明这些"中朝者"只能由皇帝授意作一番议论，而不是一个经常执行政务的一群人或机构。

中朝臣只是聚在皇帝左右临时听用的一群人，他们可以和皇帝直接发生关系。它在政治的运行上发生经常作用，乃来自霍光打出"中朝"的招牌以篡夺宰相的权力。"中朝"并不是官制中有组织的政治运行机构，所以自霍光后，在政治经常地运行上，断无所谓中朝制度。元帝时，先后由中书令弘恭、石显窃政，中书令当然是中朝臣。但不可因此便谓元帝时代所行的是中朝政治，因为弘恭、石显也和东汉的十常侍一样，乃是凭借皇帝的名义以发挥他们的权力，并非像霍光一样，凭借中朝的名义以发挥权力。他们所凭借的皇帝，是朝廷的总发动机。因为中朝本不是经常政治运行的机构，在经常政治运行之内的官制，必然是以宰相为首；所以，宰相所代表的乃是整个的朝廷而不是什么外朝。如后所述，东汉的相权削弱殆尽，宦官气焰特别高张。但只要有一人守正，宰相在制度上的权力，即可使平日假中臣、内臣、近臣以自重的，也不能不加以承认。《后汉书》卷五十四《杨震列传》：

> 秉（杨震之中子）因奏览（中常侍侯览）及中常侍具瑗（皆宦官）曰：臣按国旧典，宦竖之官，本在给使省闼，司昏守夜。而今猥受过宠，执政操权……居法王公，富拟国家……臣愚以为不宜复见亲近……书奏，尚书召对秉掾属

曰：公府外职，而奏劾近官，经典汉制，有故事乎？秉使对曰：春秋赵鞅，以晋阳之甲，逐君侧之恶……邓通懈慢，申屠嘉召通诘责，文帝从而请之。汉世故事，三公之职，无所不统。尚书不能诘，帝不得已，竟免览官而削瑷国。

八、尚书在西汉非内朝臣

中朝擅权，乃由破坏宰相制度而来的政治变局，并非官制之常。劳幹竟承认它是政治运行中的经常官制，可谓为霍光所欺，而未尝深求其故。

劳氏的上述错误，我推测是由他对尚书看法的错误而来。他在《论汉代的内朝与外朝》一文中，把"内朝官属于近臣一类的"举出七种，而将尚书列为第七种。他在"丙、尚书"条下说：

> 尚书一职，孟康未曾提到，实在尚书也应属于内朝的。《史记·三王世家》，霍去病请封王子奏，以御史臣光，守尚书令奏未央宫，制乃下御史，并及丞相。昭、宣以来，有领尚书事的人，臣下奏事分为二封，领尚书事的发其副封，不善者不进奏（原注：《霍光传》及《魏相传》）。大致说来，用人和行政，定于禁中，宰相奉行而已（原注：见《张安世传》）。

假定上面劳氏的话可以成立，则自武帝开始，已把宰相的职权转移到尚书手上，尚书成为经常处理政务的枢机之地。尚书既是内朝臣，内朝自然是经常处理政务的枢机之地。但第一，尚书地位的提高，乃是剥夺宰相的职权，以直属于皇帝。四尚书曹及五尚书曹各曹所直接处理的文书，不是内臣可以直接到手的。若尚书是内臣，则这些政务的文书，是经过如何的经路，而能到达尚书手上的呢？第二，《汉书·百官公卿表》："侍中、左右曹、诸吏、散骑、中常侍，皆加官，所加或列侯、将军、卿大夫、将、都尉、尚书、太医、太官令主郎中，亡员。"上列各官，必加官后始得出入禁内而为内臣。若尚书是内臣，则何待加官？第三，若尚书是内臣，则何以晋灼引《汉仪注》"诸吏、给事中，日上朝谒，平尚书奏事"？而武帝又何必设中尚书？《汉书》卷六十八《霍光传》记霍山领尚书事，上书对他不利的，"不奏其书。后上书者益黠，尽奏封事，辄使中书令出取之，不关尚书。"则中书是内，而尚书是外，其事甚明。第四，《汉官仪》："尚书郎奏事光明殿……尚书郎含鸡舌香，伏其下奏事，黄门侍郎对揖跪受。"据此，则奏事时须由黄门侍郎转达，其非内臣甚明。第五，劳氏所引各例，皆不能证明尚书为内朝臣。（一）"御史臣光守尚书令奏未央宫"，未央宫乃汉室皇帝正式莅朝听政之地，不可谓为内朝。《汉官仪》"尚书令主赞奏"，所以奏未央宫，乃实行他的职务。在朝堂之上，绝无由内臣主赞奏之事。（二）《魏相传》："又故事诸上书者皆为二封，署其一曰副，领尚书者先发副封。所言不善，屏去不奏。相复因许伯白去副封，以防壅蔽。"而《霍光传》复言"使中书出取"。若尚书系内臣，则副本到尚书，不能为壅蔽；而亦无中书出取之必要。（三）张安世之所以能与宣帝决定用人行政于禁中，他不是以尚书的资格，而是以"大司马车骑将军领尚书事"的资格。正如前引孟康注，大司马是内臣、内官。后来罢张安世的车骑将军为卫将军，而未言罢大司马，盖此时大司马虽为

汉代一人专制政治下的官制演变　　229

虚衔，惟承卫青之后，地位之隆，与皇帝关系之密，正可以资宣帝的倚俾。但若不领尚书事，则无由直接关与政治。以大司马的内臣而兼领尚书事，才有资格做到"内外无隔"（本传语）。正式领尚书事的人，自己并不是尚书，这是再明显不过的事情。同时，西汉尚书与皇帝的关系，远不及东汉尚书与皇帝关系的切近；不可把东汉尚书与皇帝的切近关系，随意推论到西汉的尚书身上去。且即使东汉光武、明帝时代的尚书，直接于皇帝，也不可称为内朝臣；因为这是皇帝直接处理政治，而尚书向其负责，也和宰相向其负责一样。不可谓皇帝是属于内朝。张安世在禁中与宣帝"每定大计，已决，辄移病出。闻有诏令，乃惊，使吏之丞相府问焉。自朝廷大臣，莫知其与议也"。他有资格仿霍光"我主内"的作法，亦即是打出中朝、内朝的招牌，置宰相于不顾。他之所以让丞相维持一个面子，一方面固然是出自他的谦退，同时也证明在官制上并没有可以与宰相平分内外的中朝或内朝。由中臣、内臣而出现的所谓中朝、内朝，完全出于霍光要达到不居皇帝之名，却以皇帝之实来专政所强压出来的。这是政制中的"私生子"，而且以后，只有运用它以剥夺相权、肆行昏暴时，才发生作用的"私生子"。而今人言官制者，多受劳氏两文的影响，动辄把中朝与外朝对立起来，殊为可笑，所以我特表而出之。

九、武帝以后的宰相地位与三公在官制中之出现

宣帝起自民间，霍光死后亲政，励精图治，五日一听治，并常到宣室斋居而决事，信赏必罚，号为中兴。惩"大将军"专政之祸，政权在形式上从大将军这类的内臣，又转回到宰相手上。

魏相、丙吉，和他私人有特深关系，先后为相。史称丙吉："宽大好礼让，不亲小事，时人以为知大体。"这实际是他两人的共同特点。他只有如此，才好让宣帝多发挥亲政以后的统治力。所以《汉书》卷七十四《魏相传》："及霍氏……伏诛，宣帝始亲万机，励精为治，练群臣，核名实；而相总领众职，甚称上意。"又同传赞谓"近观汉相，高祖开基，萧曹为冠。孝宣中兴，丙魏有声。是时黜陟有序，众职修理，公卿多称其位，海内兴于礼让。览其行事，岂虚乎哉。"这里我要指出的是：宣帝在政治上最大成就之一，是把武帝和霍光破坏了的官制中的宰相体制，在进用的程序及行政的系统上，大体恢复了正常。前引《张安世传》以大司马领尚书事参与宣帝的决策，但仍在表面上维持宰相的体制，这实际是了不起的一件事。但宣帝的内心，并不信任宰相，因而有下述三种发展：

（一）《汉书》卷七十四《魏相丙吉传》："及霍氏诛，上（宣帝）躬亲政，省（察）尚书事。"这样一来，霍光时代的尚书向大将军负责，现则向皇帝负责。《汉书》卷八十九《循吏传》载黄霸为丞相，荐史高为太尉，"天子使尚书召问霸"；"尚书令受丞相对，霸免冠谢罪"。所谓"召问"，实际是"责问"。尚书所以能责问丞相，是因为尚书此时直属于皇帝，乃以前所未有。此例一开，等于把尚书的地位，高压在丞相的上面，使相权受到很大的损害。《汉书》卷七十二《两龚传》："丞相王嘉上书荐故廷尉梁相等，尚书劾嘉言事恣意迷国，罔上不道。"王嘉卒以此致死。又《汉书》卷八十三《朱博传》，朱博为丞相，与御史大夫赵玄奏请免何武、傅喜爵土，"上（哀帝）知傅太后素常怨喜，疑博、玄承指，即召玄诣尚书问状"，结果赵玄减死罪三等，而朱亦以此自杀。到了东汉，尚书责问公卿，遂成常例。《后汉书》卷六十一《左周黄列传》："是时大司农刘据，以职事被谴，召诣尚书，传呼促步，又加以捶扑。"这可以说是冠履倒置，朝廷之体制扫地无余；而皆自宣帝发其端。又《汉书》卷七十六《张敞传》："敞到胶东……吏追捕有功。上名尚书，调补县令者数十人。"是宣帝时诠选之任，亦归尚书，这也是贬损宰相的实权，开东汉事归台阁之渐。

（二）在上面提到宣帝使尚书召问黄霸的一段话中，宣帝对宰相职权的说明是："夫宣明教化，通达幽隐，使狱无冤刑，邑无盗贼，君之职也。"把宣帝心目中的相权，与前引陈平口里的相权两相比较，已经大大地加以局限。

（三）《汉书》卷七十八《萧望之传》："初宣帝不甚从儒术，任用法律，而中书宦官用事。中书令弘恭、石显久典枢机，明习文法，亦与车骑将军高（史高）为表里。"《汉书》卷三十六《楚元王传》，元帝时，"四人（萧望之、周堪、刘向、金敞）同心辅政，苦患外戚许、史在位放纵，而中书宦官弘恭、石显弄权"。欲加以抑制。结果遂使萧望之自杀，周堪、刘更生（向）废锢，太中大夫张猛自杀于公车，魏郡太守京房及待诏贾捐之弃市，御史中丞陈咸抵皋为城旦，郑令苏建以事论死。"自是公卿以下畏显，重足一迹。"[①]其端皆发自宣帝。《汉书补注》于《霍光传》宣帝辄使中书令出取封事下引何焯曰："使中书令出取，不关尚书，一时以防权臣壅蔽。然自此浸任宦竖矣。成帝以后，政出外家，有太后为之内主，故宦竖不得挠。不然，石显之后，必有五侯十常侍之祸。"这种看法是很对的。

---

① 俱见《汉书》九十三《佞幸传》。

总之，宣帝因惩霍光以大将军专政，稍加矫正，颇存宰相制度的体统。但虽以魏相丙吉等皆心腹之寄，仍不能信任宰相制度之自身，而依然从实质上去加以削弱；这样便更加强了尚书的地位，并酝酿宦官外戚之祸。

元帝时代的政权，在中书令石显手上。《汉书》卷三十六《楚元王传》，元帝征周堪"拜为光禄大夫，秩中二千石，领尚书事"。但"显干（师古曰：干与管同）尚书事（事字依官本补）；尚书五人，皆其党也，堪希得见，常因显白事，事决显口"，所以周堪虽领尚书事而无实权。成帝即位，"以元舅侍中卫尉阳平侯王凤为大司马大将军领尚书事"，正式进入到外戚专政的阶段。中间虽有哀帝时董贤的插曲，但此一格局，一直发展到王莽的篡汉。萧望之、刘向们，在元帝时代，曾经以全力反对尚书用宦官，换言之，要取消由武帝所设的中书，不仅未能做到，而且以此贾祸。但到了建始四年（纪前二十九年）"罢中书宦者，初置尚书员五人"。必罢中书宦者，王凤的领尚书事乃有其实。增加一个三公曹主断刑狱，把廷尉对刑狱的最高审议权也转移到尚书了。尚书职权的扩大，即王凤职权的扩大。此乃在外戚专政情形下的演变。《资治通鉴》卷三十在这一年下记着"是时上委政王凤"，是完全正确的。此时张禹以师傅旧恩，与王凤并领尚书事；但张禹内不自安，常心存退避。河平四年（纪前二十五年）六月，以张禹为丞相，反得以自安，这是因为丞相此时已有名无实，所以与王凤可不发生权力上的矛盾。

但终西汉之世，丞相在法理上始终保持总领百僚的地位。《汉书》卷六十八《霍光传》记废昌邑王时，"群臣连名奏王"的位次是"丞相臣敞、大司马大将军臣光、车骑将军臣安世、度辽将军臣明友、前将军臣增、后将军臣充国、御史大夫臣谊……"在此一位次中，御史大夫副丞相的正常地位受到了侵夺，但丞相的地位依然要安放在当时大权在握的大司马大将军的前面。成帝时，王音以从舅越亲用事，"上（成帝）以音自御史大夫入为将军，不获宰相之封，六月乙巳，封音为安阳侯"。①按王音此时以大司马车骑将军辅政，而成帝惜其不获宰相之封，可知此时的丞相地位，犹在将军之上。因为宰相的此一崇高地位，除了非常时机，有如霍光专政、石显专权这类的情形以外，若遇见振奋有为的丞相，依然可以发挥统领百僚的功用。成帝时虽外戚当政，然翟方进为相，踔厉奋发，与张禹为相的情形大不相同；因为成帝时翟方进是凭借着宰相在官制中的崇高地位。但此一丞相的崇高地位，因为何武进言改为三公而开始动摇，遂下开东汉三公徒拥虚名之渐。《汉书》卷八十三《薛宣朱博传》：

> 初，汉兴袭秦官，置丞相、御史大夫、太尉。至武帝罢太尉，始置大司马，以冠将军之号，非有印绶官属也。及成帝时，何武为九卿，建言古者民朴事约，国之辅佐，必得贤圣。然犹则天三光，备三公官，各有分职。今末俗文弊，政事烦多；宰相之材，不能及古；而丞相独兼三公事，所以久废而不治也。宜建三公官，定卿大夫之任。分职授政，以考功效。其后上以问师安昌侯张禹，禹以为然。时曲阳侯王根为大司马骠骑将军，而何武为御史大夫；于是上赐曲阳侯根大司马印绶，置官属。罢骠骑将军官。以御史大

---

① 见《资治通鉴》卷三十一《孝成皇帝上》之下。

夫何武为大司空，封列侯。皆增奉如丞相，以备三公官焉。议者多以为古今异制。汉自天子之号，下至佐史，皆不同于古，而独改三公，职事难分明，无益于治乱。

何武的建议，除了他所说的表面理由外，可能并非仅为了要借此提高自己御史大夫的地位，而系想把当时以大司马的官衔实际辅政的大司马，纳在三公之内，在三公名义之下，可以"分职授政"，反使丞相与御史大夫能分担到一分职权。不然，丞相的"久废而不治"的摆在眼面前的原因，何武岂有不知之理？但何武不能从皇帝应当尊重正常的官制的地方来纠正"久废而不治"，却借辞以破坏宰相统领百僚的地位来纠正久废而不治。殊不知官职的治与废，首先是决定于皇帝的意向，及宰相的风格。皇帝向着宦官，向着外戚，则把宰相的地位向下拉平后，连表面上的体统也没有了，其废也更甚。《资治通鉴》把改宰相为三公，系于绥和元年（纪前八年）。过了两年多，为哀帝建平二年，因朱博的话，又恢复大司空为御史大夫。《汉书》卷八十三《朱博传》：

后二岁余，朱博为大司空，奏言帝王之道，不必相袭，各繇时务。高皇帝以圣德受命，建立鸿业，置御史大夫，位次丞相，典正法度，以职相参，总领百官，上下相监临，历载二百年，天下安宁。今更为大司空，与丞相同位，未获嘉祐。故事，选郡国守相高第为中二千石。选中二千石为御史大夫；任职者为丞相。位次有序；所以尊圣德，重国相也。今中二千石未更（经过）御史大夫而为丞相，权轻，非所以重国政也。臣愚以为大司空官可罢，复置御史大夫……为百僚率。哀帝从之。

朱博上面的话，有两大要点。（一）他反对改御史大夫为大司空，与丞相同位，实际更反对当时由外戚而来的大司马与丞相同位。（二）他指出中二千石未经过御史大夫而为丞相，实际指的是当时的大司马，皆不是通过晋升的正常途径，而仅凭外戚关系得来，更不可使其与丞相同位。其目的则在尊相权以尊国政；这才把握到当时与政制关连在一起的政治根本问题。哀帝虽然暂时听了朱博的话，但不仅实际的政权先是操在外戚丁、傅手上，后操在佞幸董贤手上；并且他为了提高董贤的地位，终于元寿二年（纪前一年）"五月甲子，正三公官分职。大司马卫将军董贤为大司马，丞相孔光为大司徒，彭宣为大司空"。[①] 不久又在上面加太师太傅太保，而专制政治中较为合理的丞相制度，更由多头制的混乱而破坏以尽；东汉遂承此弊制，而与外戚宦官相终始。由丞相改为三公的利害，《后汉书》卷四十九《仲长统列传》简撮其所著《昌言》中的《法诫》篇说：

周礼六典，冢宰贰王而理天下。春秋之时，诸侯明德者皆一卿为政。爰及战国，皆亦然也。秦兼天下，则置丞相而贰之以御史大夫。自高帝逮于孝成，因而不改，多终其身；汉之隆盛，是惟在焉。[②] 夫任一人则政专，任数人则相

---

① 《资治通鉴》卷三十五《孝哀皇帝下》。
② 按西汉人立论，多将三代理想化；而东汉人则常将西汉理想化，此亦其一例，不可泥看。

两汉思想史（一）

倚。政专则和谐，相倚则违戾。和谐则太平之所兴也，违戾则荒乱之所起也。

仲长统主要是指东汉以立论，而其端实开于西汉之成帝，这是相权的一大演变。

成帝时的另一大演变，为以灾异逼翟方进自杀。天以灾异显示其谴责的意志，因而引起人君的警惕。此一事实，当然可以推到远古。但由周初开始的人文精神，逐渐发达，这种以灾异见天意的影响便日益稀薄，自董仲舒上《天人三策》，以为"天人相与之际，甚可畏也"。于是以此为一转捩点，通过灾异以表现有意志的天，重新压在大一统的一人专制的皇帝头上，常常引起他们由惶恐而求直言极谏，并选举贤良方正等举措。及成帝时，"刘向以王氏权位太盛，而上（成帝）方向《诗》、《书》古文，向乃因《尚书·洪范》，集上古以来历春秋战国至秦汉符瑞灾异之记，推及行事，连傅祸福，著其占验，比类相从，各有条目，凡十一篇，号曰《洪范五行传论》，奏之。天子心知向忠精，故为凤（王凤）兄弟起此论也。"①在《洪范五行传论》中，把皇帝的一举一动，都与天紧密关联着，一点也不放松。这样一来，皇帝的精神负担，自然更加重了。但到了绥和二年（纪前七年），荧惑守心，善为甘石之学的郎官贲丽，"言大臣宜当之。上乃召见方进，还归，未及引决，上遂赐册责让，以政事不治，灾害并臻，百姓穷困，曰：欲退君位，尚未忍，使尚书令赐君上尊酒十石，养牛一，君审处焉。

---

①《资治通鉴》卷三十《孝成皇帝上之上》。

方进即日自杀"。① 这是把董仲舒、刘向们所苦心经营出的一套控制皇帝的办法，轻轻地转移到丞相身上去了，开尔后以灾异免三公之局，三公仿佛是专为皇帝作代罪羔羊而设，而宰相的功用，更减削以尽。

十、光武对宰相制度进一步的破坏及尔后在专制下官制演变的格局

立国的基础，关系于开国的规模；而开国的规模，与开国者的识量，又有密切的关系。光武中兴，他的长处，《后汉书》卷一下《光武帝纪》第一下有谓：

> 初帝在兵间久，厌武事。且知天下疲耗，思乐息肩。自陇蜀平后，非儆急，未尝复言军旅。……每旦视朝，日仄乃罢。数引公卿郎将，讲论经理，夜分乃寐……虽身济大业，兢兢如不及。故能明慎政体，总揽权纲。量时度力，举无过事……

又卷七十六《循吏列传》叙：

> 初光武长于民间，颇达情伪。见稼穑艰难，百姓病害。至天下已定，务用安静。解王莽之繁密，还汉世之轻法。

---

① 《资治通鉴》卷三十三《孝成皇帝下》。

但他是一个非常猜忌严刻的人。《后汉书》卷十七《贾复列传》："复为人刚毅方直，多大节。既还私第，阖门养威重。朱祐等荐复宜为宰相。帝方以吏事责三公，故功臣并不用。"卷十八《吴汉列传》："论曰，吴汉以建武世常居上公之位，终始倚爱之亲，谅由质简而强力也。……昔陈平智有余以见疑，周勃资朴忠而见信。夫仁义不足以相怀，则智者以有余为疑，而朴者以不足取信矣。"卷十九《耿弇列传》："论曰……弇决策河北，定计南阳，亦见光武之业成矣。然弇自克拔全齐，而无复尺寸功；夫岂不怀，将时之度数不足以相容乎。"他在创业时已不敢用耿弇而只敢用质朴的吴汉，更不敢用有宰相才的贾复。范蔚宗的论赞，可谓能推见至隐。所以他在官制上，一方面是减汰由武帝而来的繁冗，使归简约。《续汉志》谓："世祖中兴，务从节约，并官省职，费减亿计。"这是很对的。另一方面则是尽量降低三公的地位，夺其实权，并不惜加以摧折。三公中大司马列第一位，自建武元年到建武二十年，皆由吴汉为大司马，这只是名义上的推崇。哀帝改丞相为大司徒，大司徒应当为三公的重心。建武三年，以大司徒司直（二千石）伏湛为大司徒。五年以尚书令（千石）侯霸为大司徒。十三年以沛郡太守韩歆为大司徒。十五年以汝南太守欧阳歙为大司徒。二十年以广汉太守蔡茂为大司徒。二十三年以陈留太守玉况为大司徒。由二千石登进为丞相，在武帝时乃偶一见之，至光武则成为常例，这是由登进的程序来压低三公的地位。到了建武二十七年因朱祐之奏，三公并去"大"字。又因光武于更始元年（西纪二十四年）行大司马事，又可能是因王莽以大司马篡汉，所以又将大司马改为太尉，尔后遂常以太尉为三公的首揆。西汉自公孙弘入相封为平津侯，遂成汉家故事。但自戴涉、蔡茂为大司徒，始皆不封侯，这都是为了压低三公地位而来的作法。

但三公地位压低以后，他和汉武帝对丞相一样，既不让他们任事，又不轻轻放过他们，遂使三公成为仕途中的畏途。《后汉书》卷二十六《侯霸列传》："以沛郡太守韩歆代霸（侯霸）为大司徒……以从攻伐有功，封扶阳侯。好直言无隐讳，帝每不能容……歆又证岁将饥凶，指天画地，言甚刚切。坐免归田里。帝犹不释，复遣使宣诏责之……歆及子婴竟自杀。歆素有重名，死非其罪，众多不厌。……后千乘欧阳歙，清河戴涉，相代为大司徒，坐事下狱死，自是大臣难居相位。"又同卷《冯勤列传》："司徒侯霸，荐前梁令阎杨。杨素有讥议，帝常嫌之。既见霸奏，疑其有奸，大怒，赐霸玺书曰：崇山幽都何可偶，黄钺一下无处所。欲以身试法耶？将杀身以成仁耶？使勤（冯勤）奉策至司徒府。勤还，陈霸本意，申释事理，帝意稍解。……三岁，迁司徒（冯勤）。先是三公多见罪退，帝贤勤，欲令以善自终，乃因谶见，从容戒之曰：朱浮上不忠于君，下陵轹同列，竟以中伤至今，死生吉凶未可知，岂不惜哉。人臣放逐受诛，虽复追加赏赐、赗祭，不足以偿不訾之身……"总之是告诉冯勤，为三公的人要保全性命，第一是不要直言指斥人君的真面目；第二是只管小事，莫管大事。所以侯霸的未被诛戮，是偶然的。卷三十三《朱浮列传》："帝时用明察，不复委任三府，而权归刺举之吏。浮复上疏谏曰……窃见陛下疾往者上威不行，下专国命。即位以来，不用旧典；信刺举之官，黜鼎辅之任。至于有所劾奏，便加免退。覆案不关三府，罪谴不蒙澄察。陛下以使者为腹心，而使者以从事为耳目；是为尚书之平，决于百石之吏。故群下苛刻，各自为能……故有罪者心不厌服，无咎者坐被空文……"朱浮是出死力抗拒彭宠以保全河北的人，光武因其好直言恨他，随时想把他杀掉，却不好意思动手。到了明帝，便不明不白地赐死了。范蔚宗在《朱浮列传》后论曰："……光武、明帝，躬好吏事，亦以课核三公。其人或失，而其礼稍薄，至有诛斥诘辱之累。任职责过，一至于此。追感贾生之论，不亦笃乎！朱浮议讽苛察欲速之弊，然矣。焉得长者之言哉。"总之，光武在官制方面，主要是摧抑三公，独申己志，而将尚书增为六人，使政务的重心全归尚书。西汉尚书处理政务，是通过"平尚书事"的人以属于皇帝；至光武，则尚书直属于自己。而他对尚书的态度，据《后汉书》卷二十九《申屠刚列传》谓："时内外群官，多帝自选举。加以法理严察，职事过苦。尚书近臣，至乃捶扑牵曳于前，群臣莫敢正言。刚每辄极谏……帝并不纳。"

　　明帝对三公及群臣的方式，完全继承光武。历史上的滑稽现象是：光武、明帝之所以要如此，是为了便于自己主政，以预防由大臣权重而来的祸患。但章帝以后，和帝即位时年十岁，殇帝生百余日，安帝即位时年十三岁，顺帝即位时年十一岁，冲帝年二岁，质帝年八岁，桓帝即位年十五岁，灵帝即位年十二岁，献帝即位年九岁。先不问这些皇帝的智愚贤不肖，只问在年龄上，由外戚宦官所安排的这些儿皇帝，不先后由外戚宦官专权，还有其他的路可走吗？这是光武所能想象得到的吗？所以光武防闲外戚，甚为周到；而由安帝到桓帝延熹二年（西纪一五九年），一直是外戚专政。延熹二年以后，便一直是宦官专政。[①] 到了宦竖以中

[①] 光武建武二十八年十月癸酉，诏死罪系囚，皆一切募下蚕室，此后即成为常例。由此一措置而宦官之数量可不断增加，此亦或为能形成宫廷内之巨大势力的原因之一。

汉代一人专制政治下的官制演变　　　　　　　　　　　　　　　　　*241*

常侍而把持生杀予夺的大权，便完全无官制可言，无政治可言；而生民及生民中的知识分子，势非大受屠僇不可。此时还谈什么宰相制度。但自安帝永初元年九月，因灾异策免太尉徐防，三公以灾异免自防始，①后来遂成定例。无与职位相应的实权，却要代替外戚宦官负实际的责任，这也应算作历史的大滑稽。对于上述情形，《后汉书》卷四十六《陈忠列传》，有下面的记述：

> 时三府任轻，机事专委尚书。而灾眚变咎，辄切免公台。忠（陈忠）以为非国旧体，上疏谏曰：……汉典旧事，丞相所请，靡有不听。今之三公，虽当其名，而无其实。选举诛赏，一由尚书。尚书见任，重于三公。……今者灾异，复欲切让三公。昔孝成皇帝，以妖星守心，移咎丞相……卒不蒙上天之福，徒乖宋景之诚，故知是非之分，较然有归矣。

尚书何以任重，因为他直属于皇帝。皇帝幼弱昏愚，则自然直属于外戚宦官。前引仲长统《昌言·法诫》篇继主张宰相应任一人之后，接着说：

> 光武皇帝愠数世之失权，忿强臣之窃命，矫枉过直，政不任下；虽置三公，事归台阁。自此以来，三公之职，备员而已。然政有不理，犹加谴责。而权移外戚之家，宠被近习之竖……怨气并作，阴阳失和……此皆戚宦之臣所致

---

① 《后汉书》卷四十四《徐防列传》及《资治通鉴》卷四十九《孝安皇帝上》。

然也。反以策让三公，至于死免，乃足为叫呼苍天，号咷泣血者也。又中世之选三公也，务于清悫谨慎，循常习故者，是妇女之检柙，乡曲之常人耳，恶足以居斯位耶……昔文帝之于邓通，可谓至爱，而犹展申屠嘉之志。夫见任如此，则何患于左右小臣哉……光武夺三公之重，至今而加甚。不假后党以权，数世而不行，[①] 盖亲疏之势异也。……或曰，政在一人（按指宰相），权甚重也。曰，人实难得，何重之嫌……今夫国家漏神明于蝶近，输权重于妇党……不此之罪而彼之疑，何其诡耶。

专制中所谓英断之主，常与宰相制度不相容，必加以破坏而后快。但埋葬此一朝代的因素，也即孕育于此。清华湛恩在其《后汉三公年表序》中，也看出了这一点。

……光武中兴，贤主也。其不任三公，政归台阁，欲使权不下移，政由上出也。迨至再传而后，祸起于贵戚，极于宦官，而汉以不振。吾尝反覆其故，而叹光武之贻祸烈也。夫天下之大权，人主不能以一人独操之明矣，必与人共操之。故重臣之权尊，则人主安坐于上，而权不患其旁落。苟人主举不信之臣而欲独操之，则正人日以远，而小人日以近，必有起而窃之者……非同姓，即外戚耳。夫同姓外戚……因以窃国者比比也。……人主欲起而诛之，而无一二重臣以为倚赖……势必与左右之近臣谋之……于是

[①] 章怀注："光武不假后党权威，数代遂不遵行。"

近臣遂以得志……其所为必多不法，必与外廷之臣为仇……而外廷之臣受祸愈惨。于是忠臣烈士……奋不顾身，以与左右之臣为难。夫人主方与左右之臣为一，而举天下与之为难，则人主亦不能以独全，遂至于溃败灭裂，不可得救……

官制是权力与义务的一种分配和组织。但古今专制者的心理，因为把天下当作自己私人的产业，觉得政治是网罗天下的人力物力以向他的安富尊荣负责，而不感到他是应当对天下（人民）负责。于是便总是从权力方面去看官制，而决不从义务方面去看官制。既是只从权力方面去看官制，于是官制的客观化，感到即是权力的客观化。权力的客观化，感到即是权力离开了他（专制者），而使他感到危险。所以破坏官制的客观化，破坏官制能客观地发挥作用，这是古今专制者所不知不觉地采取的共同路线。形成官制的首脑与骨干的是宰相。宰相一职，在事实上是不可无；但一旦成为制度，即赋予了若干的客观存在的意义。因此，通过二千多年的专制，都是循环地破坏宰相在制度上的客观地位，而以皇帝身旁的地位低微的人去执行宰相的实权。执行久了，原来在地位上本是与宰相悬隔的，也慢慢被承认其为宰相，因而取得官制上的若干客观地位。于是后起的专制者又把它虚悬起来，重新使低微的近臣代替。和田清在《支那官制发达史上的特色》一文[①]中，对于这种情形，有扼要的陈述。兹译介如下：

除了现在西洋化的最近期，从来旧支那制度发达的过

---

① 此文收在和田清著的《东亚史论薮》内，由生活社发行。

程，有几种显著的特色。第一应当举的，或者可称为支那官制的波纹式的循环发生。天子私人侧近的微臣，渐次得到权力，压倒站在表层的大官。到了不久，取而代之的时候，在他的里面，又生出私的实权者，发达而成为表层的大官，不断地反复着。例如秦汉之际，宰相总揽庶政，或曰丞相，或曰相国。……但其中，尚书、中书这种东西出现，渐渐篡夺了宰相的权力。尚书……初不过是在殿中主管发书的微官，由担任天子的秘书①而渐次加重权力。……随尚书权力的渐次增加，也具备了令、仆射、尚书等职位，而独立成为尚书省。尚书令仍是天下的宰相，尚书省代替了过去的丞相府。

中书，乃中官尚书之义。这是武帝游宴后庭，任命宦者所担任的尚书……到了由宦者出身的曹魏，中书长官的监令，掌握了宰相的实权。门下省的长官侍中，本是侍奉天子左右的侍者；但尚书、中书渐渐居于表层的地位时，侍中便代居机要，渐握实权，从住在宫中黄门之下的地方，而开始有门下省之名。北魏时的黄门侍中称为小宰相。从南北朝时，尚书、中书、门下，并称三省，以及于隋唐，而成为表层的政府。

其中，中书宣奉诏命，门下驳议，尚书将确定了的诏命施行于天下，所以尚书省是站在最表层的官署。但它仅是形式，并无实权，实权渐移于内面的中书、门下。尚书省曰南省，在外；在内者仅有中书、门下，组织政事堂，议定

---

① 实际只是担任公文收发的人员。

大事。中书、门下，渐成表层时，也渐失掉了实权，天子更自选亲信，加以"同中书门下三品"或"同中书门下平章事"等，使参与其事。同中书门下云云，正如其名称一样，不过是中书门下的暂时代理；但因有天子的信任，实权便渐移到他们手上。……同中书门下平章事，也渐成为表层，唐末便由天子的顾问翰林学士院代之，有内相之称。还有由宦官构成的枢密使，也好像渐取得实力。但以后变为主兵权的武官。

宋太祖抑权臣，张天子独裁的纪纲；但不久，中书省与枢密院为重而称为二府，同平章事握宰相的实权。元的行政府也是中书省，其长官曰丞相。明太祖洪武十三年废中书省，罢宰相，使六部尚书直属于天子。……不久，到了他的子孙的时代，内廷顾问之官，握得宰相的实权。六部尚书，官正二品，而内阁大学士不过是正五品的微官；但因居于备天子顾问的地位，便渐增加实权，后遂以大学士当宰相之任，清的内阁制度，全由此而来。但后来，内阁也站到表层了，与内廷疏阔，于是选拔内阁中特为亲信者为军机处大臣，使在隆宗门内的军机处决定大事。……这是中央的显官，大概都为内部之微臣所取代的历史。

总之，宰相在官制中的地位，一带有客观的性质，专制者便觉得和他离得太远了，不可信任了，须以侧近的微臣取其实权。这是汉武帝、光武顺着一人专制的要求所开下的一条路，后百世而不能改。但西汉亡于外戚，东汉亡于宦官，这正是一人专制的自身所造出的无法克服的矛盾。

十一、光武对地方军制的破坏及其严重后果

秦并吞列国，废封建为郡县，而郡县的政治组织，仍多少受到战国时的独立王国的影响。其所赋予于郡守县令长的职权既相当强大；政治的机能，也是相当完备而合理，容易发挥地方政治上的效能。汉武帝使六百石的刺史监察二千石的郡守，虽然有人称赞它的好处，但设刺史的基本用心，还是与使侧近微臣去诘难公卿的用心是一致的，在制度上，依然是对地方官制的客观性的破坏，此处暂不深入去讨论。这里要特为提出的是光武以忌刻之私，削弱地方官制所及于尔后对民族发展的巨大影响。

《后汉书》卷一下《光武帝纪》第一下："是岁（建武六年，西纪三十年）初罢郡国都尉。"又建武七年"三月丁酉，诏曰：今国有众军，并多精勇，宜且罢轻车、骑士、材官、楼船士及军假吏、令还复民伍"。应劭补充说："每有剧贼，郡临时置都尉。事迄罢之。"按《汉书》卷十九上《百官公卿表》："郡尉，秦官，掌佐守典武职甲卒，秩比二千石；有丞，秩皆（王先谦曰：皆字衍）六百石。景帝中二年更名都尉。"都尉之设，与汉的兵制密切相关。卫宏《汉旧仪》卷下："民年二十三为正，一岁而以为卫士，一岁为材官骑士，习射御骑驰战阵。八月，太守、都尉、令、长、相、丞、尉会都试，课殿最。水处为楼船，亦习战射行船。"又："年五十六，老衰，乃得免为庶民，就田里，民应令选为亭长。""亭长课射游徼，徼循尉（按此语之意，似为游徼顺承县尉）。游徼、亭长皆习设备五兵。五兵，弓弩、戟、盾、刀剑、甲铠。""鼓武

吏，赤帻大冠，行縢带剑佩刀持盾被甲，设矛戟习射。"[1]从上面的材料看，民男子二十三为正卒，虽有践更过更，[2]但大体上是行的义务兵役制度。平日负一郡督、教、调派之责者为郡都尉。都尉以下有县尉，乡官。与整个社会，皆带有浓厚的武装组织的意味。光武起兵民间，内心害怕这种社会性的武装，所以在建武六年废都尉，而武备之教因以废弛。建武七年又罢轻车骑士、材官楼船，而民间的武装组织更因以瓦解。在他的诏书里是说"国有众军，并多精勇"，可以不事民间征发，所以也不需要民间保持武装组织。但《后汉书》卷三十一《杜诗列传》："初禁网尚简，但以玺书发兵，未有虎符之信。诗（杜诗）上疏曰……旧制发兵皆以虎符。其余征调，竹使而已。符第合会，取为大信。……间者发兵，但用玺书，或以诏令。如有奸人诈伪，无由知觉。愚以为军旅尚兴，贼虏未殄，征兵郡国，宜有重慎。可立虎符以绝奸端……书奏，从之。"按杜诗以建武七年为南阳太守，以建武十四年病卒。此奏叙述于建武八年上书乞避功德奏请之后，计时当在建武八年以后，十四年以前。是光武诏罢轻车材官之时，并未停止对郡县的征发。则其所以罢都尉，罢轻车材官，乃出于猜防人民的心理，昭然可见。其后颇以招募及弛刑成军；如《马援列传》，建武二十四年武陵五溪蛮反，援将十二郡募士及弛刑四万余人击之者即是。但征发之制依然存在。《后汉书》卷五《孝安帝纪》永初五年（西纪一一一年）"戊戌（闰三月）诏曰……寇贼纵横，夷狄猾夏，戎事

---

[1] 按以上又见于《续汉志补注》引《汉官仪》，而略有异同。
[2]《汉书·昭帝纪》元凤四年如淳曰："……贫者欲得雇更钱者，次直者出钱雇之，月二千，是为践更也。天下人皆直戍边三日……诸不行者出钱三百入官，官以给戍者，是为过更也。"

不息，百姓匮乏，疲于发征"。即其明证。但平时无教战之吏，战时便无可用的将帅之才。所以同《纪》永初五年"七月己巳，诏三公、特进、九卿、校尉，举列将子孙，明晓战陈，任将帅者"。建光元年（西纪一二一年）十一月癸卯又诏"举武猛堪将帅者各五人"。卷六《顺帝纪》永和三年（西纪一三八年）"九月丙戌，令大将军三公各举故刺史二千石及见令长郎谒者四府掾属，刚毅武猛，有谋谟任将帅者各二人，特进卿校尉各一人"。汉安元年（西纪一四二年）"十一月癸卯，诏大将军三公选武猛试用有效验，任为将校者各一人"，即其明验。有事则征发未教之民，正如孔子所说："以不教民战，是谓弃之。"所以应劭《汉官仪》卷上有谓：

盖天生五材，民并用之，废一不可，谁能去兵？兵之设尚矣……自郡国罢材官骑士之后，官无警备，实启寇心。一方有难，三面救之；兴发雷震，烟蒸电激，一切取辨。黔首嚣然，不及讲其射御，用其戒誓。一旦驱之以即强敌，犹鸠鹊捕鹰鹯，豚羊弋豺虎。是以每战常负，王旅不振。张角怀挟妖伪，遐尔摇荡，八州并发，烟炎绛天。牧守枭裂，流血成川。尔乃远征三边殊俗之兵，非我族类，忿鸷纵横，多僵良善，以为己功。财货粪土，哀夫民氓，迁流之咎，见出在兹。不教而战，是为弃之。迹其祸败，岂虚也哉。

光武为了防止人民造反而废弃社会的武装，但人民在活不下去时，依然会起来造反，遂至不惜引异类以贼杀同胞。应劭上面的话，可以说是指陈痛切。陈元粹所作钱文子《补汉兵志序》，以为钱文子见宋代聚兵京师，易世之后，"老弱者难汰，虚籍者难核。

安坐无事则骄,骄则难用。久聚而法弛则悍,悍则难制……不娴临阵决战之术则怯,怯则弃甲曳兵而走……呜呼,此先生所以拳拳有意于汉家之遗制也。"而汉家兵制之坏,实始自光武;其动机,只是为了一人一家专制之私。

东汉最大的边患在诸羌。中叶以后,把归顺的羌人,迁居三辅,这种处置是有意义的。但一方面因吏治败坏,对羌人只骚扰而无抚辑之功。另一方面,则羌人有自卫能力而汉人则没有;以至羌人所至,汉人多逃避流徙。由此我们可以想象得到,五胡之所以乱华,根本原因之一,即在五胡能打仗而华民不能打仗。推原祸始,皆自光武专制之私发之。顺着此一方向发展,历代地方的政治机能,愈来愈弱。胥吏可凭地方政治的机能以作恶,而长令很难在地方政治的机能上,发挥两汉能吏循吏所能发挥的效果。于是宋、明、清的地方政治,完全成为胥吏政治。地方弱,国家岂能强。穷源究委,乃一人专制下的必然结果。

西汉知识分子对专制政治的压力感

一

一切知识分子所担当的文化思想，都可以说是他们所生存的时代的反映。在近三百年，时代中最巨大最显著的力量是经济。但在我国，一直在鸦片战争以前，甚至于一直到现在，各时代中最巨大最显著的力量都是政治。每一个知识分子，在对文化的某一方面希望有所成就，对政治社会希望取得发言权而想有所贡献时，首先常会表现自身的志趣与所生存的时代，尤其是与时代中最大力量的政治，乃处于一种摩擦状态；而这种摩擦状态，对知识分子的精神，常感受其为难于忍受的压力。并且由对这种压力感受性的深浅，而可以看出一个知识分子自己的精神、人格成长的高低，并决定他在文化思想上真诚努力的程度。由各个人的秉赋、生活环境及学问上的机缘，各有不同，对这种"压力感"的反应也各有不同，因而形成文化上不同的努力方向。但政治问题，不能不成为中国知识分子长期的共同问题。完全缺乏这种感受的人，便缺乏追求文化思想的动机，便不可能在思想文化上有所成就，甚至发生反文化思想的作用。

西汉与先秦相去不远。先秦诸子百家，在七雄并立中的自由活动，及在自由活动中所强调的人生、社会、政治的各种理想，与汉代所继承、所巩固的大一统的一人专制政治的情形，极容易引起鲜明的对照。例如在《战国策·齐策》"齐宣王见颜斶曰：斶前。斶亦曰：王前"的一个故事中，颜斶竟说出"生王之头，曾不若死士之垄"的话，而使齐王"愿请受为弟子"。这虽是比较极端的一例，但当时王与士的距离比较近，是可以想见的。进入到大一统的一人专制以后的情形，便完全改变了。汉文帝时贾山《至言》中谓："雷霆之所击，无不摧折者；万钧之所压，无不糜灭者。今人主之威，非特雷霆也，势重非特万钧也。"这与战国时，士对人君的觉感，可以说是天壤悬隔。因而西汉知识分子对由大一统的一人专制政治而来的压力感也特为强烈。东汉知识分子与西汉知识分子在这一点上，如说有所不同，则西汉知识分子的压力感，多来自专制政治的自身，是全面性的感受。而东汉知识分子，则多来自专制政治中最黑暗的某些现象，有如外戚、宦官之类。这是对专制政治自身已经让步以后的压力感，是政治上局部性的压力感。两汉知识分子的人格形态，及两汉的文化思想的发展方向，与其基本性格，都是在这种压力感之下所推动、所形成的。当然还应加上其他的因素。有如两汉像样子的知识分子，几乎没有不反对法家的，这可以说是由思想而来的压力感。但两汉知识分子所以普遍而深刻的反法家，乃是法家思想，通过秦长期的吸收、实现，最后已成为专制政治的骨干，而被汉所继承了下来，以加强专制政治的残酷性。所以反法家实际是反汉代专制政治中的骨干，这依然是由政治而来的压力感。至于西汉知识分子几乎无不反秦；而反秦实际上即是反汉，更不待论。我觉得若不能首先把握到两汉知识分子的这种压力感，便等于不了解两汉的知识分子。

若不对这种压力感的根源——大一统的一人专制政治及在此种政治下的社会——作一确切的解析、透视，则两汉知识分子的行为与言论，将成为脱离了时间空间的飘浮无根之物，不可能看出它有任何确切意义。

各种不合理的东西，随时间之经过，因人性中对外来压力所发生的自我保存与适应的作用，及生活中因惯性而对现实任何存在，容易与以惰性承认的情形，也渐渐忘记那些事物是不合理的。古今中外，政治上的大奸大猾，都是朝向这一弱点上投下他们的野心与赌注。大一统的一人专制政治的自身，也正是如此。这便可使由此种政治而来的压力感，渐归于麻痹，而其他的压力感居于主导地位，这是了解我国知识分子性格随历史演变而演变的大关键。虽然如此，中国两千多年的大一统的一人专制政治对知识分子的压力，事实上是在不断的积累中更为深刻化。尽管后来的知识分子，对此只能作局部性的感受而不能作全面性的感受；但这一不断深刻化的压力，对知识分子而言，还是于不知不觉中有决定性的作用。所以对两汉知识分子的时代压力感，若能加以把握，及进一步加以研究，或许对两千多年中之知识分子的了解，也可能提供若干帮助。许多具有这种压力感的人，不必皆见之于文字。下面我将提出若干已见之文字，而又留传到今的，以作显明的例证。

二

《离骚》在汉代文学中所以能发生巨大的影响，一方面固然是因为出身于丰沛的政治集团,特别喜欢"楚声",[①]而不断加以提倡。另一方面的更大原因,乃是当时的知识分子,以屈原的"信而见疑,忠而被谤,能无怨乎"[②]的"怨",象征着他们自身的"怨";以屈原的"怀石遂自投汨罗以死"[③]的悲剧命运,象征于着他们自身的命运。开其端者厥为贾谊。贾谊作《吊屈原赋》,是痛恨于"鸾凤伏窜兮,鸱鸮翱翔。阘茸尊显兮谗谀得志。贤圣逆曳兮,方正倒植。"而希望屈原能够,实际是希望自己能够"历九州而相其君兮,何必怀此都也!凤凰翔于千仞兮,览德辉而下之。见细德之险征兮,遥曾击而去之",[④]即是希望在政治上能作自由的选择。但这在屈原列国并立的时代,尚有此可能;而在贾谊大一统的时代,便已没有这种可能了。所以他在《鹏赋》中,只有想"释智遗形,超然自丧",要在庄子思想中来逃避这一黑白倒置而又没有"选择之自由"的政治情势,所给于他精神上的压力。他在《吊屈原赋》中悲痛地说:"使麒麟可系而羁兮,岂云异夫犬羊。"在《惜誓》中又悲痛地说:"使麒麟可得羁而系兮,又何以异乎犬羊。"他这种"何以异乎犬羊"的压力感,才逼使他痛哭流涕地上了《论时政疏》[⑤]以求对于给他以重大压力的当时政治,能作长治久安的改变。但正如贾山《至言》中所说:"士修之于家,而坏之于天子之廷。"天子之廷,正是埋葬士人志节的坟墓。贾谊既不能逃避掉天

---

① 《汉书》卷二十二《礼乐志》第二:"高祖乐楚声,故房中乐楚声也。"
② 《史记》卷八十四《屈原贾生列传》。
③ 同上。
④ 以上皆见《贾长沙集·吊屈原赋》。
⑤ 《汉书》卷四十八《贾谊传·贾谊论时政疏》,一开始便说:"臣窃惟事势,可为痛哭者一,可为流涕者二,可为长太息者六。"

子之廷，又忍受不了这种由天子之廷而来的对他的埋葬，于是他只好涕泣夭折以死了。

梁园宾客，[①]多以文学著称，他们也有同样的压力感。严忌的《哀时命》中说："哀时命之不及古人兮，夫何余生之不遭时……志憾恨而不逞兮，杼中情而属诗……身既不容于浊世兮，不知进退之宜当。"[②]他并不曾因游晏而减轻了他的压力感。而邹阳在仕吴王濞时，《狱中上书自明》，犹谓："今欲使天下廖廓之士，笼于威重之权，胁于位势之贵，回面污行，以事谄谀之人，而求亲近于左右，则士有伏死堀穴岩薮之中耳。"[③]

以"正其谊不谋其利，明其道不计其功"见称的董仲舒，我们未尝不可从另一角度去了解他"三年不窥园"[④]的意义。他在《士不遇赋》中说："屈意从人，非吾徒矣……皇皇匪宁，秖增辱矣。努力触藩，徒摧角矣。不出户庭，庶无过矣。生不丁三代之圣隆兮，而丁三季之末俗。……虽日三省于吾身兮，犹怀进退之惟谷……出门则不可以偕往兮，藏器又蚩其不容。退洗心而内讼兮，亦未知其所从也。"[⑤]在这种强烈的压力感下，他既献了《天人三策》，要求以德代刑，以教化之官，代执法之吏，想转换当时大一统的一人专制的政治内容；而最后的归宿，也只有"孰若返身

[①]《汉书》卷五十一《邹阳传》："汉兴，诸侯王皆自治民聘贤。"卷四十七《梁孝王传》，孝王"筑东苑方三百余里……招延四方豪杰"，而其中特多文学之士。
[②]《全汉文》卷十九。
[③]同上。
[④]皆见《汉书》卷五十六《董仲舒传》。
[⑤]《董胶西集》。

于素业兮，莫随世而轮转"。①他的"为儒者宗"②的大业，正是在此种压力感下的成就。

至于司马迁的《报任少卿书》，把他对这种压力的感愤，可以说是尽情地宣泄了。不仅一部《史记》，正是此一感愤的产物，并根据他的意见，一切圣贤的著作，"皆意有所郁结，不得通其道也；故述往事，思来者"。③即是他认为所有的思想文化上的成就，都是由时代的压力感而来的。

三

我这里应特别提到东方朔的《答客难》。《答客难》的特殊意义，在于一方面他很明显地把大一统的一人专制政治下的知识分子的情形，和战国时代的知识分子的情形，作了强烈的对比，在此一对比中，说明了在有政治选择自由，与没有政治选择自由的两种情况下，对知识分子的运命，给与以完全不同性质的影响，因而把大一统的一人专制政治对知识分子的束缚性，更清楚地刻划了出来，当时知识分子对时代的压力感的根源，可因此而得到明白的解释；另一方面，他在文学上创造了此一独特的体裁，成为后来许多发抒此种压力感的强有力的文学形式，有如扬雄的《解嘲》，班固的《答宾戏》，张衡的《应间》，崔寔的《客讥》，蔡邕的《释诲》，一直到韩愈的《进学解》，都是一脉相承的发展。现在我试把《答客难》钞一段在下面：

---

① 《董胶西集·士不遇赋》。
② 《汉书》卷二十七上《五行志》第七下。
③ 《史记·自叙》。

客难东方朔曰：苏秦、张仪，一当万乘之主，而都卿相之位，泽及后世。今子大夫修先王之术，慕圣人之义，讽诵诗书百家之言……以事圣帝，旷日持久，官不过侍郎，位不过执戟，意者尚有遗行邪……东方先生喟然长息，仰而应之曰：是固非子之能备知也。彼一时也，此一时也，岂可同哉。夫苏秦、张仪之时，周室大坏，诸侯不朝；力政争权，相擒以兵。并为十二国，未有雌雄；得士者强，失士者亡，故谈说行焉。……今则不然。圣帝流德，天下震慑，诸侯宾服……天下平均，合为一家；动发举事，犹运之掌，贤不肖何以异哉。……故绥之则安，动之则苦；尊之则为将，卑之则为虏。抗之则在青云之上，抑之则在深泉之下。用之则为虎，不用则为鼠。虽欲尽节效情，安知前后。……使苏秦、张仪，与仆并生于今日之世，曾不得掌故，安敢望常侍郎乎。故曰时异事异。[①]

"彼一时"，乃有政治自由选择之时；"此一时"，乃无政治自由选择之时。"时异事异"，岂仅关系于一个人的功名，实也通于专制下的一切文化学术的活动。

在志趣与学问的成就上，东方朔皆不能望扬雄的项背。但扬雄的《解嘲》，对两种不同的政治情况，及由此对知识分子所发生的两种不同的命运，却与东方朔的《答客难》，是同符共契的。不过东方朔把他的压力感消解于滑稽玩世之中，而扬雄则转向到"默

[①]《汉书》卷六十五《东方朔传》。

然独守吾太玄"①的著书立说之上。对压力感的反应不同,而对压力感的根源的把握,则并无二致。《解嘲》说:

……往者周纲解结,群鹿争逸。离为十二,合为六七。四分五剖,并为战国。士无常君,国无定臣。得士者富,失士者贫。矫翼厉翮,恣意所存……是故邹衍以颉亢而取世资,孟轲虽连蹇犹为万乘师。今大汉左东海,右渠搜;前番禺,后陶涂;东南一尉,西北一侯。徽以纠墨,制以锧铁;散以礼乐,风以诗书……当涂者入青云,失路者委沟渠。……夫上世之士,或解缚而相,或释褐而傅;或倚夷门而笑,或横江潭而渔;或七十说而不遇,或立谈间而封侯……是以士颇得信其舌而奋其笔,室隙蹈瑕而无所诎也。当今县令不请士,郡守不迎师;群卿不揖客,将相不俯眉。言奇者见疑,行殊者得辟(刑辟也)。是以欲谈者宛(同卷)舌而固声;欲行者拟足而投迹。乡使上世之士处乎今,策非甲科,行非孝廉,举非方正,独可抗疏时道是非,高得待诏,下触闻罢,又安得青紫……有建娄敬之策于成周之世,则缪矣。有谈范蔡之说于金张许史之间,则狂矣……唯其人之赡知哉,亦会其时之可为也。……②

---

① 扬雄《解嘲》。
②《汉书》卷八十七《扬雄传》。

四

　　班固的思想，当然受到他父亲班彪的影响。班彪的《王命论》，傅会神话，夸张事实，以证明天下之必重归于刘氏。这种想法，乃西汉思想家所少见，而象征了大一统专制的家天下，开始在知识分子的心目中，渐渐取得了合理的地位。然班彪的说法，虽然已表现知识分子对政治在历史时间中的惰性，恐亦与其家世有关。班彪的祖父班况，有女为成帝的婕妤；于是班彪的父辈，"出与王许子弟为群，在绮襦纨袴之间"，① 也算是汉室的外戚。班彪的压力感，来自"此世所以多乱臣贼子"，② 而要回到大一统专制政治的家天下，以求得解决，这是两汉政治思想转换的大标志。③ 以他父子在学术上的努力，更乘王莽狂悖乱政，天下残破的创巨痛深之余，更助长了《王命论》这种思想形态的发展，于是知识分子对大一统专制的全面性的压力感，便由缓和而趋向麻木。班固的《答宾戏》，正有此一转变过渡期的意义。

　　班固自谓"又感东方朔、扬雄，自谕以不遭苏、张、范、蔡之时，曾不折之以正道，明君子之所守，故聊复应焉"。④ 他的所谓正道，是承认汉家大一统专制的绝对权威，知识分子只宜委心任命于其下，而不要动其他的脑筋。他说汉室的政权是：

---

① 见班固《汉书·叙传上》。王乃成帝母家，许则成帝之后家。
② 班彪《王命论》。
③ 西汉思想家之反专制，反家天下，将另有专文陈述。
④ 班固《汉书·叙传上》。

> 基隆于羲农，规广于黄唐。其君天下也，炎之如日，威之如神，涵之如海，养之如春。是以六合之内，莫不同源共流，沐浴玄德；禀仰太和，枝附叶着。譬犹草木之植山林，鸟鱼之毓川泽。得气者蕃滋，失时者零落。参天地而施化，岂云人事之厚薄哉。今吾子处皇代而论战国，曜所闻而疑所觌……亦未至也。①

班固把知识分子生活在大一统专制政治之下的情况，比譬为"譬犹草木之殖山林，鸟鱼之毓川泽"，是各得其所，各得其宜，并无人事厚薄之可言，因而应当像草木鸟兽样，不应有半分的压力感。他之所以从事著述，仅来自"要（求）没世不朽"②的一念。身与草木同朽，这也是一种压力感。但班氏父子由此一压力感所写成的《汉书》，在史学的基本精神上，便比《史记》后退了不知多少。而班固本人，并未能像山林中的草木，川泽中的鱼鸟，可以自由自在地生长。因为他曾是窦宪的宾幕。窦宪被诛，他被洛阳令种兢以私怨捕系，死于狱中了。③至于大一统专制政治对知识分子所发生的摧残腐朽作用，在东汉已经是非常严重。仲长统生当东汉王纲解纽，言论稍可自由之时，在他所著的《昌言·理乱》篇中，对于这一点有痛愤的叙述：

> ……及继体之时，民心定矣。普天之下，赖我（按指大一统专制之皇帝。下同）而得生育，由我而得富贵……

---

① 班固《答宾戏》。
② 班固《幽通赋》。
③ 《后汉书》卷三十下《班固列传》。

天下晏然，皆归心于我矣。豪杰之心既绝，士民之志已定；贵有常家（按指皇室），尊在一人。当此之时，虽下愚之材居之，犹能使恩同天地，威侔鬼神。暴风疾霆，不足以方其怒。阳春时雨，不足以喻其泽。周孔数千，无所复角其圣。贲育百万，无所复奋其勇矣。彼后嗣之愚主，见天下莫敢与之违，自谓若天地之不可亡也，乃奔其私嗜，骋其邪欲；君臣宣淫，上下同恶……睇盼则人从其目之所视，喜怒则人随其心之所虑。此皆公侯之广乐，君长之厚实也。苟运智诈者，则得之焉。苟能得之者，人不以为罪焉……求士之舍荣乐而居穷苦，弃放逸而赴束缚，夫谁肯为之者耶？夫乱世长而化世短，乱世则小人贵宠，君子困贱。当君子困贱之时，踦高天，蹐厚地，犹恐有镇压之祸也。……是使奸人擅无穷之福利，而善士挂不赦之罪辜。苟目能辨色，耳能辨声，口能辨味，体能辨寒温者，皆以修洁为讳恶，设智巧以避之焉。况肯有安而乐之者耶？斯下世人主一切之愆也。①

赵壹对于被专制政治荼毒下的知识分子的变态情形，在《刺世疾邪赋》中，也作了集中的描写：

春秋时祸败之始，战国愈复增其荼毒。秦汉无以相逾越，乃更加其怨酷。宁计生民之命，惟利己而自足。于兹迄今，情伪万方。佞谄日炽，刚克消亡。舐痔结驷（言舐痔

---

① 《后汉书》卷三十九《仲长统列传》。

者可以富贵），正色徒行（言正色者贫贱）。妪娆（相亲狎）名势，抚拍（谓慰恤也）豪强。偃蹇反俗，立致咎殃。……邪夫显进，直士幽藏。原斯瘼之攸兴，实执政之匪贤……所好则钻皮出其毛羽，所恶则洗垢求其瘢痕。虽欲竭诚而尽忠，路绝崄而靡缘；安危亡于旦夕，肆嗜欲于目前。奚异涉海之失柂，积薪而待燃。……故法禁屈挠于势族，恩泽不逮于单门。①

专制政体不变，专制政体的精神犹存，则赵壹上面对专制政体下的知识分子的描写，可以说将永远有其历史的真实性。这种知识分子当然没有所谓时代的压力感，而大量发挥反文化、反思想的效用，以迎合专制主之所好。

但若所有的知识分子都如赵壹所描写的一样，这将会使一个民族的历史归于终结。东汉的知识分子，所以在历史中能占一很重要的地位，乃是另有一部分置生死贫富贵贱安危于不顾，绳绳相继，在政治的极端黑暗中，作出各种不屈抗争的节义、名节之士。一直到党锢祸起，这些抗争不屈的节义、名节之士，才与东汉同归于尽。东汉的节义、名节之士的所以形成，所以有时趋于矫激，乃是来自专制下外戚、宦官，及在外戚、宦官宰割下变节为下流卑贱的知识分子的双重压力感。这一点，将另有专文讨论。

当然在四百三十余年（包括新莽与更始）中，知识分子的压力感，可以是来自多方面的。但以由大一统的一人专制政治而来

---

① 《后汉书》卷八十下《文苑列传·赵壹列传》。

的压力，才是根源性的压力，是主要的压力。因此，对此种大一统的一人专制政治的彻底把握，应当是了解两汉思想史的前提条件，甚至也是了解两汉以后的思想史的前提条件。

中国姓氏的演变与社会形式的形成

一、引言

我这里之所谓"形式",系指对复杂的内容,有一种统一、包括作用的机能而言。社会,都是以各种身份、地位、职业,及由此所产生的大小集团,作为它的具体内容的。但中国传统的社会,却由血统关系所形成的组织——宗族,及顺着血统关系的组织所形成的诸文化价值观念,来统一、包括社会的各具体内容的,这就是我所说的"社会形式"。而这种社会形式,是通过姓氏的演变所逐渐形成的。有时社会形式很突出而掩盖了其他内容,此时的形式即是内容。但更多的时候,社会的营运,都是各具体社会内容的营运;社会形式,仿佛是在睡眠状态之中,与内容并无直接关系。但在下述几点上,要了解我国传统的社会文化的特性,便先须了解此一社会形式。

(一)此一社会形式未演变完成以前,它的本身固然是政治性的,阶级性的,有如"政治的宗法制度"。但当它演变完成,而成为一"社会的形式"时,则在理念上它便成为各种社会内容的普遍的基础,以包含、贯通于各社会内容之中,成为各社会内容的共同出发点与归宿点,无形中巩固了各社会内容的地位,因而也加强了各个人在全般社会中的地位与力量。

（二）由此一社会形式所形成的价值系统，亦即传统之所谓人伦、伦理，实贯注于每一社会内容之中，以规整各社会内容的共同方向，及成为团结各社会内容的精神力量。至于由此对全盘社会所发生的是推进的或制约的作用，那是另一问题。在研究上应当另作处理。

（三）每当历史发生大变动时，社会各种内容的活力，常在危机中受到震撼乃至破坏、瓦解。此时常退缩在由姓氏而来的宗族组织的社会形式之内，形成保护最低生存的堡垒。这与我国民族突破许多大天灾、大人祸，而依然能继续生存发展，有密切的关系。

（四）此一社会形式，如后所述，对我国历史上环绕在周围的异族而言，乃我民族所独有，这是把握我国文化社会特性的关键之一。更主要的是，在历史中我们民族同化力之大，至足惊人。过去对此种历史事实的说明，皆嫌空泛。经过我这次的研究，发现它的主要原因是来自此由姓氏所形成的社会形式。

此种社会形式，是长期演变所渐渐形成的。大约经过西汉两百年的时间，才达到初步完成的阶段。演变的实际内容，是通过氏姓观念的发展而实现。过去纪录氏姓的典籍，自《世本》以下，在数目上可说不少。但有的是为了特殊目的，如《元和姓纂》，是为了作政治上官吏登庸的参考；而诸家的族谱，因地望的观念，对其先世的叙述，每多流于傅会，难资取信。[①] 从学术上把氏姓加

[①]《汉书》卷七十五《眭弘传》颜注："私谱之文，出于闾巷。家自为说，事非经典；苟引先贤，妄相假托。无可取信，宁足据乎。"

以研究处理的，在今日也可以看到不少的著作；但因缺乏"演变"、"发展"的观念，常执一时的现象以贯通古今。所以立说愈多，而淆乱弥甚。本文乃针对此种情形，溯本探源，以明其演变、发展之迹，开辟研究我国社会史的新途径。

二、氏义探原

我想先从文字学上澄清若干有关的误解。并先从氏字开始。

《说文》十二下"氏"："巴蜀名山岸胁之㫃旁箸欲落嶞者曰氏。氏崩声闻数百里，象形。凡氏之属皆从氏。扬雄赋，响若氏隤。"段《注》墨守许义。并谓"古经传'氏'与'是'多通用。《大戴礼》昆吾者卫氏也。以下六氏字，皆'是'字之假借。而汉书、汉碑，假氏为是，不可胜数。故知姓氏之字本当作'是'，假借氏字为之，人第习而不察耳……"按许说之不能成立，乃在于若不能证明初造氏字之人，出自蜀产，则何能援巴蜀之特殊地形以造此字。且只要从小篆追溯上去，即可发现氏字之原形，与许氏所说的山岸欲堕的情形渺不相应。段玉裁以姓氏之氏的本字当作"是"，不能于先秦典籍中举证，遽以汉书、汉碑中偶有以是为氏的情形，抹煞先秦典籍中之无数氏字；他未想到由《隶释》以窥汉碑，其中所写的氏字不可胜数。偶有以"氏"为"是"，只能视为别字，何可援为证验。

朱骏声《说文通训定声》氏字下："按许说此字非是。因小篆横视似隶书山而附会之耳。本训当为木本，转注当为姓氏，盖取水源木本之谊。"朱氏之说，已较段说为进步。但其立说，乃援引《汗简》引《石经》作\$之字形作根据，与金文契文氏字之形皆不合，则其由象形所立之义，已被氏字之原形所推翻。此外，《说文》系统诸家之说，要不出段、朱两氏之范围，可置而不论。

由《金文编》所能看到的二十多个氏字，大约以《颂敦》的 丅 为初文，其他 丅 颂壶，芮公鬲等形，则系工师随手变化的一点花样，在表形的基本意义上不变。

契文氏形作 亻 前七、三九、二，或作 丅 后、下、二一、六。金文字形，承此而没有什么大变化。西安半坡的仰韶文化，发现有三十种符号，其中有两种符号作 丅丅，[①] 虽然不能确定契文的氏，与此二符号有何关联；但由形状相似，也未尝不是一个很有趣的现象。按郭沫若《金文余释之余》，《释氏》谓："氏者余谓乃匙之初文。《说文》，匙匕也，从匕是声。"段《注》云："《方言》曰'匕谓之匙'……今江苏人所谓搽匙汤匙也……古氏字形与匕近似；以声而言，则氏匙相同；是氏乃匙之初文矣。卜辞有从氏之字可证。 盉 前、二、廿七、一、"甲子王卜贞田盉往来无㞢 盉 同上第二片田盉无 巛 " 盉 同六、四一、七、"弜田盉其每"此等字乃象皿中插氏之形……虽文乃地名，义不可知，而氏之用途则如匕也。"[②] 按郭氏之说，其谬有三。匙既"从匕、是声"，则匕乃匙之初文；后因匕多作"匕首"之"匕"用，故另作"匙"字以别之，何得以氏为匙之初文；此其一。匕形契文作 𠃊 或 𠄌，其下端向左或向右弯曲者，所以便于在皿中取物。氏契文作 亻 或 丅，不论与匕形并不相似；而下端乃垂直之形，将何以取物。此其二。既明知盉乃地名，绝无以匕向皿取物之意，何以能以此证氏乃匙之初文。且以金文证契文，并由金文以释契文，乃解读

---

① 见《西安半坡》图一四一之3、4，图版一六九之7、10。
② 见郭氏《金文余释之余》页三四至三七。

中国姓氏的演变与社会形式的形成　　　　　　　　　　　　　　　267

契文的重要方法之一。郭氏不援引金文中许多氏字以证成其义，乃引一不相关涉之盉字以立证，安知盉字非从氏得声之形声字；或可另作解释（见后），此其三。这种显明的谬说，乃李孝定却以此为"发千古之覆，诚属确不可易"。又引契文中"㐱氏"后、下、二、一、六二字，既认"则氏当为姓氏字"；复以其为"单辞孤证，则此辞氏字亦未可必其为姓氏字也。"① 不知氏为姓氏之氏，在契文中是否仅此孤证，尚待研究；据丁山"卜辞又有族氏连称者"，② 其言必有所据。而郭氏之说，则在契文中即孤证而亦无之。且此孤证若与直承契文之金文中之氏字相印证，即可称为铁证。

然则氏之本义为何，应先略及族字之义。

《说文》七上："族矢锋也，束之族族也。从㫃从矢。"按许说对"从㫃"之义不明，故段《注》据《韵会》、《集韵》、《类篇》，补"㫃所以标众，众矢之所集"十字，而以《韵会》、《集韵》、《类篇》等之"一曰从"三字为衍文，遂以此十字为许书所固有；但如段氏之说，则上下文不相蒙。钮树玉之《段氏说文注订》及徐承庆之《说文解字注匡谬》，皆以"一曰从"三字为《韵会》等书所固有；而段氏所增十字，为许书所本无。许书十四上金部收有镞字，此乃"矢锋"之本字，且先秦已极通行，则许氏以锋矢之释族为未审，已不待论。《说文通训定声》："或说族字当训大旗。古军中弓矢之兵，聚于旗下，故从㫃从矢会意。矢锋当为镞字之本义。"已开始订许氏之失，惟其义未澈。俞樾《儿笘录》"族者军中部族也。从㫃者所以指挥也；从矢者

---

① 见李君所编《甲骨文字集释》第十二册页三七至三八。
② 见丁山著《甲骨文所见氏族及其制度》页三三至三四。

所以自卫也",为族义开一新的途径。丁山谓"字从队从矢,矢所以杀敌,队所以标众,其本义应是军旅的组织",并以清人之八旗为证,^①实俞说的引申。惟俞樾与丁山,为"从矢"所拘,皆将族释为军事组织。而不知族之原义,乃部族之意。队乃部族所用以相别异并聚合之标志,矢乃部族自卫能力之象征。每一部族皆须有自卫能力而始能生存,故从矢。此在平时战时皆然,不应专指为军旅的组织。卜辞中有"多子族"、"五族"、"旅族"等辞,族乃部族之通称;"多子"、"五"、"旅",乃某一部族之特称;每一部族,必有一特称。引申而为连属之属;凡以血统关系而互相连属以成为自治体之一群,即称之为族。族系集团之通名,无大小之固定界限。此一部族,若由特定之姓为代表,则称"族姓";[②] 若以氏为代表,则称"氏族"。氏与族,单言之,则氏亦可为族,族亦可为氏。在周以前,氏族无别。惟族乃指其整个团体而言。氏则指其团体中之权力代表者而言。以契金文中之氏字字形意推之,古代氏族之长,多属其氏族中的长老;长老手中常持杖;氏或本系像长老手中所持之杖之形,同时即长老权力的标志。或者远古一般老人,并不持杖,故契文金文中,既无杖字,亦无作为杖之本字的丈字,而只有代表氏族中有权力之长老所持之杖,此杖字乃今日所见之氏字。因后起之丈字杖字流行,而氏字本为杖之象形的意义,因而隐没。因此郭氏前引契文中之两"盉"字,依我的推测,这是以供给器皿为主的一个氏族,盉便是他所得的氏的特定名称。从卜辞看,殷王两次卜问

---

① 见丁山著《甲骨文所见氏族及其制度》页三三至三四。
②《尚书·吕刑》:"官伯族姓。"注:"族,同族;姓,异姓也。"不可从。

到盉氏去狩猎，而卜兆表示是"亡灾"的。我想，这是氏的原始意义。

丁山《甲骨文所见氏族及其制度》一文，谓"示即氏字"，及以氏为图腾之说，固不可信。但该文中"八、氏族的粗计"，"将武丁时代所有的贞卜例外刻辞归纳起来，就立见殷商王朝氏族之盛"。他说："就现在已经刊布的甲骨文材料看，我们确知商代的氏族，至少有二百个以上。……殷商后半期的国家组织，确以氏族为基础。"这大体是可信的。我更进一步地说，古代的氏，不同于周初以后的氏，更不同于后来一般所谓姓氏的氏；而系大小部落的名称。周以前的王朝及其中较大的方伯，皆系由部落联合而成；其中武力最强大者便被推或自立为诸部落的共主。丁山的研究，实已开出了解古代国家情形的途辙，惜其尚未深彻下去。

三、姓义探源

《甲骨文字集释》第十二册三五八九页收有"囗王囗姓"前、六、二八、二及"囗姓冥挽囗"前、六、二八、三，此两片卜辞残缺，李孝定认为第二片之姓"仍为女字，非姓氏之姓"。日人岛邦男所编《殷墟卜辞综类》一四四页上二收有五个姓字。京二〇〇九，后下一七、一〇两片，仅残存两字，且姓之上一字未能认出。宁一、二三一之"即于弢中姓"，意义亦不明。前六、四九、三，及续四、二八、三，皆为"帚（妇）姓子死"。[①]今日甲骨文家多以姓为妇的名字。惟按先秦许多姓字训生之例，亦似应释为"妇生

---

① 此皆曾特请中研院史语所张秉权先生解读。

子死"，此处之姓，似不应解为妇人之名。张秉权有《甲骨文中所见人地同名考》一文，我的推测，某氏族生活于某地，于是即以地名为其氏族的名称。某氏族的支配者，即以其氏族的名称为其支配权之记号。此观于本文后文所引资料，是有其可能的。因此，我以为甲骨文中出现之姓字，可能乃代表由血缘而来的部落的通称。① 其所以从女从生，此种血缘部族之起源，应遥溯到民知有母而不知有父的母系氏族社会时代。即使此义不能成立，但血缘部族之有标志、符号，则决无可疑。而契文中姓字的本义，应仍在未定之列。

《说文》十二下："姓，人所生也。古之神圣母，感天而生子，故称天子。从女从生，生亦声。《春秋传》曰，天子因生以赐姓。"徐锴《说文系传》在"神圣"下多一"人"字，在"故称天子"下多"因生以为姓"五字。段《注》及王筠《句读》从之。

按齐鲁韩三家诗及《春秋公羊传》，皆谓圣人皆无父，感天而生。《春秋左氏传》则谓圣人皆有父。此问题在今日无讨论之必要。惟许氏引此，乃解释"姓"字何以从女之故。因感天而生子，当然没有父，而只有母，所以姓字只好从女。如此，则《系传》所多出之六字，皆系不了解许氏原意所妄增。许氏引"春秋传曰"，则为说明其非因感天而生者之姓的来源。此在许氏的立场，为姓字得以成立之第二义。《说文》中的姓字，其意义若系承契文中之姓字而来，而我上面对契文中姓字意义的说法可以成立，则姓字之所以从女，应当推到母系社会时代。当时民知有母而不知有父，故其部族之标志，自然是来自女性。若此姓字的意义，是出自西

---

① 我对甲骨文毫无研究。此特由姓字之全般情况所建立之假说，以俟专家论定。

中国姓氏的演变与社会形式的形成　　　　　　　　　　　　　　　　　　　　　*271*

周初年，则其从女，恐系与同姓不婚，有密切关系。《说文诂林》姓字下引《席记》："按古人立姓之始，皆为昏婚起见，故从女。"在周代封建制度中，贵族的男子不称姓，而女子则称姓，似可为此说之证。

但在文字学中，不可能解答姓字的原始意义的问题。姓字的原始意义，应在历史的文献资料中去探索。

《国语·晋语四》：

> 司空季子曰：同姓为兄弟。黄帝之子二十五人，其同姓者二人而已。唯青阳与夷鼓，皆为己姓。……凡黄帝之子二十五宗，其得姓者十四人，为十二姓。姬、酉、祁、己、滕、箴、任、荀、僖、姞、儇、依，是也。惟青阳（一作玄嚣）与苍林氏，同族于黄帝，故皆为姬姓……昔少典娶于有蟜氏，生黄帝、炎帝。黄帝以姬水成，炎帝以姜水成；成而异德，故黄帝为姬，炎帝为姜……

上面这段传说性的史料值得注意之点有二：一是同以黄帝为父，但除二人与父同姓外，其余并不与父同姓。二是兄弟二十五人，但得姓者仅十四人，其余则并没有姓。上述两点，不是以后世所谓姓的观念所能解释的。盖远古之时，人本无姓。血统蕃衍，聚居于某水涯山麓，自成部落。其中有统治才能的人，或被推，或受更大部落酋长者的赐与，成为某一部落的统治者，即以其聚居的地名或其他与其祖先降生有关事物之传说，作为此一部落的符号。惟此符号，仅能由其统治者的一人所代表，故符号即含有政治权力的意义，不是被统治的人民所得而有。黄帝得到姬水部落的统治权，故即以姬水为其部落的符号——亦即是所谓姓；炎帝得到姜水部落的统治权，故即以姜水为其部落的符号，亦即是所谓姓。黄帝之子二十五人，只有十四人得到了部落的统治权；而其他十一人没有得到，所以仅十四人有姓。其中两人分治黄帝的姬水部落，故得同为姬姓。此外的酉、祁等十一姓，乃由统治着不同聚落所聚居的不同地名而来。《国语》这段传说，若认为是确指历史中某些真实的个人而言，便不易使人置信。若把它当作"姓"的起源的一般情况而言，便有很大的意义，因为由此而可以解释此后的许多有关问题。顾亭林《日知录》卷二十三"氏族相传之讹"条引《路史》曰："余尝考之，古之得姓者，未有不本于始封者也。"犹能仿佛于姓的起源之义。

《国语·周语》记太子晋谏壅谷水的一段话中谓禹与四岳有功，"克厌帝心，皇天嘉之，祚以天下，赐姓曰姒，氏曰有夏……祚四岳国，命以侯伯，赐姓曰姜，氏曰有吕……唯有嘉功，以命姓受祀注：祀或为氏。"这段话里面的姓字与氏字同举，姓是代表血统关系的符号，而氏则是代表政权的符号。当时血统与政权是不可分的，并且政权是以血统为基础。姓与氏单举可以互涵，对举则所指的各偏向一面。并且有的仅系由一个血统集团所成的政权，即姓等于氏。甲骨文中所出现的许多氏字，当属于这种意义。这里的有夏氏、有吕氏，还是这种意义。但也有包涵许多血统集团的政权，更有由一个血统集团的政权，进而为包涵许多血统集团的政权，此时仍以原来的政权符号称之。此时的氏乃大于姓。一般史家所说的陶唐氏、有虞氏，及禹得天下以后而仍称为有夏氏，都是属于这种意义。《尚书·尧典》上的所谓"平章百姓"，及古代的所谓百姓，皆表示由许多血统集团所组成的政治

中国姓氏的演变与社会形式的形成　　　　　　　　　　　　　　　　　　273

集团。各姓皆有代表参与朝廷，于是百姓有时指的是百官。古代姓与氏的关系，在《左传·隐公八年》众仲的两句话里，也说得很清楚。他说："天子建国，因生以赐姓，胙之土而命之氏。"因其生之所自出而赐之姓，这分明指的是姓系血统的符号，此符号代表血统的一面。氏则由赐土而来，这分明指的是氏乃系国土的符号，此符号代表政治权力的一面。所以刘文淇《春秋左氏传旧注疏证》在此处说："诸侯之氏，则国名是也。"刘师培《氏族原始论》："古之所谓有国者，不称部而称氏。《孝经纬》云，古之所谓国者，氏即国也。吾即此语，推而阐之，知古帝所标之氏，乃指国名。非系号名。如盘古氏，即盘古之国。陶唐为帝尧之国，故曰陶唐氏。有虞为帝舜之国，故曰有虞氏。夏为大禹之国，故曰夏后氏。若夫共工氏、防风氏，则乃诸侯之有国者也。可知古之所谓氏者，氏即国也。《左传》言，胙之土而命之氏。此氏字最古之义。无土盖无氏矣。"这里说得更清楚。由此可以了解，在西周以前之所谓氏，与由周初起之所谓氏，其意义是完全不同的。

四、周初姓氏内容的演变

姓氏的关系，镶入到周初所建立的宗法制度中而情形便有很大的变化。宗法制度，是凭血统关系，把周室的基本力量，分封到当时的要害地区；并凭血统的"亲亲"之义，将分封出去的诸侯，团结在王室的周围，以加强中央政治控制力量的方法。这是把宗法中的亲属系统变为政治中的统治系统。宗法中的大宗，即是政治中的各国的人君，而周王则为各大宗的所自出。现时，可以方便称之为"统宗"。所以王室所在的丰镐，便称为"宗周"。此时的姬姓的姬，乃包括以前的姓与氏的双重意义，成为此一以血统集团为中心的政治权力的符号，此符号只有周王始能代表。将血统中的伯叔兄弟及姻娅分封出去为一国之君时，赐他们的土，同时也就赐他们的姓。赐姓是把作为血统集团的政治权力的符号赐给他，使他能代表此种符号的一部分。所以姓不是同一个血统中的一般人所能使用的。《国语·周语》周襄王拒绝晋文公请隧的理由是：

> 叔父若能光裕大德，更姓改物，以创制天下，自显庸也。而缩取备物，以镇抚百姓……何辞之有焉。若由（犹）是姬姓也，尚将列为公侯，以复先王之职，大物其未可改也。

这里很明显地说出，晋文公若能另外创立一个统治系统，便须要"更姓"。若依然以姬为姓，则姬姓的政治符号只能由周室之王来代表，而晋国依然要回到"公侯"的地位。

《左传·昭公八年》晋史赵谓"胡公不淫，故周赐之姓，使祀虞帝"。《史记·陈杞世家》："昔舜为庶人时，尧妻之二女，居于妫汭，其后因为氏姓，姓妫氏。"梁玉绳《史记志疑》："案帝舜姓姚，至周封胡公，乃赐姓妫。史谓胡公之前已姓妫，不但乖舛无征，且与下文言及胡公周赐之姓相违反，孔仲达、郑渔仲皆辩其诬矣。"此盖诸人不了解古人之姓氏，可随世代而易；故舜以姚为姓，亦不妨"其后"以妫"为氏姓"。姓乃血统集团权力之符号，必待赐而始可使用，故胡公之先人虽姓妫，而胡公仍有待于周王

中国姓氏的演变与社会形式的形成

之赐，乃可以姓妫。此与前引众仲之言正合。诸人不明此义，所以横加疑难。

《春秋》所记之赐姓，似仅此一事。然分封建国时，赐土即同时赐姓；即同属周之宗室，亦不例外。此则与其宗法制度有不可分的关系。把姓氏改变为宗法制度的重要环节，甚至可以说，以姓氏形成宗法制度的骨干，这是姓氏在历史上的重大演变。

周室宗法制度，可简单以《礼记·大传》下面几句话作代表：

> 别子为祖，继别为宗，继祢者为小宗。有百世不迁之宗，有五世则迁之宗。百世不迁者别子之后也。宗其别子者，百世不迁者也。宗其继高祖者，五世则迁者也。

周之嫡长子为王，这是总的大宗，亦即是我前面所称的"统宗"。武王是文王的嫡长子，周公对武王而言，则是文王的别子。周公封于鲁，为鲁之始祖，这是"别子为祖"。周公之嫡长子继周公而为大宗，此大宗由历代的嫡长子一脉相传，这是百代不改之宗。周王为诸国的统宗，同时即是姬姓的最高代表者。各分封的同宗弟兄，为各国的百世不改大宗，便在封建之初，赐与以姬姓在分封内的代表权。郑玄驳《五经异义》："姓者所以统系百世，使不别也。"此即百世不改之宗，而姓即成为百世不改之宗的标志，同时也即成为一国政权的标志。《左传·襄公十一年》："秋七月，同盟于亳……载书曰……或间兹命……群神群祀，先王先公，七姓十二国之祖注：十二国共七姓，明神殛之，俾失其民，队命亡氏按指与会之卿大夫，蹶其国家。"这里是把国与姓说在一起。《左传·昭公四年》："九州之险也，是不一姓。"是不一姓，即"是不一国"。

姓由大宗代表，大宗各有其国。异姓亦是如此。

关于氏的问题，应依然回到前面已略为提到的《左传·隐公八年》的一段话。"无骇卒，羽父请谥与族。公问族于众仲。众仲对曰：天子建德，因生以赐姓。胙之土以命之氏。诸侯以字为氏[①]，因以为族。官有世功，则有官族，邑亦如之。公命以字为展氏。"按"胙之土以命之氏"的"氏"，乃承周以前的传统观念，氏即是国。"诸侯以字为氏"的"氏"，乃周初以来的新观念，仅代表族而不代表国。诸侯以字为氏，是指诸侯对其同姓的卿大夫的命氏方法而言。杜注"诸公之子称公子。公子之子称公孙。公孙之子，以王父字为氏。无骇，公子展之孙也，故为展氏。"此处所谓"公之子"，乃公之庶子（对嫡长子而言）；公之孙，乃公之庶孙。嫡长子为一脉相传之大宗，以其先人受赐之姓为姓。庶子乃"继祢者为小宗"的小宗，五世而迁。大宗之姓为"正姓"，乃由始祖以来相承之姓。小宗虽以姬为姓，但仅称之为"庶姓"或"子姓"[②]，庶姓乃庶出之姓，子姓乃指庶出之子孙，皆所以别于大宗之正姓；正姓乃此姓之代表，小宗无此资格。小宗之子称为"公子"，他与大宗之关系，视其称呼而即可明了。小宗之孙称为"公孙"，他与大宗之关系，视其称呼而亦可明了。小宗之孙与大宗为四世，曾孙与大宗为五世。故曾孙若仍冠以"公"，则小宗五世而迁，其所谓"公"者，亦茫昧而不知所指；于是当曾孙死的时候，请之于

---

① 桂馥《说文解字义证》"姓"字下"郑玄驳五经异义，'《春秋左传》无骇卒，羽父请谥与族，公问于众仲，众仲对曰……诸侯以字为氏，因以为族……'馥按今《左传》作'诸侯以字为谥'，传写误也。"按桂说是。"羽父请谥与族"，亦当作"请氏与族"。
② 请参阅《礼记·大传》"系之以姓而弗别"及注，《丧大记》"卿大夫父兄子姓立于东方"注。

时君，以其王父之字为其氏，使其死后的子孙，一面仍得因其王父之字而得知其氏之所自出；同时亦因此而许其另开一枝，以团结其族人，而自相滋演。我怀疑周初由诸侯的赐氏，一方面是与宗法密切相关，同时也是所以济"五世而迁"的宗法制度之穷。其原始形态，大抵是如此。这是周初的所谓氏，与周以前的所谓氏，截然不同的地方。朱骏声《说文通训定声》姓字下谓"凡小宗又别为氏"，这句话只说对了一部分。但因赐氏而得有其族，因而成为此族之长，即成为一部分政治权力之所在，于是赐氏的规定，亦有所变迁，这在后面还要谈到。但有一点必须特别指明的，赐氏之制，乃由于当时所谓姓，与后世之所谓姓，有本质上的不同。因姓只能由大宗，由天子、诸侯所代表；此外的同姓贵族，只好赐氏使其代表姓中的一枝。故氏者乃姓的分枝，姓乃所以统氏。天子的庶子而未得分封的，其子曰王子，孙曰王孙；故春秋有王子瑕、王孙满等，其由天子赐氏的情形，亦当与诸侯同。

众仲所说的"官有世功，则有官族，邑亦如之"。这是指诸侯赐异姓者之氏而言。官是仕于朝廷，邑是仕于都邑。诸侯对异姓者的赐氏，不能按照宗法的身份制度，而改用以勋劳为标准的制度。我们要注意"世功"两字。世功，是世世代代有功。世世代代有功，则世代相传下来，必定子孙众多。但若不赐之以氏，则此世代有功之人，并没有代表这些众多子孙的资格而自成一族，以成为以血统为内容的固定政治势力。为了酬庸报功，便赐以他世代所做之官、所宰之邑的名称，以作为他的氏的名称，使他的众多子孙，团结于所赐的氏名之下而成为一族，而他为之长。

无骇是公子展之孙，公子展是鲁君之庶子字展，亦是无骇的王父。所以鲁隐公便以公子展的展，为无骇的氏，而称为展氏。

至是而"五世而迁"的小宗，才算正式立了一个门户而自为一族。这里应特别注意的是，西周以前，姓氏两个名词，常常可以互用。自周初始，则姓以标国，氏以标族。有氏始有族，否则在小宗五世之后，只能算是无所系属的孤单的一人一家，此时虽可向上追溯于他的姓。但姓只能由大宗、国君代表，他人不能称用。等于没有姓。所以"《春秋》隐桓之时……鲁有无骇、柔、挟，郑有宛、詹、秦、楚多称人"，①既未赐氏，又不敢称姓，故仅称名。如在国外，既不能称姓而又无氏，则在名上冠以国名。如宋之公子朝，在国外则称宋朝。卫之公孙鞅，在秦则称卫鞅者是。由此可知，赐氏是一件大事。

周初姓氏的另一演变，是周以前姓不变，则氏亦不变。而周则"姓一定而不易，氏递出而不穷。以三桓言之，仲孙氏之后，又分而为南宫氏、子服氏。叔孙之后，又分而为叔仲氏。季孙氏之后，又分而为公钮氏，公辅氏"。②姓一定而不易，这与"有百世不迁之大宗"连在一起，姓是团结的标志，这主要是政治的理由。但此外，还有婚姻上之理由。《礼记·大传》："四世而缌，服之穷也。五世袒免，杀同姓也。六世亲属绝矣；其庶姓别于上，而戚单（殚）于下，昏姻可以通乎？系之以姓而弗别，缀之以食而弗殊，虽百世而昏姻不通者，周道然也。"这段话里面的所谓庶姓别于上，指小宗五世而赐氏说的。戚单（殚）于下，指丧服至四世而已是"服之穷"，五世则无服。自六世起，由各小宗所出之氏，既不相同，而以丧服表示亲属的关系，又已断绝。此在周以

---

① 参阅顾亭林《日知录》卷四"卿不书族"条。
② 此引由《日知录》卷六"庶姓别于上"条的顾氏之言，而与此相关联之解释与顾氏不同。

中国姓氏的演变与社会形式的形成　　　　　　　　　　　　　　　279

前,是可以通昏的。但周道则氏虽别,而氏上系之以姓,则别于氏依然同于姓。即各氏仍皆为姓所统属,以直属于姓的代表者——王或国君。王或国君,犹行收族合宗之礼,以维系他的庶姓、氏族,这是出于政治的理由。"百世而昏姻不通",《礼记·郊特牲》谓"取于异姓,所以附远厚别也"。这依然是政治的理由;"附远"是通过昏姻以为势力扩张的手段。"厚别"则所以防止乱源。但《国语·晋语》:"同姓不昏,惧不殖也。"《左传·僖公二十三年》叔詹谓:"男女同姓,其生不蕃。"《左传·昭公元年》子产告诉叔向谓:"内官不及同姓……美先尽矣,则相生疾。"这是由长期经验而来的优生学上的理由。因此,氏同而姓异者可以为昏。其姓同而氏异者则不可。齐国的崔氏与东郭,其氏不同。崔杼欲娶于东郭偃,而偃以'君出自丁,臣出自桓',欲加以拒绝。[①]一直到春秋时代,贵族的男子,有姓而不称姓,所以别于大宗,所以别于人君。贵族的女子则称姓,所以"远禽兽,别婚姻"。[②]若姓氏之"姓"字,不能追溯到母系社会时代,而系周初所赋予之新义,则《说文诂林》姓字下引《席记》:"按古人立姓之始,专为婚姻起见,故从女"的说法,可以接受其中一小部分的观点。

这里应当再谈谈族的问题。如前所述,族是以血统为中心的政治集团;王及诸侯代表姓,姓即为国之符号。若王或国君对诸贵族之氏而言,则直属于王或诸侯之子姓,即可称王族或君族。《国语》:"在中军,王族也。"《左传·僖公二十八年》:"原轸、郤溱以中军公族横击之。"中军是当时军事组织的骨干。而王族或公

----

① 见《左传·襄公二十五年》。
② 借用《白虎通·姓名》篇中之语。

族，又是中军组成的骨干。韦昭在上引《国语》"在中军，王族也"下注曰"唐云，族，亲族同姓也。昭谓，族，部属也"；韦昭是不以"亲族同姓"释"王族"为然，而另释之为"部属"，实则各仅得其一端。应当说"王族，乃由王之亲族同姓所组成之部属"。

但春秋时代，以"氏族"连称者为最多。《左传·隐公八年》："胙土而命之氏。"疏："氏族一也，所从言之异耳。"顾亭林《日知录》卷二十三"氏族"条有谓："氏族对文为别，散则通也。""氏族对文为别"，乃因族字间或有广义的用法。实则无氏即无族；氏乃族的标志，赐氏乃可聚其小宗以下之子孙而成为一族；被赐氏的人，即握有一族的统辖权。未赐氏，即无由聚合其血统以为一族。所以《左传·隐公八年》鲁隐公"问族于众仲"，公所问者是族，众仲所答者是氏，结果"公命以字为展氏"；盖有"展氏"的标志，便有"展氏"标志下的族。所以应当了解"赐氏"即是赐与了一个血统集团的权力。

五、氏在春秋时代的演变

《日知录》卷四"卿不书族"条："《春秋》隐、桓之时，卿大夫赐氏者尚少，故无骇卒而羽父为之请族。如挟如柔如溺，皆未有氏族者也。庄、闵以下，则不复见于经，其时无不赐氏者矣。"按顾氏之言，已知其变，但未深究其所以变之故。

隐、桓之世，政治权力还多在国君手上；赐氏不赐氏，要算人君一种控制贵族的权力。隐、桓以下，政权逐渐由人君手上，向贵族下移，其势不能不"无不赐氏"，以承认其既成的势力。此其一。其次，则人口蕃衍，不赐氏以统帅之，即散漫无所系属。

中国姓氏的演变与社会形式的形成　　　　　　　　　　　　　*281*

此其二。以情理推之，春秋之世，氏的产生，大概经历了四个阶段的演变。第一阶段，以赐氏为特典。第二阶段，以赐氏为照例的政治行为。第三阶段，为不待赐而自行命氏。第一、第二阶段的赐氏，率按宗法的规定行之。即是以王父的字为氏。到了第三阶段，即是到了春秋中期以后，既有贵族降为庶民；亦有庶民升入贵族的行列，甚至有"陪臣执国政"的事情。则其自行命氏，本无宗法统系可言，其命氏之方，自不能按照宗法的规定，于是有以父之字为氏的，如国侨之类；有及身而自为氏的，如仲遂之类是。[①] 更由此推演，而有自以邑为氏，自以官为氏。此一演变，使氏的成立，脱离了宗法制度的关系。此第三阶段演变的意义非常重大。因为在此演变之前，小宗统于大宗，同时即是氏统于姓。氏乃姓之分支，姓乃氏的宗主。经此演变之后，氏的成立，离开了宗法制度，亦即离开了大宗与小宗的关连，同时即离开了氏乃系属于姓的关连。氏成为离姓而独立的某一血统集团的标志。再加以周室陵夷，早不能发挥为天下"统宗"的作用。而春秋之末，战国之初，由周胙土赐姓的诸侯，亦多没落以至夷灭。如三家分晋，田氏篡齐；大宗的意义，已荡然无存。由姓所象征的政治权力，亦撕毁以尽。于是与氏的独立性相俟，而姓与氏乃居于同等地位，成为同一性质。

在春秋之末及战国之初，贵族的氏，许多夷为平民的氏；而平民血统集团中，有强者出，为其集团所依附，而亦自立其氏，于是而又有以职业为氏，以居地为氏的情形出现。在此一阶段的特点，在于氏不仅不由宗法制度而来，且亦与政治权力无特殊的

[①] 见《日知录集释》卷六"庶姓别于上"注引"全氏曰"。但全氏仍以此为"赐氏"者误。

关系，而成为社会性的血统组织。这是氏的第四阶段的演变。至此一阶段，姓与氏已完全失其原有的特殊政治意义，姓更失去了它对氏的优越性；在战国时代，姓与氏，已成为二名而一实的东西；仅因传统习惯，而依然保持这两个名称。《日知录》卷二十三"氏族"条谓"姓氏之称，自太史公始混而为一"。又全祖望谓"太史公承秦汉丧乱之余，姓学已紊，故混书曰姓某氏，儒者讥之"。皆非探源之论。《史记》有仅书其姓的，盖其先本无氏。其书"姓某氏"乃先有氏而其后即以氏为姓。此义不明，盖二千年矣。

王充《论衡·诘术》篇：

> 古者有本姓，有氏姓。陶氏、田氏，事之氏姓也。上官氏、司马氏，吏之氏姓也。孟氏、仲氏，王父字之氏姓也。氏姓有三，事乎，吏乎，王父字乎？以本姓则用所生，以氏姓则用事、吏、王父字。

王符《潜夫论·志氏姓》第三十五：

> 昔者圣王观象于乾坤，考度于神明，探命历之去就，省群臣之德业，而赐姓命氏，因彰德功。……故或传本姓，或氏号邑衍文谥，或氏于国，或氏于爵，或氏于官，或氏于字，或氏于事，或氏于居，或氏于志。若夫五帝、三王之世，所谓号也。文、武、昭、景、成、宣、戴、桓，所谓谥也。齐、鲁、吴、楚、秦、晋、燕、赵，所谓国也。王氏、侯氏、王孙、公孙，所谓爵也。司马、司徒、中行、下军，所谓官也。伯有、孟孙、子服、叔子，所谓字也。巫氏、

匠氏、陶氏，所谓事也。东门、西门、南宫、东郭、北郭，所谓居也。三鸟、五鹿、青牛、白马，所谓志也。凡此姓氏，皆出属出当作此而不可胜纪也。

按王符之言，较王充为详备，但皆杂糅古今以为言，而不能深探演变之迹，以明姓氏在历史各阶段中的特殊意义；后人言姓氏之学者，多属此一类型。

六、古代平民的姓氏问题

这里我再特别提出古代人民的姓氏问题。这里的所谓平民，是上对贵族而言。由春秋时代上推至周初，我们可以判断当时的人民，除了一部分奴隶以外，大概可分为两种。一种是住在都邑里面及其附近的"国人"；一种是四郊以外，以农耕为业的"庶人"或"野人"。① 庶人和封建统治集团没有血统关系，亦即在统治集团的大宗小宗的系列之外，其无姓无氏，固不待言。"国人"开始虽在宗法范围之内，但姓由王与诸侯代表，氏由贵族代表，仅在王或诸侯合宗收族时，承认其为庶姓、子姓。平日则如前所述，贵族且不敢自有其姓；国人当然更没有资格自有其姓。这种情形，随合宗收族之礼废，及人口的增加，国人与野人的界线渐渐接近，所以国人只是属于某姓某氏之下，而自己并无姓无氏。《亭林文集》卷一《原姓》篇："男子称氏，女子称姓。氏一再传而可变，姓千万年而不变。最贵者国君，国君无氏，不称氏称国……次则公

---

① 请参阅拙著《西周政治社会的结构问题》一文。又《孟子》："无野人莫养君子。"

子。公子无氏，不称氏称公子……最下者庶人，庶人无氏，不称氏称名。"按顾氏这段话，说的是宗法制度下的姓氏情形。他已看出这种现象，而未能深究姓与氏在当时皆代表一种政治权力；庶人国人，无此政治权力，故不仅无氏，亦且无姓。《左传》中以其年为"四百有四十五甲子矣"而引起注意的绛县老人，无姓无氏无名。以牛十二犒秦师，因而救郑的弦高，有名而无姓无氏。其谓平民无氏而有姓的，实系莫大的错误，查平民无姓无氏，故平民亦无族。《礼记·祭法》："庶士庶人无庙。"《王制》："庶人祭于寝。"无族即无庙；无庙便只好祭于寝。及春秋之末，战国之初，"国人"分散而为游士，而为各种性质之平民，国人与野人之分，不复存在，故除由贵族没落为平民，及平民中的突出者外，一般平民，皆无姓无氏。

自春秋中期开始，贵族覆灭的情况日剧；《左传·昭公三年》晋叔向谓"栾、郤、胥、原、狐、续、庆、伯，降在皂隶。"此仅其一例。这里的所谓皂隶，只指其贫贱而言，不一定便是奴隶。由此例推之，平民中用其先人之氏以为姓氏者当不少，孔子即是如此。所以《左传·昭公三十二年》史墨谓："三后之姓，于今为庶。"若把《史记·仲尼弟子列传》稍加分析，即可概略发现正处在由春秋到战国的转换期的这批人，在姓氏上也表现出转换期的形态。后人有的实系以这批人中的某些人的名字为姓，但在其本人则仅有名而无姓。如仲由（子路）、仲弓，都是出身微贱的人，仲并不是姓而只是由兄弟的行辈构成名字的一部分。伯度、叔仲会，恐亦系如此。有若的"有"，恐非其姓，而系连"若"以为名。"言"在《诗经》中常作发语词用，所以言偃之言，恐亦非姓，言偃等于在今日称为阿偃。冉耕、冉雍、冉求、冉孺、冉季五人的

中国姓氏的演变与社会形式的形成

冉字，在当时恐亦非姓，而系把柔弱温厚之意[1]加在名字的上面，以并为一名，表示父母爱怜之意。还有公冶长、公晳哀、公伯缭、公西赤、公孙龙、公祖句兹、公良孺、公夏首、公肩定、公西舆、公西箴等十一人，内除公孙龙的公孙，系沿袭"公之孙为公孙"，后因以为氏以外，恐亦系泛称而非出自一系的姓氏。颜无繇、颜回，系父子二人；但颜高、颜祖、颜哙、颜何，决非一姓所出。《说文》九上"颜，眉目之间也"，是否当时有种习俗，以眉目之间的地方的特征，即今日之所谓天庭地方的特征，作取名的一种方式，而后来因以为姓呢？秦祖、秦冉、秦商、秦非、曹恤、郑国、燕伋、狄黑。在后世认为这是以国为姓；在当时恐怕因他们远来列于孔子的门墙，因而他们把本国的国名加在自己的名字上面。等于前面提到的宋朝、卫鞅一样。漆雕开、漆雕哆、漆雕徒父，恐怕是把自己家里的职业加在自己名字的上面，因以为姓。卜商、巫马施、商瞿，系以其家庭职业为姓；司马耕系因其兄桓魋为宋司马，遂以其兄的官名为自己的姓，而不以兄的"桓"氏为自己的姓。这是他及身而自己加上去的。七十七弟子中，有许多怪异的名字，大抵是他们进入孔子之门，由社会的低层而初接触到文化，在自己的名字上加上一个字以为姓，但这和前面所说的第一第二两阶段的得氏的情形完全不同。这可以反映出社会平民在当时有的还没有姓，有的是及身加上去的，并非他们的家族先有了姓。

这一点，由"百姓"一词含义的演变，也可以看得出来。《尚

---

[1]《说文》九下"冉"字段《注》："柔弱下垂之貌。"《文始》："其（冉）所孳乳皆有柔弱温厚之意。"

书·尧典》:"平章百姓。"《传》"百姓,百官也"。《诗·小雅·天保》"群黎百姓,遍为尔德"。《传》"百官族姓"。此为"百姓"一词之本义。古代之官,来自各氏族、诸侯,故称为百姓。及春秋中叶以降,始称人民为百姓。阎百诗《四书释地又续》:"百姓义有二。有指百官言者,书百姓与黎民对;《礼·大传》百姓与庶民对是也。有指小民言者,不必后代,自唐虞之时,百姓不亲……是也。"按阎氏把百姓之二义,平列起来看,这是过去学者缺少历史演变观念之一例。《尧典》:"契,百姓不亲……"与上面的"弃,黎民阻饥……"相对成文;故此百姓仍应释为"百官族姓"。百姓一词内容的演变,正说明人民由无姓而开始有姓的这一历史事实。

七、姓氏向平民的普及

战国时代,游士商贾,皆极活跃,非氏姓无以自标志,所以平民的姓氏,当更为扩充。《汉书·叙传》:"班氏之先,与楚同姓,令尹子文之后也。子文初生、弃于梦(云梦)泽中,而虎乳之。楚谓乳谷,谓虎于檡,故名谷于檡,字子文。楚人谓虎班,其子以为号。秦之灭楚,迁晋、代之间,因氏焉。"据此,则班氏之得姓,乃在秦楚之际。即其一例。同时,春秋时代,贵族以其氏姓的久长,当作是生命的延续,由此而得到"死而不朽"的安慰,[①] 此一观念,延续两千余年之久,可以说中国人是以姓氏的延续,代替了一部分的宗教要求"永生"的作用。同时,姓氏本皆

[①] 见《左传·襄公二十四年》晋范宣子问于鲁穆叔之言。

由赐锡而来，其本身原是一种权力的符号。由此推演，而觉得一个人的姓氏历史，足以影响他的身份地位；或因有光荣的姓氏历史而发生一种传承的责任感。司马迁在《史记·自序》中所表现的，正系此种观念的反映。此种观念，亦延续两千年之久，而形成汉魏六朝及唐代的门第观念及谱牒对祖先的攀附夸张。上述两种观念，到战国而兴起谱牒之学。《史记·三代世表序》"稽其历谱牒"，《十二诸侯年表序》"太史公读春秋历谱牒"，历谱牒率皆出自战国时代。虽其内容，历乃纪帝王诸侯的年月，谱牒记其世（系）谥，与后人之所谓谱牒不同，要系缘姓氏而来，为后来私谱之先河。而相传为左丘明所著的《世本》中有《氏姓》篇，又有相传为荀况所著之《血脉谱》[1]尤为彰明较著。但一直到西汉之初，许多平民还是没有姓氏。《史记·刺客列传》记荆轲在卫，人谓之庆轲；在燕，人谓之荆轲。[2]可知他本无姓氏，钱大昕《十驾斋养新录》卷十二《姓氏》："汉高帝起于布衣，太公以上，名字且无可考，况能知其族姓所出耶。……娥姁为皇后，亦不言何姓。以氏为姓，遂为一代之制。"按钱氏昧于姓氏在演变中，早已混而为一；又昧于当时平民无姓，误以为"当时编户，知有氏不知有姓"。但刘邦的姓刘，可能即始于刘邦，所以他简直没有族属。而其母的无姓，则是很清楚的。故《史记·高祖本纪》只好说"母曰刘媪"；刘媪者，犹今日之所谓刘太太。《史记·平准书》"为吏者长子孙，居官者以为姓号"，可知当时有初居官而无姓号的。平民的姓，多系自己随意取定，而其祖先并无姓氏，因之，此时有的

---

[1] 张澍辑《风俗通姓氏篇序》。
[2] 见《史记·刺客列传》。

姓，并未与祖宗的血统有密切的关连，所以姓的浮游性很大。如英布曾受黥刑，《史记》即称之为黥布。田千秋年老乘小车入朝，《汉书》即称之为车千秋。灌夫之父张孟，因曾充灌婴舍人，得灌婴之助，官至二千石，遂承蒙灌氏姓为灌孟。①《汉书·酷吏传》："周阳由，其父赵兼，以淮南王舅，侯周阳，因氏焉。"师古注："遂改赵姓而为周阳也。"卫青之父郑季，因与平阳侯妾卫媪通而生青，因"冒姓为卫氏"。②这些现象，都不是春秋前期以前，及西汉以后，对姓的观念所能解释的。正说明姓氏向社会扩大而尚未完成的过渡期的现象。

这里应提出另外一个问题来讨论一下。姓氏之由来，已略如上述。这完全是我国历史进程中的产物。乃西汉出现有吹律定姓名之说。《白虎通·姓名》篇：

> 古者圣人吹律定姓，以纪其族。人含五常而生，正声有五……转而相杂，五五二十五，转生四时，异气殊音……故姓有百也。

按《白虎通》这里所说的，实始于西汉。盖由阴阳五行的宇宙观所繁衍而出。《御览》十六引《孝经授神契》曰："圣王吹律有姓。"又三百六十二引《易是类谋》曰："黄帝吹律以定姓。"《汉书·京房传》："房本姓李，推律自定为京氏。"即其一例。这种说法，完全违反历史的事实，王充《论衡·诘术》

---

① 见《史记·魏其武安列传》。
② 见《史记·卫将军列传》。

篇，王符《潜夫论·卜列》篇，援史实以纠弹其荒诞，这是当然的。但此种荒诞说法的出现，亦必有其在历史中的现实要求。西汉完成大一统帝国之后，有二百年比较安定的时间。二百年间的社会，虽在武帝穷边黩武时期，受到了挫折；但从大体上说，依然是发展向上的过程。《汉书·高惠文功臣年表》："汉兴……大城名都，民人散亡，户口可得而数，裁十二三。……文景四五世间，流民既归，户口亦息。"《汉书·地理志》所录元始二年的人口数是："民户千二百二十三万三千零六十二；口五千九百五十九万四千九百七十八。"但实际的人口数，恐怕要达到八千万左右。[1] 姓氏对于人的重要性，已扩大及于社会，于是人民将纷纷要取得与自己有关的血统的姓氏。能推古氏姓以为姓的，只是知识分子中的极少数，如屈原、司马迁者是。由职业官职得姓的，其范围亦非常狭隘。于是苟且便宜、自定姓氏的，应该占平民的多数。所以在两汉可以考见的姓名，复姓特多，且不少希奇古怪的名称。宋洪迈《容斋三笔》有"汉人希姓"一条，略加列举，可见一般。定下自己有关血统的姓氏，是一件大事，甚至可以说是一种神圣之事。有些新起的知识分子，既不能附会出光荣的祖先，又不甘出之以苟且便宜的方式，便在当时阴阳五行之说大行的时候，倡为吹律定姓之说，以把自己姓氏的来源，推之于阴阳五行的气化，以代替帝王圣贤历史的统系。这样一来，便可表现自己的姓氏，是直禀于天，决不比"帝高阳之苗裔兮"为减色。这正反映出当时"平地一声雷"式的新定姓氏的要求。王

---

[1] 汉有口赋及更役，以致人民流亡隐匿的数字相当大。《汉书·王成传》，王成为胶东相，劳来不息，流民自占八万余口。即其一例。

符说"今俗人不能推纪本祖,而反欲以声音言语定五行,误莫大焉",说出了一部分真象。

八、姓氏普及后社会结构的变化

日本昭和十年(西纪一九三四年)牧野巽博士在汉学会杂志第三卷一期刊出《汉代家族之大小》一文之后,引起日本学术界对汉代家族形态的研究,盛极一时。[①]他们虽然"家族"连称,但日本一般所说的家族,实际说的只是家而不及族。他们对于汉代的家的形态,有若干争论;这些争论中最重要的,一是由牧野博士所代表的,主张汉代一家的平均人口为五人前后。另一是由宇都宫清吉氏自己第二次修正的,主张家是包含父母妻子兄弟的三族制。三族制形态的家,其人数当然不止五人。两说争论的关键,是父母生存时,兄弟分居不分居的问题。每家五口的说法,首见于《汉书·食货志》所引李悝为魏文侯作尽地利之教中有"一夫挟五口"的话。后来晁错《说文帝令民入粟受爵疏》又有"今农夫五口之家,其服役者不下二人"的话。何休《公羊传》宣公十五年:"一夫一妇,受田百亩,以养父母妻子,五口为一家。"晋范宁《穀梁传·宣公十五年》传注:"一夫一妇,佃

---

① 昭和十四年《史林》二十四之二刊有宇都宫清吉氏的《汉代的家与豪族》。昭和三十年弘光堂刊有同氏的《汉代社会经济研究》,亦涉及此一问题。昭和十五年《满铁调查月报》二〇之九,刊有清水盛光氏的《支那家族的诸构造》;又昭和十七年岩波书店刊有加藤常贤博士的《支那古代家族制度研究》。昭和十六年《史学杂志》五六之二刊有守屋美都雄《汉代家族型体的试论》,《中国古代史研究》上又刊有同氏的《关于汉代家族形态的再考查》。昭和十七年《东亚学》第四辑五辑刊有牧野巽博士《汉代的家族形态》。

田百亩，以共五口，父母妻子也。"五口之家的特点，是未曾把兄弟包括在里面。本来一家的人口，是不断变化的。年岁的丰凶、政治的治乱、家长的能力性情，风俗的纯漓厚薄，都影响到一个家庭所能团聚的人数。但这中间有由血统而来的自然感情，及由生产而来的自然制约；儒家的伦理道德，皆顺应人情之自然以设教。家庭人口，虽变动不居，但在人情的自然，而环境又比较平稳的情形之下，在变态中亦未尝没有常态。"五口之家"，不能代表这种常态。父母死后兄弟才分居，这是伦理与人情的共同要求，现实上纵然未必完全是如此，但父母未死，兄弟之间，必维持到不能维持时始行分居，乃是一般家庭的常态。在兄弟未分居以前，一家决不止五口。《史记·陈丞相世家》："少时家贫……有田三十亩，独与兄伯居。"《苏秦列传》："兄弟嫂妹妻妾，窃皆笑之。"《汉书·东方朔传》："臣朔少失父母，长养兄嫂。"《后汉书·循吏列传》第五访："……少孤贫，常佣耕以养兄嫂。"这即是兄弟同居的例子。孟子对梁惠王说："彼夺其民时，使不得耕耨，以养其父母，父母冻饿，兄弟妻子离散。"这也是把兄弟视为家庭构成的基本分子。并且五口之家，乃以仅生子女一人计算；若夫妻二人而仅生子女一人，则人类将渐归灭绝。当父母未死，而生有子女二人三人，亦社会上的常态。这样计算，一家也不止五口。在李悝之后约八十年的孟子，两次说"八口之家"[①] 八口之家，是正常的家庭人口。李悝说"一夫挟五口"，未说明此五口的构成分子，这可能是战国初期的人口约数。晁错习法家之言，可能是以李悝的话为典故而说出的。何休、范

―――

① 《孟子·梁惠王上》及《尽心上》。

宁们，更以晁错之言为典故，转相传述，而不是出自调查统计的结果。

更重要的是，日本学术界有关汉代家庭形态的研究，并不足以发现汉代社会的特色。因为一个家庭单位，除了商鞅以耕与战的目的，特别主张小家庭制以外，顺人情的自然所形成的家庭，汉与战国时代相去不会太远。汉代对先秦的最大特色，乃在继战国平民立姓之后，继续发展，完成了平民的姓氏，即是大体上到了西汉宣、元、成时代，天下比较安定，每人皆有其姓氏。无姓则有家而无族，有姓则每人皆有族。无族之家，孤寒单薄，易于摧折沉埋。有族之家，则族成为家的郭郭，成为坚韧的自治体，增加了家与个人在患难中的捍卫及争生存的力量。因此，在春秋末期以前，中国社会是以贵族的氏族为骨干。自春秋末期开始，而始出现平民的"族姓"，至西汉而发展完成。西汉称族姓为"宗族"或简称为"宗"，按此仍沿宗法制度之余响。于是概略地说，从西汉起，中国开始以平民的宗族，形成社会的骨干。这是历史演进中的大关键，也是研究我国社会史的大关键。

上述情形，试将秦楚之际豪杰蜂起的情形，与新莽之际豪杰蜂起的情形，作一比较，即可明了。

秦灭六国，对齐用兵较少，而齐又后亡，且距关中特远，故当群雄并起时，仅田儋、田荣、田横兄弟尚有强宗可资凭借。[①] 此外，则陈胜、吴广凭戍卒；项梁、项籍凭江东子弟，陈婴凭东阳少年，刘邦凭徒卒十余人，彭越凭泽间少年，黥布凭江中群盗，郦商凭高阳少年，余皆只身依附他人，没有凭宗族起来的。《萧相

---

① 《史记·田儋列传》："儋从弟田荣，荣弟田横，皆豪，宗强。"

国世家》刘邦谓："且诸君独以身随我，多者两三人。今萧何举宗数十人皆随我。"以此定功的高下，实则萧何有宗，而他人并没有宗。并且萧何的宗，也不过数十人。《史记·荆燕世家》："荆王刘贾者，诸刘。不知其何属。""荆王刘泽者，诸刘远属也。"是刘邦除兄弟四人外，亦未有宗族。

及群雄并起而亡王莽时，情形为之一变。起义亡王莽的，可分为两大类。一为并无政治野心的饥民。这些饥民与秦楚之际的少年，完全不同。秦楚之际，是"欲立婴便为王"[①]的少年，而王莽时的饥民，则"众万数，亶（擅）称巨人、从事、三老、祭酒，不敢略有城邑，转掠求食，日阕而已"。[②]另一为草泽间的野心家，他们所凭借起事的，多是宗族、宾客。例如汉光武刘秀起事时的情形是："初诸家子弟恐惧，皆亡逃自匿曰，伯升（刘秀之兄）杀我。及见光武绛衣大冠……乃稍自安。""军中分财物不均，众恚恨，欲反攻诸刘；光武敛宗人所得物，悉以与之，众乃悦。"[③]把上面两段材料合在一起看，则所谓"诸家子弟"，说的是刘秀宗族的子弟。又"昌城人刘植，宋子人耿纯，各率宗亲子弟，据其县邑，以奉光武"。[④]《后汉书·阴识列传》："阴识字次伯……及刘伯升起义兵，识时游学长安，闻之，委业而归，率子弟宗族宾客千余人，往诣伯升。"《岑彭列传》："彭因言韩歆南阳大人，可以为用。"注："大人，谓大家豪右。"又《耿纯列传》："纯与从兄弟䜣、宿、植，共率宗族宾客二千余人……奉迎（迎光武）于育。"上述情形，

[①]《史记·项羽本纪》。
[②]《汉书·王莽传下》。
[③]《后汉书·光武帝纪》。
[④] 同上。

与汉自景帝以后,由土地集中而产生了大地主;这些大地主,反抗王莽的王田政策,当然有关系;但这仅可以解释此时期出现在社会各地的"宾客"的力量,因为大地主有力量,也有需要养宾客;但不能解释他们何以能凭借宗族的力量。他们所以能凭借宗族的力量,是因为姓氏的普及而把血统的关系延续、扩大,且纳入在一套社会制度之中的原故。

上面引的,不能仅算是特例,而应算是宗族在社会上发生了广大力量的反映,试看下面《后汉书》中的材料。

时三辅大饥……白骨蔽野,遗人往往聚为营保。(《刘玄刘盆子列传》)

时赤眉延岑,暴乱三辅。郡县大姓,各拥兵众,大司徒邓禹不能定。(《冯异列传》)

诸营保守附岑(延岑)者皆来降归异(冯异)。(同上)

还击破吕鲔,营保降者甚众。(同上)

诸将或欲分其功,帝患之,乃下玺书曰……北地营保,按兵观望……(同上)

时鬲县(在今德州西北)五姓共逐守长,据城而反。(《吴汉列传》)

五校(在河北蜂起中的一支)引退入渔阳,所过虏掠。俊(陈俊)言于光武曰:宜令轻骑出贼前,使百姓各自坚守壁,以绝其食……光武然之,遣俊……视人保壁坚完者敕令固守。(《陈俊列传》)

是时太山豪杰多拥众与张步连兵。(同上)

八年（建武）从上（光武）陇。明年，与中郎将来歙分部徇安定、北地诸营保，皆下之。(《耿弇列传》)

时檀乡、五楼贼入繁阳内黄，又魏郡大姓数反覆。(《铫期列传》)

及至鄗，世祖止传舍。鄗大姓苏公反，城开门纳王郎。(《耿纯列传》)

当时老百姓立营保自卫，都是以宗族为骨干所形成，这也是在战国以迄秦楚之际，所不能出现的，因为当时还有许多人没有姓，有姓的也因得姓不久而宗族的势力不强，社会上不能产生这种由血统而来的团结的力量。并且自东汉以后，几乎成为丧乱时期，人民以宗族为骨干所运用的自卫的基本方式。先师王季湘先生，著有《蕲黄四十八寨纪事》。我的故乡浠水县，环绕我村子周围十五公里以内，便有四望山寨、添福寺寨、野鹤山寨、英武山寨、小灵山寨、大崎山寨等，按照山的形势，累石为垒，成为环绕山峰的山城。每一寨由山周围的几个宗族合作筑成使用，推其中最大的宗族为寨主。四望山寨，便推徐姓为寨主。

九、以孝为中心的伦理观念的普及与宗族的功能

家的精神纽带是孝，由家推至族的精神纽带更是孝。前面已经说过，春秋末期，是平民开始有姓，也即是平民开始有族的时代。孔子以平民设教于社会，同时即把孝由贵族推向社会。《论语》一书，即以孝为人的基本德性。因姓而族的发展继续加强，所以自战国中期以后，诸子百家，几乎都从各种角度谈到孝的问题。

《孟子》一书，孝的分量远较《论语》为重。《孝经》一书，乃成书于《孟子》以后，《吕氏春秋》以前之书，已为《吕氏春秋》及陆贾《新语》所称引。这是战国中期以后，由一位今日无法知道其姓名的儒生，所编的一部适应当时社会需要的通俗教孝之书。《管子》是出自齐鲁地区的一部政治丛书。除其中有管子治齐的资料外，主要成书于战国中期以后，下迄西汉之初。全书中皆强调孝悌与农事，给西汉初年的政治，以莫大的影响。[①]汉代自文帝起，特别强调孝悌，有政治的意义，也有社会的意义。政治的意义，乃在汉初铲除异姓王侯之后，大封同姓为王侯，欲借孝的观念加以团结。自惠帝起，皆加一孝字以为谥，如孝惠、孝文、孝景之类。社会的意义，所以适应由姓的普及而宗族亦因之普及，须要孝的观念以为宗族的精神纽带。武帝时，祁侯缯它与杨王孙书，称引《孝经》。是《孝经》在此时已渐通行于社会，为人所尊重，故得援引之以为说服他人之典据。自此以后，《孝经》的地位，逐渐提高到与《论语》相等。至东汉，乃与《论语》及《诗》、《书》、《易》、《礼》、《春秋》并称为七经，这决不是偶然的。

平民的宗族普及到社会后，对宗族的功能，《白虎通·宗族》篇，有理想性的叙述：

> 宗者何也？宗者尊也。为先祖主者宗人之所尊也。古者所以必有宗，何也？所以长和睦也。大宗能率小宗，小宗能率群弟，通其有无，所以纪理族人者也。

[①] 孝文帝孝弟力田之社会政策，实出自《管子》。晁错的"贵粟五谷而贱金玉"的思想，也是出于《管子·治国》及《轻重》各篇。

族者何也？族者凑也，聚也。谓恩爱相流凑也。上凑高祖，下至玄孙，一家有吉，百家聚之，合而为亲。生相亲爱，死相哀痛，有会聚之道，故谓之族。

上面对宗的叙述的前一部分，说的是古代的宗法制度，与政治统治相配合的情形，自春秋时代，已日趋破坏，至春秋末期，已破坏无余。由春秋末期起，宗法中"敬宗收族"的精神，因平民宗族的兴起，转化而保存若干于平民宗族之中，以构成平民宗族组织与活动的格局；但随典型宗法制度之崩坏，而姓与氏早已不分，故宗族内部之组织，与典型宗法组织中之大宗小宗的相对关系，早不存在。《白虎通》由经生集议而成，按照典型宗法制度以言汉代当时宗族的组织，这是非常不适当的。在典型宗法制度之下，是以宗为主，有宗而后有姓有氏，而后有族。典型宗法制度崩坏以后，姓氏不分，以姓为主，有姓而后有族。但并没有所谓大宗小宗。除非在承袭爵位时始确认嫡长子的地位。但这也与大宗小宗的内容不同。汉代之所谓宗，实无大宗小宗这类的意义（见后），这是不可以随便混同的。《隶释》卷三《孙叔敖碑阴》，叙述孙姓宗族云礽蕃衍的情形，中有云：

　　……会平、哀之间，为贼所杀。世伯、孝伯、世信缺各遗一子，财八九岁，微弱不能仕学。世伯子字子仲，治产于绩缲虚，有六男一女……此绩宗六父也。孝伯子字文缺亦不仕学，治产于材虚，亦有六男一女……此材宗六父也。世信一子相承……孙氏宗族，别缺讲纪也。

两汉思想史（一）

按《碑阴》所叙孙氏蕃衍及分支情形，毫无大宗小宗的痕迹。所谓"缵宗六父"，乃因孙子仲治产业于缵虚，生有六子，六子分为六支，又各有蕃衍，故追称六支之祖为六父，等于我们故乡族谱中所称的"六房"。在各子中，并无大宗小宗之别。一个宗族中的族长，也不是由嫡长子的世传而来，而是由各种因素所形成，由族人所推定，并且是可以变更的。这在我的故乡，称为"护人"。护人并没有特别支配权力。所以凡是经生本五经中有关的宗法制度以解释春秋以后的宗族组织的，都是莫大的错误。

但是我们不能因《白虎通》以典型宗法制度解释汉代宗族的错误，而忽视了"所以长和睦"，"通其有无"，"一家有吉，百家聚之，合而为亲，生相亲爱，死相哀痛，有会聚之道"的这些话的意义。即是平民宗族出现以后，成为以血统为中心的社会互助，甚至是自治的团体。《白虎通》的叙述，虽带有理想性，并亦未完全离开了事实。这类材料虽然流传得不多，但并非完全没有。《后汉书·樊宏列传》：

樊宏字靡卿，南阳湖阳人也。世祖之舅……为乡里著姓。父重，字君云，世善农稼……三世共财，子孙朝夕礼敬，常若公家。……赀至巨万，而赈赡宗族，恩加乡里……

这是对宗族的救济。《隶释》卷十五《金广延母徐氏纪产碑释》：

……徐氏自言少入金氏门，夫妇勤苦，积入成家。又云，季本（徐氏之夫）平生以奴婢田地分与季子雍直，各有丘域。继云，蓄积消灭，债负奔亡；依附宗家，得以苏。

是雍直因得宗族的救济而得活。又卷·孟郁《修尧庙碑》："仲氏宗家，共作大墼……仲氏宗家，并受福赐。"《成阳灵台碑》："于是故廷尉仲定……复阽群宗，贫富相均，共慕市碑。"《灵台碑阴释》："右灵台碑阴，治黄屋者二十八人，作碑者十五人，凡诸仲三十一人，异姓者四人。其中称美仲阿东（"年在玄冠"），代群从出钱数十言。"是《修尧庙碑》及尧之母《成阳灵台碑》，皆得仲姓宗族之力，始得以聚事。《隶释》卷九《汉故民吴仲山碑》"诸宗邂逅，连有所得"，这也是对宗族的救济。卷十《孙根碑阴释》"右孙根碑阴可辩者凡二百四十四人，异姓才十之一尔"，这也是因孙氏宗族而得以成事。卷十二《先生郭辅碑》："是以宗亲归怀，乡党高尚。"《李翊夫人碑》："育理家道，群宗为轩。"卷二十四《孔子庙置卒史碑》："选年四十以上，经通一艺，杂试能奉弘先圣之礼，为宗所归者……"这都足以表示个人与宗族，是密切的关联着。汉代宗族中之互助，系通过何种方式实行，我现在还不很明了。惟东汉在墓侧已出现"祠堂"，[①]后来逐渐发展，祠堂除为各族祭祀合宗之用外，亦为宗族之自治机关。并处理祠产与救济等事。我住师范学校时，因家中穷困，便由琯祖祠每年帮助稻谷约二百斤。这也未尝不可以作理解问题之一助。

十、专制政治对宗族势力的摧残

由上面的陈述，平民在没有宗族以前，和有了宗族以后，可

[①] 如《隶释》卷六《从事武梁碑》："后设祠堂。"惟此制恐滥觞于西汉之末，待考证。

以说是两种情况：一是无所依恃，因而很难发生积极的力量，除非有其他的机会，以其他的方式团结起来。一是有所依恃，因而不论平时与变时，都能发生相当的力量。并且社会由此而成为以许多宗族为单元所构成的社会，这比以平民一家一家为单元所构成的社会，当然比较有力量。专制的统治阶级，最害怕的是有力量的社会。自商鞅起，他们追求以小耕农为基础的小家庭单位的社会。战国末期，强有力的社会单元，不是农民而是工商业者。秦国的重农，不仅是提倡生产的问题，而且也认为农民是最容易统治的。《吕氏春秋》卷二十六《上农》：

> 古先圣王之所以导其民者，先务于农。民农，非徒为地利也，贵其志也。民农则朴，朴则易用，易用则边境安，主位尊。民农则重，重则少私义。少私义则公法立，力专一。民农则其产复（厚）。其产复，则重徙，重徙则死处。

秦始皇为摧毁社会中有力的组成分子，当二十六年统一六国后，即"徙天下豪富于咸阳十二万户"。① 由《史记·货殖列传》中所记被秦所迁的卓氏、程郑、孔氏等推之，被徙的豪富中，除了六国的残余贵族外，恐多系工商业中的巨子。汉得天下后，用刘敬之策，徙齐诸田，楚昭、屈、景、燕、赵、韩、魏后，及豪杰名家十余万口居关中。② 此后发展而成为"徙陵"的制度，据《史记·游侠列传》，郭解徙茂陵，"家贫不中訾"，《索隐》"按訾不

---

① 《史记·秦始皇本纪》。
② 《史记·刘敬列传》。

满三百万已上为不中"。郭解不中訾而仍须徙陵，是因为他有财富以外的社会力量。并且到武帝时候，天下太平已七十余年，平民族姓蕃衍，也成为统治者所感到的由社会来的威胁力量。所以此后列在徙陵中的，便有强宗右族的领袖人物。元朔二年"徙郡国豪杰及訾三百石以上于茂陵"（《汉书·武帝纪》）。这中的所谓豪杰，实系强宗右族中的领导人物。除此以外，无所谓豪杰。太始元年"徙郡国吏民豪杰于茂陵云陵"（同上），说明武帝末年，已无三百万訾的富人。元康元年"徙丞相、将军、列侯、吏二千石、訾百万者杜陵"（《汉书·宣帝纪》），这是政治防闲的扩大。元帝初元三年诏曰：

> 安土重迁，黎民之性。骨肉相附，人情所愿也。……徙郡国民以奉园陵，令百姓远弃先祖坟墓，破业失产，亲戚别离，人怀思慕之心，家有不安之意……非久长之策也。……今所为初陵者，勿置县邑，使天下咸安土乐业，亡有动摇之心。

从上面的诏书看，被徙的人，即是和他的宗族隔绝的人。元帝的杜陵是没有徙陵的；但过了三十多年，成帝鸿嘉二年夏，听陈汤的话，又"徙郡国豪杰，訾五百万以上，五千户于昌陵"（以上皆见《汉书·成帝纪》）。所以《汉书·地理志》说："汉兴立都长安，徙齐诸田，楚昭、屈、景，及诸功臣家于长陵。后世世徙吏二千石，高訾富人，及豪杰并兼之家于诸陵。盖亦以强干弱枝，非独为奉山园也。"

但汉代为了防制由平民宗族所形成的社会势力，一贯地采取了更残酷的办法。《后汉书·酷吏列传》叙论：

> 汉承战国余烈，多豪猾之民……故临民之职，专事威断。族灭奸轨，先行后闻。肆情刚烈，成其不挠之志。违众用己，表其难测之智。至于重文横入，为穷怒之所迁及者，亦何可胜言。故乃积骸满阱，漂血十里；致温舒有虎冠之吏，延年受屠伯之名，岂虚也哉。

在范蔚宗上面的一段文章中，实揭穿了汉代政治中的一大秘密。原来为了摧毁平民宗族的社会势力，可先加以"族灭"，然后奏闻，不经过任何法律上的手续。族灭的方法，只是"重文横入"，即是把严重的罪名（重文），随便加到他们身上（"横入"），以掩饰耳目。由此更进一步，可以了解汉武帝元封五年初置刺史的主要目的，便在于摧毁平民宗族的社会势力。《汉官典职仪记》："刺史以六条问事。"其第二第三第四第五第六条，虽在整饬官箴、吏治，并直接伺察地方官吏，为皇帝作耳目，但最毒辣的是第一条"强宗豪右，田宅逾制，以强凌弱，以众暴寡"。[①] 汉代董仲舒限制名田之议，未见实行。师丹们限田之制，旋即破坏。田宅如何是"逾制"，并无明白规定，此一罪名是可随便加上去的。族大则力强势众，这是自然如此。干犯刑律，皆有科条可循，何能作统括性的预断。这分明是以强宗右族的本身为罪刑的对象。"一人有罪，举

---

① 请参阅《汉书·百官公卿表上》"叙刺史"条下颜师古注。

宗拘系"① 的残酷现象，决非偶然的。《汉书·酷吏传》：

> 济南瞷氏，宗人三百余家，豪猾，二千石莫能制。于是景帝拜都（郅都）为济南守，至则诛瞷氏首恶，余皆股栗。

瞷氏如干犯律令科条，二千石当本律令科条治罪。当时二千石手握兵符，断无敢抗拒之理。如其中有家訾至三百万，即可令其徙入关中奉陵。两者皆不具备，徒以宗有三百余家，遂使景帝视为眼中之钉，特派郅都为守，戮其长者，而加以空泛的"豪猾"两字，此正所谓"重文横入"。又：

> 义纵，河东人也。少年时尝与张次公俱攻剽为群盗。……迁为河内都尉，至则族灭其豪穰氏之属。
>
> 王温舒，阳陵人也。少时椎埋为奸……迁为河内太守……捕郡中豪猾，相连坐千余家，上书请大者至族，小者乃死。家尽没入偿臧（赃）。奏行不过二日，得可，事论报，至流血十余里。
>
> 尹齐……所诛灭淮阳甚多。
>
> 田延年……诛锄豪强。
>
> 严延年……为涿郡太守……大姓西高氏、东高氏，自郡吏以下，皆畏避之……遣吏分考两高，穷究其奸，诛杀各数十人。

---

① 见《汉书·成帝纪》鸿嘉四年正月恤民诏中语。

《后汉书·酷吏列传》：

　　董宣……累迁北海相，到官，以大姓公孙丹为五官掾。丹新造居宅，而卜工以为当有死者。丹乃令其子杀道行人……宣知，即收丹父子杀之。丹宗族亲党三十余人操兵诣府称冤叫号……使门下书佐水丘岑尽杀之。

　　樊晔……迁河东都尉……及至郡，诛讨大姓马适匡等。

　　李章……拜平阳令。时赵魏豪右，往往屯聚。清河大姓赵纲，遂于县界起坞壁……章到，乃设飨会而延谒纲……章与对饮。有顷，手剑斩纲，伏兵亦悉杀其从者。因驰诣坞壁，掩击破之。

　　黄昌……后拜宛令……一时杀戮，大姓战惧。

强宗右族的横被诛戮，当然都加上了罪名。但这些罪名，正如范蔚宗在《酷吏列传》论中所说，乃由"巧附文理"而成。汉承秦后，刑法本极严酷。但酷吏们所杀的，并非死于刑法，而系死于专制者的"与社会为敌"的政策。对大族的诛灭，不仅酷吏为然。汉廷对大臣，辄加以族诛，其中也含有这种意味。但东汉之末，受压迫的人民，不能凭宗族的力量起来反抗，乃改而凭宗教的力量起来反抗，此即所谓黄巾之乱。所以专制者的用心，总是徒然的。并且宗族这种由血统、伦理、经济所混融一体的社会单位，它的正常的发展，只能受到专制政治的阻遏，而使其在历史演变中，有某程度的变形；但并不能因此而使此种历史的自然发展，受到全面性的摧毁。此观于两汉末期及魏晋时代，家族在变乱中所发生的巨大影响，即可加以证明。

中国姓氏的演变与社会形式的形成

十一、姓氏在对异族同化中的力量

这里，我应提出另一问题。即是我们民族在历史中蒙受许多巨大的天灾人祸，而依然能生存发展下来，成为世界上最壮大的民族，对内而言，与由姓氏而来的宗族团体，发挥抗拒求生中的韧性，有密切关系；对外而言，则为来自对异民族所发挥的同化力量，亦即是对异民族于不知不觉之中而"华化"了的事实。同化力量的来源，是多方面的。例如我们文化中的政治思想，是以"天下"为对象，[①]而不是限制于"国家"范围之内，所以种族的界限不严。尤其中国文化中，没有宗教的排斥性等等。而所谓同化或华化，断不能如陈垣氏在其《元西域人华化考》的名著中，以"对中国文化有所表现"[②]为标准。因为，若果如此，则不仅华化者极为有限；且中原黎庶，对中国文化而能有表现的实亦无几，岂可因此而便斥之为非华吗？所谓"同化"、"华化"，乃指由生活的基本形态与基本意识的融合统一，不复有华夷界域存在之形迹而言。这样一来，异民族的混合，同时即是中华民族的扩大。这种力量的根源，乃来自中国至两汉而发展完成的姓氏。

由春秋之末，以迄西汉之世，所发展普及的姓氏，乃中国所独有，而为四围的异族所无。《史记·匈奴列传》："其俗有名不讳，而无姓字。"王充《论衡·诘术》篇："匈奴之俗，有名无姓字。"《后汉书·西羌传》："其俗氏族无定，或以父名母姓为种号。"

[①] 最显著的例子如《孟子·离娄上》："人之恒言皆曰天下国家。天下之本在国……"《礼记·礼运》："天下为公。"《大学》："国治而天下平。"
[②] 见陈氏原著第一卷页三。

按"母姓"乃母所属之部落。他们实无中国式的氏姓，所以氏族无定。《宋书》五十九《张畅传》："畅问虏使姓，答曰，我是鲜卑，无姓。"宋郑樵《通志》卷二十五《氏族略序》："三代之前，姓氏分而为二。男子称氏，妇人称姓。氏所以别贵贱，贵者有氏，贱者有名无氏。今南方诸蛮，此道犹存。"郑氏之言，颇多淆驳。但由此可知南蛮并无姓氏。最可注意的是宋濂《銮坡后集》卷七《西域蒲氏定姓碑文》下面的一段话：

夫西域诸国，初无氏系，唯随其部族以为号。……若吾蒲君，居中夏声名文物之区者三世。衣被乎诗书，服行乎礼义，而氏名犹存乎旧，无乃不可乎。于是与荐绅先生谋，因其自名而定以蒲为姓，使世世子孙不敢改易；其深长之思，可谓切矣。昔者代北群英，随北魏迁河南者，皆革以华俗，改三字四字姓名为单词，而其他遵用夏法。若叱力之为吕，力代之为鲍，羽真之为高者，又不可一二数也。

按宋氏上文所说的西域情形，实可上通于中国周代以前的各氏族的情形，及秦汉魏以后围绕中国的异族的情形。凡史书对异族而为氏姓之称者，多系随中国之成例，切取其部族名称或其个人名称的第一字以为姓，此乃方便之称；实则与我国古代以氏姓为集团政治势力之符号者相同，而与一般之所谓姓氏者殊义。

有中国姓氏与无中国姓氏的分别，在元程钜夫《雪楼集》卷十五有《里氏庆源图》引下面的话，正可与宋濂上面的话，互相发明：

中国姓氏的演变与社会形式的形成

西北诸公，以名称相呼，以部落为属；传久而差，失真尤甚……按里氏世高昌人……其俗大抵与诸国类。又世躁金革，虽豪主大族，能自系其所自出者无几。惟里氏世仕其国为大官。自大父撒吉思仗义归朝，佐定中夏。其后列朝著寄方伯……者六十人，亦既盛矣。而隆禧君大惧世代日益远，生齿日益众，无命氏以相别，终亦茫唐杳眇，不可知而已……乃以身事本朝者，实自大父始。而大父之名，从世俗书，有从土从里之文。考若伯考之名，皆有里字；而《春秋》有里氏，遂自氏曰里氏。又溯而求之，定其可知者……至于今九世，系以为谱，号曰《里氏庆源图》……

按上文，"以名称相呼，以部落相属"，此实乃有名而无姓。有名而无姓，则虽部属中的"豪主大族"，可以部落为氏，但此乃由政治结合而来之氏，并不代表血统宗支的关系；所以"能自系其所自出者无几"。随政治的起伏，其部落亦因盛衰而聚散无常。地位低微者更不待论。惟接受中国姓氏的格局，于是宗支蕃衍之迹，厘然可纪。与政治的盛衰聚散无关，而另以社会性的"宗族"，代替了原先的政治性的部落。

无中国式的姓氏，即无中国式的宗族。无中国式的宗族，即无中国式的伦理道德，亦即无中国式的生活意识与形态。贱老而贵壮，父死娶其后母，兄亡则纳寡嫂，即其显例。[①] 换言之，有中国式的姓氏，即有中国式的宗族。有中国式的宗族，即自然接受中国式的伦理道德；且进而要求有表征人生意义的中国式的名与

---

① 请参阅《史记·匈奴列传》及《后汉书·西羌传》。

字，[1]而形成道一风同的生活意识与形态，于是同化之功，遂以完成。陈垣氏之《元西域人华化考》卷六《礼俗》篇"二、西域人丧葬效华俗"，"三、西域人祠祭效华俗"，"四、西域人居处效华俗"，皆可推而广之，以窥见一般同化的情形。中国的丧葬、祠祭，是从报本返始、敬宗收族的观念演变出来的，这都是随姓氏而宗族，所必然连带出来的。华侨今日散居异国，而仍自成风气者，盖亦姓氏之力。

西汉还在姓氏的普及过程中。景、武之世，汉室与匈奴的斗争激烈，互相展开诱降工作，匈奴人降汉者，动辄封侯；《汉书》卷十七《功臣表》，犹可考见一斑。但这些人，多数还保持他们所属部落的名称。惟译者多用近似中国姓名的文字，史臣亦常切取其部族名称之第一字，视如中国之姓。究其实，不可谓已改从中国的姓氏。他们的后人，因以其部落译名的第一字或连带两字为姓，这是自然的演变，为后来异族留居中国，其子孙自己改为汉姓的常态。其中可证明及身改为汉姓的，为金日磾。《汉书》卷六十八《金日磾传》赞："金日磾夷狄亡国，羁虏汉庭。而以笃敬寤主，忠信自著，勤功上将，传国后嗣，世名忠孝，七世侍内，何其盛也。本以休屠作金人为祭天主，故因赐姓金氏云。"这可以说是最著名的一个"华化"的例子。

东汉之末，异族开始以各种原因进入中国杂居，尤以关中陇右一带为盛；以后遂演成五胡十六国之乱。其中野心家伪造氏姓渊源以增加他们的地位，如刘渊自称汉甥；拓跋氏谬称系轩辕之

---

[1] 请参阅陈垣《元西域人华化考》卷六《礼俗》篇一，西域人名氏效华俗。页九五至九九。

后；风气所及，由利用中国姓氏而汉化，亦意料中事。一般异族人士，则多于不知不觉之中，为适应习俗，由姓名的汉化而其家族便汉化了。拓跋氏起自鲜卑西部，至涉珪都代，建号大魏，已开始傅会他与中国的关系。到了孝文帝，迁都洛阳，力革胡俗，禁胡服，断胡语，更尽易胡人部落之称为中国式的姓氏。近人姚薇元有《北朝胡姓考》一书，言之甚详，这是异族自身由政治意识而来的大规模的汉化运动。他们的政治势力衰亡了，但汉化了的胡姓，在社会上又谁知道他本是胡族而加以歧视呢？满清入关，对八旗子弟，实行与北魏相反的政策，禁止汉化。但清室未亡以前，一般旗人，已开始以其祖若父的名字中的第一字为姓。清社既屋，随姓氏之完全汉化而满汉的痕迹，已完全泯没。可以这样说，在满清以前，异族的汉化，多以中国式的姓氏开其端；而满清则以中国式的姓氏收其果。姓氏成为中国文化中最有社会性的同化力量，是无可置疑的。

十二、结语

由姓氏所孳生出的宗族，这是农业社会的农民得所凭借的社会团体。它的正常的功能，也只能发挥于农业社会之内。因为在农业社会中，还是以男耕女织的自给自足的经济为主，一般人们在社会中活动的范围。及与外界的关涉，是有自然的限制的。岁时春秋二祭，在总、支的祠堂里，便可达到慎终追远、聚宗合族的要求。平时如发生特别事故，"打开祠堂门"，[①]由一族中的耆老

[①] 这是我们乡下遇着有什么纠纷时所常说的一句话。

会议，或由有纠葛者双方的辩论，甚至在祠堂里执行"族规"，而有刑罚这类的制裁，这都可以完成一部分地方自治团体的功用。在以农业为主的社会里，城市中的工商业的行会组织，可以较宗族的组织为突出；但不仅没有宗族组织的普遍，并且宗族组织是包容了男女老幼的一切人，是孕育着一切的人生情调与价值。不似工商行会，只能包容片断的职业性与职业意识。尤其是宗族组织，在没有大小事故时，可以说只有一份温暖的气氛，并不感到是有一种组织。只有在发生事故时，才感到有一种组织力量的存在，而这种组织力量的发挥，随着"宗老"性的人物的智愚贤不肖，有好有坏。但因为有一种由血统及与血统融合不可分的伦理而来的温暖气氛情调，即使坏，也比由冷酷无情的组织力量而来的坏，也会缓和得多。

由以农业为主的社会，渐渐进入到以工商业为主的社会，农村经济的自足性被打破了，宗族的组织性及由组织性而来的作用，也日渐弛缓，以至名存实亡。我十岁前后，听祖父辈的老人谈到宗族中的各种活动时，还是有声有色。我十岁前后所亲自感受到的，已经大大地褪色了。但清明重阳，同支的老少数十百人，还一起到墓地去祭祖，祭完后，在种祖田的人家，大吃一顿。而祠堂的祭祀，及"护人"对纠纷的调解，尚给我以很深的印象。欧战发生后，机器纺织业兴起，消灭了农村妇女的纺织手工业。农村更显得贫穷，壮丁渐渐向外移动。到了民国十三四年，较之在我十岁前后所经历的情形，已恍如隔世。这种农村中的变迁，与五四运动没有任何关系。由此可知，随工商业的兴起，外国经济的侵入，瓦解了原来农村经济的结构，也动摇了农村的原有生活形态及生活意识；而由姓氏来的宗族的意义，也自然淡薄、消退了。但因姓氏、宗族而来的私家谱牒，将各人的宗支蕃衍，及每一人在宗支蕃衍中的名字辈派，一一加以记录，遂使每家每人，皆在历史的时间之流中，占得一历史的位置，将过去、现在、未来，皆如一条线贯穿下来，连结为一气。每一人之生命，也皆与上下左右，连结为一体，此乃举世所无，而为人类史学发展的极致，其意义则永远不应加以抹煞。

有许多恶势力，常以宗族为凭借。尤其是东汉中叶以后，渐渐滋生出"门第"这种新阶级形式，至魏晋而大盛，迄唐中叶而始衰。在社会上，士族与庶人，成为地位悬殊的两种不同的存在。这都是不容否认的事实。但我应指出，社会恶势力及门第的出现，乃整个政治经济结构中的产物。没有宗族，也会以其他的形式而出现，所以不能以这些现象为中国姓氏、宗族的社会中所独有的现象。并且这些现象中的利弊得失，亦非可片面加以断定。这里只总结地指出，我国的姓氏，最初乃系部落的名称，与周围的异族无异。此时实姓与氏浑而不分。至周初，为加强中央政治权力的统治机能，将姓与氏分，以形成宗法制度中的骨干。自春秋中叶，宗法制度开始崩坏，姓与氏又开始合而为一，而出现社会平民的姓氏；至西汉之末，平民之有姓氏，始大体完成。其他民族，或仅有第一阶段的姓氏，或演变有第二阶段的贵族姓氏。像中国经过三大演变所形成的姓氏，由姓氏而宗族，在姓氏、宗族基础之上，塑造成我国三千年的生活形态与意识形态，以构成中国特殊的社会结构，及在民族生存、发展上所发生的功用，此为论定中国文化、社会特色者所必须承认的基本事实。顾此一事实，百十年来，很少为学术界所触及。姓氏之学，初盛于汉。《白虎通》有《宗族》篇、《姓名》篇，王符《潜夫论》有《论卜列》、《论氏姓》，应邵《风俗通》有《氏族》篇，颍川太守聊氏有《氏姓谱》。唐承六代门第之后，姓氏之学，尤为极盛。但正如郑樵所说："其书虽多，大概有三种。一种论地望，一种论声，一种论字……此皆无预于姓氏。"[1] 今日为世所盛称的《元和姓纂》，更无预于姓氏之学。郑樵曾著有《氏族志》五十七卷，《氏族源》、《氏族韵》等书几七十卷；"载其略"以成《通志》的《氏族略》，可谓集前修的大成。他的宏识孤怀，诚可钦佩。他自谓"使千余年湮源断绪之典，灿然在目"，[2] 也非过许。但因为他未能探及源流演变的诸大关键，所以混淆错杂，易迷初学者的耳目。且将氏族的意义，仅归之于"使贵有常尊，贱有等威"，[3] 可谓胶固而鄙陋。所以我发愤写成此文，虽不完不备，且其中当有不少错误，然或者由此而为了开辟历史、社会这一方面的领域，提供一个锁钥。

---

[1]《通志·氏族略序》。
[2] 同上。
[3] 同上。